主编简介

杨志春 江苏江宁人，副教授。历任镇江医学院团委书记、江苏大学艺术学院党委书记、江苏大学学生工作部（处）部（处）长，现任江苏大学纪委副书记、监察处处长。主要从事青年研究、高校思想政治教育与管理等工作。参研国家社会科学基金项目2项、江苏省人文社科研究项目2项，参著、编教材、专著九部，撰写思想政治教育及管理类论文10余篇。曾被评为江苏省高等学校优秀党务工作者、镇江市新长征突击手、江苏大学青年岗位能手等。

杨道建 山东淄博人，博士，管理科学与工程硕士生导师，副研究员，曾任江苏大学团委书记，现任江苏大学学生工作部（处）部（处）长。主要从事大学生创新创业的教学与科研工作。主持或参与国家级和省部级重点课题7项，发表学术论文10余篇（SSCI/SCI、CSSCI检索5篇），出版著作1部，美国加州大学圣迭戈分校访问学者。参研成果获江苏省第十二届哲学社会科学优秀成果三等奖、第十二届江苏省统计科研优秀成果奖三等奖各1项。曾被评为"江苏省优秀共青团干部"、"江苏省创业计划竞赛优秀指导教师"等。

本书由江苏大学专著出版基金资助出版

高校校园文化建设成果文库

大学生文化引领与素质教育实践创新

杨志春　　杨道建◎主编

光明日报出版社

图书在版编目（CIP）数据

大学生文化引领与素质教育实践创新 / 杨志春，杨道建主编.
--北京：光明日报出版社，2018.1（2023.1 重印）
ISBN 978－7－5194－3970－5

Ⅰ.①大… Ⅱ.①杨…②杨… Ⅲ.①高等学校—校园文化—建设
—镇江 Ⅳ.①G647

中国版本图书馆 CIP 数据核字（2018）第 024091 号

大学生文化引领与素质教育实践创新

DAXUESHENG WENHUA YINLING YU SUZHI JIAOYU SHIJIAN CHUANGXIN

主　　编：杨志春　　杨道建	
责任编辑：史　宁	责任校对：赵鸣鸣
封面设计：中联学林	责任印制：曹　净

出版发行：光明日报出版社

地　　址：北京市西城区永安路 106 号，100050

电　　话：010－67078251（咨询），63131930（邮购）

传　　真：010－67078227，67078255

网　　址：http：//book. gmw. cn

E－mail：gmrbcbs@ gmw. cn

法律顾问：北京市兰台律师事务所龚柳方律师

印　　刷：三河市华东印刷有限公司

装　　订：三河市华东印刷有限公司

本书如有破损、缺页、装订错误，请与本社联系调换

开　　本：710×1000　1/16

字　　数：374 千字　　　　印　　张：21.5

版　　次：2018 年 1 月第 1 版　　印　　次：2023 年 1 月第 2 次印刷

书　　号：ISBN 978－7－5194－3970－5

定　　价：78.00 元

本书编审委员会

前 言

本书是对江苏大学校园文化建设成果的系统梳理和全面总结。全书正文以叙述逻辑为线索谋篇布局,共分为九个篇章。第一篇为理论探索篇,从文化建设发展的角度,收录本校领导干部和专家学者关于高校文化建设的重要论述和研究成果。第二篇为实践育人篇,介绍我校在实践育人和大学生创新创业工作实践中的特色做法和典型经验,并对近年来出台的关于实践育人工作的相关文件、代表性成果、重要报道进行梳理。第三篇为校史校训篇,回顾我校肇始至今的发展变迁,并对校歌、校训、校标和大学精神进行多维释义,以此总结提炼我校的核心精神。第四篇为经验成果篇,通过介绍校园文化建设科学性的研究与成果展示、高校中外学生文化交流的调查与思考、以江大助手为例的新媒体视角下的校园文化建设等创新模式和做法,综述我校在推进文化建设创新、树立文化育人品牌、营造良好文化氛围方面的特色成果和经验。第五篇为活动案例篇,遴选并展示包括培育和践行社会主义核心价值观活动、"我的中国梦"主题教育特色活动、"唱响革命红歌"活动等在内的九项体现校园文化建设卓越成果的精品活动案例。第六篇为人物榜样篇,采用聚焦学校典型人物的方式,充分展示在校园文化建设中业绩突出、影响广泛、示范性强,被上级单位或学校评为先进的职工干部、辅导员、专业课教师、学生典型和杰出校友的先进事迹。第七篇为制度建设篇,梳理我校在推进校园文化建设过程中出台的文件方案和相关规定。第八篇为育人环境篇,介绍不同历史时期学校校址变迁和校园概貌,描绘校园标志性建筑和特色人文景观,以及与此相关的深刻记忆和动人故事。第九篇为战略谋划篇,介绍我校历年来制订出台的系列校园文化建设发展规划,以及学校领导针对校园文化建设发表的重要讲话和文章。

以上九个篇章包含了江苏大学校园文化建设的重要成果和鲜明特色。大学生引导既要遵循普适性的高等教育教学规律、学生成长成才规律,又要尊重学生个性化的资源禀赋、志趣爱好、素质特长、发展方向的差异。江苏大学坚持"以生为本　个性发展"育人理念,构建服务学生个性化成长的"四全"引导体系,努力创新大学生文化引领和素质教育工作。全员参与:以学业规划工程、学业导师制为抓手,将每一位学生以及每一名优秀教师纳入"四全"体系,满足学生个性化成长中对师资资源的针对性诉求。全程教育:借助学业、职业、就业、创业指导和系列素质类课程的组织,将不同学历层次每一个年级以及每一个发展层级的学生纳入"四全"体系,满足学生在不同阶段对教育教学资源的个性化需求。全面引导:以优秀学生、学业困难学生、经济困难学生、心理困惑学生分类建库为基础,协同校院两级资源制定分类指导方案,满足不同成长状态的学生对指导资源的特殊性需求。全人发展:落实全人发展教育目标,以个性化发展促进全面发展,高效引领学生成长成才。"四全"体系实现了引导的理念、机制、主体、载体的创新。

　　这些创新工作和举措取得了良好成效,积累了丰富的校园文化建设工作经验,涌现出一大批优秀的校园文化工作者,培养了一大批优秀青年学生,学校各项工作都受到国家、省级奖励,相关工作经验多次在全国、全省进行交流,得到了上级部门和各高校的充分认可。主要成绩有:2012年学校党委被授予"全国创先争优先进基层党组织"(江苏共两所高校)。学校党委先后在第19、第20次全国高校党建工作会议上交流经验。2013年学校党委被省委组织部、省委宣传部联合表彰为全省"首届学习型领导班子建设先进集体",并被确定为"全省学习型党组织、学习型领导班子建设工作示范点"。《构建引领机制,创新服务平台——大学生思想政治教育理论探索与实践创新》入选教育部《高校德育成果文库》。一人入选教育部思政教育中青年杰出人才计划。"江大青年"网站获评全国高校百佳网站。学校连续五届在"挑战杯"全国大学生课外学术科技作品竞赛中以全国前10名成绩喜捧"优胜杯",连续四届获得"创青春"全国大学生创业大赛双金奖,在全国大学生节能减排竞赛中每届均获优秀组织奖,在"第二届'互联网+'全国大学生创新创业大赛"中也取得了突出成绩。"三纵四横五协同"团建项目获评团中央重点优秀项目(江苏两项),并获全国高校共青团优秀研究成果一等奖一项。学校被评为"全国高校毕业生就业工作先进集体"(2009)、"全国高校毕业生就业典型经验高校"(2009)、首批"全国高校实践育人创新创业基地"(2016)、"全国大学生暑期社会实践先进单位"(2015、2016)、"全国创新企业典型经验高校"(2017)、"江苏省高等学校思想政治教育工作先进集体"(2010、2011、2013、2014、2015)、"江苏省教育宣传工作先进单位"(2011、2012、2013、2014、2015、2016)、"江苏省心理健康教育与研究示范中心"(2009)、"江苏省大学生创业示范基地"(2012)、"江苏省高校毕业生就业工作先进集体"(2012)、"江苏省学生资助工作绩效评价优秀单位"(2010、2011、2012、2013、2014、2015)、"江苏省高等学校和谐校园"(2012)、"首批江苏省国防教育示范学校"(2013)、"江苏省禁毒辩论赛总冠军"(2014)。2011年学校关工委荣获"全国教育系统关心下一代工作先进集体"称号;2013年学校团委被授予"全国五四红旗团委"称号;学校连续15年被评为全国大学生社会实践活动先进单位;学校荣获全国高校团系统新媒体应用先锋奖。"中国大学生自强之星"、共青团十七大代表(江苏高校唯一)、全国学联二十六大代表、"江苏省大学生年度人物"均榜上有名。此外,2012年学校承办了全国辅导员年度人物颁奖典礼暨第五届全国高校辅导员工作创新论坛,2016、2017年连续两次承办了全国辅导员示范培训班;学校有三名辅导员荣获江苏省高校辅导员年度人物,两名辅导员荣获全国高校辅导员年度人物提名奖。2013年12月,江苏省高校辅导员工作研究会在江苏大学成立,江苏大学为理事长单位和秘书长单位;同时,江苏大学也是江苏省高校辅导员培训与研修基地。

目　录
CONTENTS

绪 论

——创新理论思考 探索实践机制

江苏大学紧紧围绕"大学生素质发展"的时代要求,以国内外高校大学生文化素质教育的创新理论和实践为参照,以本校大学生文化素质教育的创新实践为依托,以提升大学生的文化素养和综合素质为目标,不断创新理论思考,努力探索实践机制,形成了大学生文化素质教育创新实践的基本体系。江苏大学大学生文化素质教育工作的指导思想是:围绕"立德树人"的根本任务,坚持"以人为本 个性发展"的育人理念,遵循大学生成长规律和教育规律,不断创新大学生文化素质教育工作机制、工作举措,竭力服务于大学生全面成长成才。

一、理论思考的创新

理论是行动的先导和基础。习近平总书记在全国高校思想政治工作会议上深刻指出,"要更加注重以文化人、以文育人,广泛开展文明校园创建,开展形式多样、健康向上、格调高雅的校园文化活动,广泛开展各类社会实践"。[1]高等学校既是文化传承的重要载体,也是思想文化创新的重要源头。作为高等教育人才培养的重要内容,文化育人在增强文化传承责任意识、提升育人实际效果等方面发挥着至关重要的作用。文化育人工作是一项复杂的系统工程,开展文化育人工作要对文化育人的概念内涵、功能价值和发展现状有所把握和认知,从而才能探索出文化育人工作的发展规律,并为优化高校文化育人工作进行宏观思路的设计和具体路径的选择。

(一)高校文化育人的内涵

《易·贲卦·象传》中有这样的表述,"刚柔交错,天文也;文明以止,人文也。观乎天文以察时变,观乎人文以化成天下"。天文即天道自然,人文即社会人伦。一方面,观察天道自然的运行规律便能认知时节变化。另一方面,把握现实社会中的人伦秩序,才能推及天下,以成"大化"。这可以视为"文化育人"一词的最早起源。

文化育人,即以文化人,就是通过文化环境的熏陶和文化活动的影响,用先进的文化武装人、引导人、教育人、塑造人和培养人,将先进文化内化于心,外化于行,从而塑造品德高尚、人格健全的人,并促进其自身的超越和发展。高校在长时间的教育实践过程中创造并形成了一系列具有时代特点、符合高校形象的校园文化。无论是物质文化还是精神文化,都具有重要的育人功能。高校文化育人是指高校作为文化育人的主体,通过文化的传承、传播和创造,促进大学生的社会化、个性化和文明化,并实现大学生道德品质的完善和综合素质的提升过程。它更强调的是高校用文化能动地培养学生的过程,并不仅仅将文化限定在学校范围内,也不仅仅关注文化本身,而是将高校、文化与育人三者紧密结合,跟随社会前进发展进程,构建积极创新的文化氛围,致力于学生美德与素质的全面提升,即以先进的文化熏陶人,以高尚的精神塑造人,以崇高的理想引导人。

为了更好地厘清文化育人的内涵,应仔细辨别文化育人与知识育人两者之间的差别与联系。一方面,文化育人不能等同于知识育人,两者有本质的差别。知识育人将知识的传递视为育人的主要方式,将掌握知识作为教育的最终目的,侧重给学生传授更多的知识或技能。在此模式下,考试成为知识掌握程度的检验工具,而一味地唯"分"是从势必带来文化信仰和创新精神的流失。而文化育人不以学生获得知识技能的多少作为教育成败的判别标准,而是强调育人过程中学生获得的成长体验和方法提炼,注重培养学生的人文主义精神。知识传递只是育人方式的基础,学生道德品质的培养和综合素质的发展才是教育的最终目的。因此,单纯强调知识育人可能导致人的片面发展,甚至带来价值理性的迷失和善良人性的泯灭。而文化育人则能促进人的能力和素质的全面提升。另一方面,文化育人与知识育人又是紧密相连的。文化育人的过程离不开知识育人,提倡文化育人实质上是在学校的知识育人过程中,借助校园环境、专业学习、文体活动、学风校风建设等文化载体,将教育内容融入学生的思想理念中,通过文化知识的整合和内化,最终帮助学生形成健全的人格和高尚的品质,达到文而化之的效果。

(二)高校文化育人的功能价值

《国家中长期教育改革和发展规划纲要(2010—2020 年)》将以人为本、全面实施素质教育确定为教育改革发展的战略主题。为进一步提高人才培养质量,必须加快人才培养体制的改革与创新。唯有充分发挥高校文化育人的功能和价值,才能培养"信念执着、品德优良、知识丰富、本领过硬的高素质专门人才和拔尖创新人才"。[2]

1. 文化育人与高等教育紧密联系

对于文化的释义,一般分为广义和狭义两种。广义指人类在社会历史实践中所创造的物质财富和精神财富的总和。狭义指社会的意识形态以及与之相适应的制度和组织机构。每一种社会形态都有与其相适应的文化,每一种文化都随着社会物质生产的发展而发展。党的十八大报告中指出,"社会主义核心价值体系是兴国之魂,是社会主义先进文化的精髓,决定着中国特色社会主义发展方向"。[3]同时,从国家、社会、公民三个层面提出了反映现阶段全国人民"最大公约数"的社会主义核心价值观。这便决定了我国当下文化育人的价值取向。作为文化传承和传播的重要载体,高等教育也承担了文化育人的重要功能和职责。主流文化和价值会在高等教育的内容选择和培养目标上有所映射。因此,新形势下我国高等教育的价值取向就是坚持社会主义办学方向,加强学生理想信念教育、中华民族优秀传统文化教育,积极推进人文教育与科学精神相融合,归根结底就是要深入地进行社会主义核心价值观的教育,使得每个青年学子都能成为社会主义核心价值观的传播者和践行者。

2. 文化育人在人才培养中的重要作用

文化育人是高等教育深度发展的必然选择,也是高等学校提高人才培养质量的必然要求。作为高等教育的首要任务,人才培养是一个非常复杂的系统工程。为实现人才培养目标,必须突破原有的知识育人模式,从领导体制到运行机制、从队伍建设到课程体系改革、从建设文化校园到文化社会实践,从内容到方法进行探索和创新,不再以知识的传递作为教育的目标,而将学生道德品质的养成、综合素质的提升视为教育的长远目标。文化育人模式将知识和技能的传授作为基础,借助校园环境、专业学习、文体活动、学风校风建设等文化载体,将教育内容融入学生的思想理念中,通过文化知识的整合和内化,最终帮助学生形成积极的人文精神、求真的科学精神和开拓的创新精神,达到文而化之的效果。

3. 文化育人对素质教育的有效推进

当前,加强素质教育工作在全国已进入全新阶段。越来越多的高校将深化素质教育视为培养高素质、创新型人才的重要方式。为突破原有教育观念和培养模式的局限,业界对素质教育作为教育本质的问题进行了大讨论,而文化育人则为素质教育的推进提供了强大动力。文化育人是实现素质教育的重要途径,高校应站在文化自觉的高度,健全和完善素质教育的运行机制,以提高学生人文素养为核心,以促进文理交融为重点,实现学生全面发展、和谐发展和个性发展。

（三）高校文化育人工作的发展现状

20世纪90年代以来,关于素质教育的理论研究和实践探索成果颇丰。这也为新形势下,高校文化育人工作的深入发展提供了机遇。然而,在完善工作的顶层设计、教师效能的充分发挥以及充分满足学生多元需求等方面,高校育人工作仍存在诸多漏洞,亟待进一步加强和完善。

1. 新形势下高校文化育人工作蓬勃发展

曾就任清华校长的著名教育学家梅贻琦先生曾经说过:"大学者,非谓有大楼之谓也,有大师之谓也。"无论是加大经济投入,打造独特的校园文化景观和基础设施,还是在时代更替和历史发展中积淀的文化底蕴和大学精神,都为大学营造了独特的文化氛围,提供了丰富的教育资源。特别是伴随着改革开放,无论是经济发展还是文化繁荣都表现出强劲的势头。"文化热"更是推动了社会文明程度的不断攀升。在这样的社会大环境下,高等教育事业的蓬勃发展,大学生思想政治教育工作成效明显。为进一步提升文化育人工作实效,各高校在加大理论研究的基础上积极探索,用具体实践寻求文化育人工作的突破和创新,为后续发展奠定了扎实基础、提供了宝贵经验。

2. 高校文化育人工作亟待加强顶层设计和统筹规划

为加大顶层设计和宏观调控,《国家中长期教育改革和发展规划纲要(2010—2020年)》的实施将"以人为本、全面实施素质教育"确定为教育改革发展的战略主题,为高校文化育人工作提供了政策指导和思路启发。然而,在具体施行过程中,部分高校并不能很好地领悟纲要精神,教育方式上重管理轻启发、教育活动上重数量轻质量、教育方法上重继承轻创新,文化育人工作开展缓慢、进步迟缓。为推动高校文化育人工作的高校有序进行,从国家到地方再到各大高校,都应加大顶层设计,为各项工作的开展进行统筹规划,跟进监督。对错误的方式加以摒弃,对好的经验加以宣传和学习。唯有稳扎稳打,才能步步为营。

3. 高校文化育人工作应充分重视教师效能的发挥

教师是高校文化育人工作中的中坚力量。除了教育主体这一身份,教师也是一种特殊的教育资源。无论是对待学术研究的孜孜不倦,还是对待教育事业的无私奉献,亦是对待家人朋友的诚恳善良,其为人处世的态度方法、精神面貌都将成为一种独特的教师文化,在潜移默化中对学生产生影响和引导。然而,部分教师对于教育目的的认知仍然存在偏差,仍旧把知识的传输、技能的传授作为教育的目的,而忽视了对于学生文化素质的培养,并不能在工作学习生活的点滴中给予学生正向的引导。而教师在文化育人工作中的"缺位"对高校文化育人工作而言是一种极大的资源浪费。因此,高校文化育人工作应充分重视教师效能的发挥,高效利用文化育人的各项载体。

4. 学生多元需求对高校文化育人工作提出更高要求

随着科学技术的高度发展,多元文化的繁荣碰撞,当下学生获取资源的途径越来越多,却也面临着知识筛选和辨别的挑战。如何才能充分利用新技术新方法,满足学生求新求异需求的同时,传承好传统优秀文化,让当代青年有责任有担当的同时有眼光、有智谋?这便对高校文化育人工作提出了更高要求。传统教育方法与模式过于生硬老套,并不能唤起学生的求知欲望和需求,其效果自然不言而喻。因此,当下高校文化育人工作应紧跟时代潮流,在探索学生心理和兴趣取向的同时,利用新技术新方法赋予文化育人工作新的生命力和吸引力。

（四）优化高校文化育人工作的路径选择

高校文化育人工作是一项系统工程,其科学化并非朝夕之功,必须在加大顶层设计的同时,稳步推进各项工作,在不断改进创新的同时不断优化工作机制和方法,才能最大限度地发挥文化育人工作的系统功能。从文化环境建设的加强,到工作体制建设的完善,再到育人工作载体的拓展,都为高校文化育人工作的选择提出了更高要求。

1. 加强文化环境建设,构建环境育人机制

首先,优化校园环境。校园环境展示了在校师生的文化品位、精神追求和审美情趣。底蕴丰富的自然环境也能给身处其中的人以精神的享受和启示。由大学师生员工的精神状态和价值追求所体现的大学的人文氛围也同样具有显著的育人功能。其次,完善规章制度。大学的管理活动,不仅能够提高工作效率和质量,也蕴含着育人内涵。应通过制度完善,对师生的言行进行规范和约束,从而塑造良好的教风、学风、班风、考风,并根据形势和任务的变化适时修订各项规章制度,从而最大限度地发挥其育人功能。最后,强化人文关怀。人文关怀的实质是确立人的主体地位,肯定人的价值,把人的全面发展作为追求目标,注重在精神和价值层面给人以更多关爱。高校应尊重学生的人格和自由,改变管理者的姿态,以平等的身份对待学生。在处理涉及学生切身利益的重大问题时,应做到透明公正,及时听取学生的意见,增进学生与学校的交流和沟通,获得学生的认可和支持,在工作的点滴中体现对学生的人文关怀。

2. 完善工作体制建设,构建齐抓共管机制

首先,加强党委领导。高校要从战略高度充分重视文化育人工作的重要性,把文化育人工作纳入党委议事日程和学校发展规划,系统解决工作中存在的问题

和不足,将文化育人工作置于与学校其他重要工作同等重要的地位,共同研究部署,抓紧落实追踪。其次,明确职责分工。高校要理顺文化育人工作的各项机制,使得岗位职责明确,分工合理清晰。统筹协调各项工作,相互配合,协调共进,形成更加科学合理有序的工作机制。最后,强化考核监督。要建立文化育人效果评估制度、责任追究制度和激励表彰制度。特别是那些在文化育人工作中敢想敢为,成绩显著、贡献突出的集体和个人要予以表彰,并加大宣传,在学校形成浓厚的文化氛围,充分调动广大师生参与文化育人工作的积极性、主动性和创造性。

3. 拓展育人工作载体,实现育人工作合力

高校开展文化育人工作,要发挥好课堂教学、第二课堂、新媒体和社会实践等教育载体的作用。首先,充分发挥课堂教学的教育和引导功能。课堂是高校育人的主渠道。课堂是开展智育、美育和德育的重要载体和空间。高校要充分重视课堂教学,加强教师队伍建设,提升教师队伍的师德师风和业务能力,从而充分发挥课堂教学在文化育人方面的功能。其次,发挥社会实践的育人功能。社会实践是当代大学生了解社会、认知国情、增长才干、锻炼能力、增强社会责任感的重要方式。高校应积极引导学生结合时事热点、专业特色开展各类社会实践,在具体实践中受教育、长才干。最后,发挥新媒体育人功能。唯有紧跟时代发展潮流,才能赋予文化育人工作持久的发展动力和生生不息的发展血液。高校思想政治教育工作者必须掌握新媒体使用技能,充分发挥新技术的独特优势,拓宽文化育人工作的空间。同时,也应适应网络语言风格和传播规律,学会使用新媒体开展育人工作,发布信息,传播思想,提高教育工作的感染力和说服力,满足当代大学生的兴趣诉求。

二、实践机制的探索

理论的生命力在于对实践的指导。用大学生文化素质教育创新实践的最新理论成果,指导大学生文化素质教育创新实践,是本书的重要研究目标和内容。在本书的编撰过程中,我们在深入学习和领会国内外大学生文化素质教育先进经验和做法的基础上,回顾和总结了我校大学生文化素质教育的历史脉络和实践经验,用创新的理论成果丰富和完善我校大学生文化素质教育的实践,在突出校园文化氛围营造、校园文化品牌建设、学生成长成才引导、利用新媒体创新思想文化引领、创新创业教育等方面进行了有益的实践探索,提升了我校大学生文化素质教育创新实践的实效和水平。

（一）以校园文化建设为主线，凝练弘扬"自强厚德、实干求真"的江苏大学精神

江苏大学高度重视校园文化建设，充分发挥校园文化的以文育人、以文化人的作用。注重加强校园文化景观与基础设施建设，不断推进校园环境美化亮化工程以及人文景观建设，把社会主义核心价值观、中国传统文化、学校优良传统等浓缩固化，利用雕塑、标语、校训、文化墙、宣传栏等不断推出校园文化成果，提升文化活动的品位，形成学校特色文化，有效发挥文化的熏陶和引领作用。积极打造特色校园文化品牌建设，围绕重大活动及节庆日，唱响主旋律，营造良好的校园环境氛围；推动学雷锋活动常态化，开展爱国荣校教育、校歌传唱活动、"我的中国梦"等主题活动，大力弘扬校园文化主旋律；精心打造"人文大讲堂""五棵松讲坛"品牌活动，建好全国高校百佳网站——"江帆网"，疏堵结合地营造健康文明的网络文化环境。强化校史文化等传统文化教育平台建设，发挥校史馆收藏、教育、宣传功能，开展以"知校史、明校情、释校训、唱校歌"为内容的校史校情教育，培育大学精神；推广书法、篆刻等中华优秀传统文化，推进传统文化进课堂、进社团、进活动、进头脑。凝练并大力弘扬"自强厚德、实干求真"江苏大学精神，以多种形式进行大力弘扬与学习宣传，使其真正成为全校师生的共同理想、自觉意识和行为准则，成为全校师生员工的精神动力，引领"双一流"和研究型大学建设。学校申报的"十载传承磨铸育人精品　关爱文化提升大学精神——坚持开展'给我一个家'活动""助人圆梦梦更圆——开展'我的中国梦'校园文化主题教育活动"等活动多次荣获全国高校校园文化建设优秀成果奖；《坚持以社会主义核心价值体系引领大学文化建设》入选江苏省教育系统宣传思想工作会议交流材料。

（二）确立"个性化发展"的育人理念，并用以指导"四全"育人体系构建

马克思关于人的发展理论认为，人的发展的最高阶段就是人的自由发展。江苏大学坚持"立德树人"根本任务，遵循学生个性化发展需求，不断创新人才培养模式，全面融合第一课堂与第二课堂，建立了"全员参与、全程教育、全面引导、全人发展"的"四全"育人体系：全面实施学业规划引领工程，实现学生全员参与；系统建设《学业规划》课程群，针对不同年级开设相应课程，彰显全程教育；面向不同类别学生需求，全力提供个性化指导；落实全人发展教育目标，以个性化发展促进全面发展，高效引领学生成长成才。大学生的个性化发展是传统教育和现代教育共同追求的理想目标，是时代发展对大学生素质的必然要求，是以大学生个性化发展为目标的"四全"育人体系构建的内在基础。

我校以"个性化发展促进全面发展"为育人理念，坚持立德树人根本任务，以

育人为主线,以队伍建设和制度创新为保障,教育教学与管理服务并重,强调全面发展与个性发展的辩证统一,致力于提供分类型、重个性的引导,服务学生个性化成长。"四全"育人体系下的个性化教育,充分尊重学生发展主体性,促进学生知识与能力的全面提升。秉持这一理念,我校坚持为每一名学生提供持续跟进、乐于接受、契合个体需求的引导方案,使具有不同发展需求和处于不同成长状态的学生,都能受到更加精准的教育指导,努力实现个性化的全人发展目标。

1. 全面实施学业规划引领工程,学生参与全员化

第一,全面实施《大学生学业规划实施方案》,学生"人人有规划"。第二,全面实施学业导师制,学生"个个得指导"。方案的实施,学生从"无规划"到"有规划",从"被动规划"到"主动规划",从"要我学"到"我要学",激发了学生学习的个性化需要,明确了学生的学习目的,提高了学生学习积极性。

2. 第一、第二课堂融合,线上线下结合,指导学生全程化

第一,《学业规划》课程群全程引导学生。系统建设《学业规划》课程群,开设了面向一年级学生的必修课《学业规划概论》,面向二年级及以上学生的公共选修课——《生涯发展指导》、《职业发展指导 A》(出国留学方向)、《职业发展指导 B》(考研方向)、《就业技能提升》,通过第一课堂对学生进行全程教育。第二,学业导师全程指导学生。包括开展专业思想教育,实施学业规划,指导专业学习,指导毕业设计(论文)等。第三,线上引领队伍多元化。组建了网络宣传干部、网络宣传员和网络文明志愿者队伍。第四,线上引领平台矩阵化。构建了"网站、手机报、微信、微博、短信平台、PU 平台、手机 App"网络平台矩阵。第一、第二课堂融合,线上线下结合,引导学生做好学习计划和学习准备,学会学习。

3. 面向不同类别学生需求,全面引导学生

第一,为优秀学生提供成长平台。建好创新创业学院、菁英学院,实施"卓越工程师"计划,推进学生国际化进程,促进创新创业、卓越、精英和国际化人才培养。第二,成立就业服务中心、创新创业学院、菁英学院、素质教育中心、语言文化中心、留学服务中心等机构,对就业、创业、考研、出国等不同需求学生进行分类指导。第三,持续进行学业警告学生帮扶,并逐步将工作对象拓展到所有学业困难学生。通过个性化的引导平台以及各种机构的建设,根据学生个性化发展需要,引导学生进入不同的学习平台,为学生提供个性化发展路径。

4. 以个性化发展为基础,促进全面发展

第一,学生结合自身实际,选择修读就业、创业、考研、出国等相关课程。第二,学生根据自身需要,接受分类指导。第三,学生结合自己的爱好、特长,实施并

修正学业规划。以此促进学生个性化发展,落实全人发展教育目标。

　　"四全"育人体系实施以来,学校个性化人才培养成效显著:100%的学生主动规划学业、100%的学生得到学业指导;毕业生就业率一直高位稳定在96%以上;具有海外学习经历的学生数从2010年的不到50人增加到2016年的858人;研究生报考率达48%。学校获批全国"高校实践育人创新创业基地"、"全国创新创业典型经验高校",两次获评省"高等学校学生教育管理创新奖"一等奖,连续获评省高校毕业生就业工作先进集体。在"互联网＋"全国大学生创新创业大赛、"挑战杯"全国大学生科技作品竞赛、"创青春"全国大学生创业大赛等大赛中均取得优异成绩。"大学文化素质教育的理念与实践创新"获省高等教育教学成果一等奖、"构建'四全'引导体系,服务学生个性化成长"获学校2015年教学成果特等奖,《大学生思想政治教育的理论与实践》入选教育部高校德育成果文库。通过以上探索和实践,提升了学校的育人水平,在教育主管部门和兄弟院校中产生了积极广泛的影响。

【参考文献】

　　[1]《习近平在全国高校思想政治工作会议上强调:把思想政治工作贯穿教育教学全过程开创我国高等教育事业发展新局面》,载《实践》(思想理论版)2017年第02期。

　　[2]《国家中长期教育改革和发展规划纲要(2010—2020年)》,载《人民日报》2010年7月30日第013版。

　　[3]《坚定不移沿着中国特色社会主义道路前进　为全面建成小康社会而奋斗》,载《人民日报》2012年11月9日第002版。

第一篇

01

｜理论探索篇｜

　　本篇从文化建设发展的角度,收录本校领导干部和专家学者关于高校文化建设的重要论述和研究成果,主要包括高校文化建设的内涵和范畴、地位和意义、本质和功能、主体和对象、内容和途径、体系和机制、环境和成效、创新和发展等方面的内容。

传统廉政文化中为官者应具备的道德操守*

　　2013 年 4 月 19 日下午中共中央政治局就我国历史上的反腐倡廉进行第五次集体学习时,中共中央总书记习近平强调:"深入推进党风廉政建设和反腐败斗争,需要坚持发扬我们党在反腐倡廉建设长期实践中积累的成功经验,需要积极借鉴世界各国反腐倡廉的有益做法,也需要积极借鉴我国历史上反腐倡廉的宝贵遗产。"[1]研究我国反腐倡廉历史,了解我国古代廉政文化,考察我国历史上反腐倡廉的成败得失,可以给人以深刻启迪,有利于我们运用历史智慧推进今天的反腐倡廉建设。那么,要建设清正廉洁政府,为官者应该具备什么样的道德操守?中国传统廉政文化较好地回答了这个问题。

一、为官之德以清正廉洁为要

　　以儒家思想为核心的中国传统文化特别强调为官之德,官德思想和传统的德治文化深刻影响着官员的选任。"廉"作为为官者之品德即官德,具有清正、廉洁、俭朴之含义。我国先秦时期专讲官制的儒家经典《周礼·天官冢宰》对官吏之品德有一个很全面的概括:"一曰廉善,二曰廉能,三曰廉敬,四曰廉正,五曰廉法,六曰廉辨。"就是说,一个官员必须具备廉洁、善良、能干、敬业、公正、守法、明辨是非等品格。在儒家看来,"廉"是为官之本和考核之要,是为官执政的第一要义。只有个人道德品质达到了为官的要求,才能被纳入国家择官范围。在中国传统社会的选人用人机制中,对德的要求常常提到才的前面。《贞观政要》确立"以公平为规矩,以仁义为准绳"的择官准则,强调仁义道德在选贤任能中的重要作用。同

---

　　* 本文作者:许化溪,江苏大学党委办公室;
　　　刘同君,江苏大学文法学院;
　　　张先昌,江苏大学文法学院。

时,在对官吏的考核中,首先体现的仍然是对官德的考察,即能否做到"四善"——"德义有闻、清慎明著、公平可称、恪勤匪懈。"(《新唐书·百官志一》)

为官者要做到清正廉洁,必须不断修身正己。儒家主张严于律己,修己以安人,只有洁身自好,正己垂范,官风才能清正,民风才能淳朴。孔子十分重视"克己修身","见不贤而内自省",并将其视为官德的基本要求和实现途径。"苟正其身矣,于从政乎何有? 不能正其身,如正人何?"(《论语·子路》)意思是说,历代为政者、为官者如果端正了自己的行为,治理国家有什么困难呢? 如果不能端正自身的行为,怎能使别人端正呢? 因此,在孔子看来"德之不修,学之不讲,闻义不能徙,不善不能改"(《论语·述而》)是他最为担心、忧虑的四件事情,其中三项都是有关自身修养的,可见"修身自省"在孔子官德思想中的重要地位。荀子强调为政者必须在思想上和行动上做到以身作则。"君子博学而日参省乎己,则知明而行无过矣。"(《荀子·劝学》)"见善,修然必以自存也;见不善,愀然必以自省也。善在身,介然必以自好也;不善在身,菑然必以自恶也。"(《荀子·修身》)"夫此顺命以慎其独者也。"(《荀子·不苟》)所谓"参省""自省",就是自我反省;所谓"慎独",就是人在无人监督独处的情况下,也要自觉地按照社会道德规范进行思考和行动。

为了使为官者做到清正廉洁,中国古代除了家庭教育、学校教育外,最高统治者也经常对官吏进行廉政训诫,使他们在思想上警钟长鸣。如魏晋时期的司马昭训诫长吏说:"为官长当清,当慎,当勤,修此三者,何患不治乎?"(《三国志·魏志·李通传》)明代开国皇帝朱元璋说:"诸衙门官到任,朕常开谕:无作为非,显尔祖宗,荣尔妻子,贵尔本身,以德助朕,为民造福,立名于天地间,千万年不朽,永为贤称。"[2]最高统治者还利用旌表廉吏、破格提拔、为清官立传等形式弘扬廉政之风。如隋代梁彦光为岐州刺史,当地民风淳朴,社会安定,梁彦光采取与民休息的政策,实现"合境大化,奏课连最,为天下第一"的好成绩,隋文帝下诏褒奖说:"赏以劝善,义兼训物。彦光操履平直,识用宁远,布政岐下,威惠在人,廉慎之誉,闻于天下。三载之后,自当迁陟,恐其匮乏,且宜旌善。可赐粟五百斛,物三百段,御伞一枚,庶使有感朕心,日增其美。四海之内,凡曰官人,慕高山而仰止,闻清风而自励。"(《隋书·循吏梁彦光传》)另一方面,严惩贪官,运用反面典型案例在官僚士大夫中开展警诫教育,也是中国古代廉政教育的惯常方式之一。廉政教育的多样性,其目的在于营造以廉为荣、以贪为耻的风气,从而使为官者树立廉洁观念和廉政意识,防贪腐于未然。

二、为官之德以忠君爱国为首

忠君爱国是中国古代为官最基本的道德规范,也是最高的政治标准。忠、孝、节、义,第一位的是忠。所谓忠,主要是指臣要忠于君。"孔子曾明确地揭示了君臣关系就是君使臣以礼,臣事君以忠。儒家提出并为历代封建统治者所强化的'三纲五常',其核心也是忠。"[3] 儒家一方面主张臣要忠君,另一方面又主张"从道不从君",应做谏诤辅拂之臣,谏诤不听可去之。(《荀子·臣道》)孟子甚至说,对无道之君可诛可伐:"贼仁者谓之贼,贼义者谓之残,残贼之人谓之一夫。闻诛一夫纣矣,未闻弑君也。"(《孟子·梁惠王下》)他指出,像夏桀王、殷纣王这样的君主已经堕落为残害人民的"残贼之人"、独夫民贼,汤、武兴"仁义之师"讨伐他们是伸张正义,诛杀他们只是处死一个独夫,根本谈不上什么"弑君"。孟子的这一"暴君放伐论"表明儒家的一个重要思想主张,即臣权不是来源于君权,君权也不是自生自成,而是来源于"天命"。"民之所欲,天必从之"。"天意"就是民意,"天命"实为民命。归根结底,国家权力之源来自老百姓,来自人民。

忠,虽然从本质上是维护专制统治的,但从道德领域而言,忠,实际上是一种政治责任,如忠于国家、忠于职守、忠于信念等。《左传·僖公九年》记载:"公家之利,知无不为,忠也。"意思是说任何对国家、社会有利的事,只要知道了就应该立刻去做好,这才是对国对民最大的忠心。"临患不忘国,忠也","将死,不忘卫社稷,可不谓忠乎!"(《左传·襄公十四年》)忠又有先公后私、公而忘私、一心为民之意:"奉君命无私,谋国家无贰","忠于民而信于神也。上思利民,忠也。"(《左传·桓公六年》)忠还有忠贞不贰、刚直不阿、为民请命之意:"以谏取恶,不惮死进,可不谓忠乎!"(《国语·晋语六》)忠君爱国是中国古代为官者的传统美德。"忠"与"奸"成为评判为官者人格高下的根本标准。"忠君爱国使为官者在恪守对一姓之天下忠诚的同时,也将忠诚的品质内化为对国家、对民族、对事业的忠诚上来"[4],是为政清廉的思想道德基础。

三、为官之德以爱民利民为本

"以民为本"是儒家政治思想的重要内容,也是各级官吏必须时刻牢记的为官之道。为官者要有爱民之心,利民之举;要宽以养民,藏富于民;要得民心,顺民意,察民情,恤民苦。为官者只有心系民众,为民造福,才会清正廉洁;为君者,只有以民为本,勤政为民,才会吏治清明,统治稳固。儒家经典《尚书·五子之歌》说:"民为邦本,本固邦宁。"意思是说,民众是国家的根本、是基础,普通百姓安居乐业了,国家就能太平。孟子提出"民为贵,社稷次之,君为轻","桀纣之失天下也,失其民也。失其民者,失其心也。得天下有道,得其民,斯得天下矣。"(《孟子·离娄上》)他告诫统治者,只有体恤民情、解民疾苦、争取民心,才能得到国家政权。荀子讲得更为明确:"故有社稷者而不能爱民,不能利民,而求民之亲爱己,不可得也。"(《荀子·君道》)如果国君不能爱护百姓,不能采取有利于普通民众的政策措施,那么,要想得到广大民众的支持和拥护是不可能的。只有爱民、亲民、利民,实行轻徭薄赋、与民休息的政策,才能得民心、合民意,民归之就能够"天命"归之,从而实现有德者得民心,有德者得"天命"的政权转换。"君者,舟也;庶人者,水也。水则载舟,水则覆舟。"(《荀子·王制》)强调君对民的依存关系。

中国历史上,大凡开明的政治家和思想家,对广大民众的重要性有着清醒的认识,能够正确处理统治者、普通民众与国家之间三者的关系,能够体察民众疾苦,关心民意,采取发展经济,促进农业生产,兴办乡学,移风易俗等措施,以改善普通百姓的生活状况。在我国古代典籍《二十四史》中,其中有《史记》《汉书》《后汉书》、两《唐书》等十九史为循吏、良吏240人立传,他们是为民办实事,为民排忧解难的代表,故赢得广大民众的拥戴和赞誉。隋代齐州别驾赵轨,在州四年,考绩连最,被征召入朝重用,"父老相送者,各挥涕曰:'别驾在官,水火不与百姓交,是以不敢以壶酒相送。公清如水,请酌一杯水奉饯。'"(《隋书·循吏赵轨传》)相州刺史樊叔略晋升中央司农卿,"吏人莫不流涕,相与立碑颂其德政。"(《隋书·循吏樊叔略传》)官民关系如此融洽深厚可见一斑。以民为本的思想和实践,深深地影响着一代代开明的官僚士大夫,也构成了中国传统优秀廉政文化的重要内容之一。

四、为官之德以戒奢从俭为先

先秦诸子百家大都崇尚节俭,反对奢侈,并且把奢侈上升到足以败家灭国的地步。孔子从两方面对节俭展开论述,一方面是从政治实践的角度,他指出:"政在节财""节用而爱人",就连他钟情的礼也不例外,他说:"礼,与其奢也,宁俭。"另一方面是从为政者个人的角度,孔子说:"奢则不孙,俭则固,与其不孙也,宁固。"这是说奢侈了就会越礼,节俭了显得寒酸,与其越礼,宁可寒酸。《左传·庄公二十四年》评论说:"俭,德之共也;侈,恶之大也。"德莫大于节俭,罪莫大于奢侈。《墨子·辞让》也说:"俭节则昌,淫佚则亡。"勤俭节约,国家就能繁荣昌盛;奢侈荒淫,国家就会灭亡。

汉初，面对经济凋敝，人口锐减的社会经济局面，统治集团在恢复经济，发展生产的同时，大力加强廉政建设，提倡勤俭节约。据史书记载，汉文帝在位，宫室苑囿，车骑服御没有大的增加，他曾经想建造一座"露台"，修建费用需要花掉百金，他觉得太奢侈浪费，就说"百金，中人十家之产也。吾奉先帝宫室，常恐羞之，何以台为！"(《汉书·文帝纪》)故停止露台建设计划，不复兴造。文帝本人经常穿粗丝衣服，并要求其宠妃慎夫人衣服不拖地，帷帐不绣花。文帝死后，其子景帝即位，继承其父的廉洁作风，实"扫除烦苛，与民休息"的政策，出现被后代史学家盛赞的"文景之治"。

隋文帝杨坚是历史上著名的开明皇帝，也是十分节俭的皇帝，他反思总结历代兴衰成败的经验，告诫太子杨勇："我闻天道无亲，唯德是与，历观前代帝王，未有奢华而得长久者。"(《隋书·文四子杨勇传》)其本人"躬履节俭，六宫咸服浣濯之衣。乘舆供御有故敝者，随令补用，皆不改作"。他严禁地方官员进献犬马器玩和美味，有一名官吏因送他一袋干姜而受到严厉批评。(《隋书·食货志》)最后，他把奢侈荒淫的太子杨勇废除，把"盛治宫殿，穷极侈丽，违犯制度，出钱求息，民吏苦之"的秦王杨俊免官(《隋书·文四子杨俊传》)。由于隋文帝以身作则，率先垂范，从上到下整个统治集团节俭蔚然成风，"开皇、仁寿之间，丈夫不衣绫绮，而无金玉之饰，常服率多布帛，装带不过以铜铁骨角而已"。从而实现"自强不息，朝夕孜孜，人庶殷繁，帑藏充实，令行禁止，上下化之"的"开皇之治"。在他统治的20余年间，政治、经济、军事等方面都获得巨大的成功，后代史学家评价他说："躬节俭，平徭役，仓廪实，法令行，君子咸乐其生，小人各安其业，强无凌弱，众不暴寡，人物殷阜，朝野欢娱。20年间天下无事，区域之内宴如也。"(《隋书·高祖纪下》)

"唯俭可以养廉"，生活作风的俭约是廉洁奉公的基础。"公生明，廉生威"，为官者只有公正、公平才能使人明辨是非，只有清正、廉洁才能使人不为权势左右，平生威严。为官之德以戒奢从俭为先，要实现风清气正的社会政治局面，必须反对享乐主义和奢靡之风，这是中国数千年历史经验的总结，也是中国传统廉政文化的核心价值。

中国传统廉政文化具备一种开明与包容的基本品格。一批具有远见卓识的政治家和思想家，以及清廉勤勉的清官廉吏代表，他们所表现出的清正廉洁、为国爱民、戒奢从俭的道德操守，值得当下广大党员领导干部思考与学习。

【参考文献】

[1]习近平在中共中央政治局第五次集体学习时讲话

[2]钱耿文、刘明波:《中国古代廉政制度浅析》,载《学术月刊》,1994年4月。

[3]王增平:《中国古代的廉政建设》,载《齐鲁学刊》,1999年4月。

[4]王庭坚:《中国传统廉政文化的思想借鉴》,载《中国监察》,2013年10月。

论社会主义文化建设的主体向度 *

2011 年 10 月,中国共产党十七届六中全会通过了有关文化体制改革的若干决定,其中有两个要点值得关注:其一,深化文化体制改革,给文化发展提供更大的空间,把文化事业、文化产业作为经济社会发展的助推器(引擎)。其二,建设社会主义文化强国。这是改革开放 30 多年经济崛起后,第一次从战略高度意义上努力实现文化发展、文化繁荣。紧接其后的十八大报告就如何建设社会主义文化强国明确提出,"建设面向现代化、面向世界、面向未来的,民族的、科学的、大众的社会主义文化",走有中国特色的社会主义文化发展之路。十八届三中全会就如何推进文化体制机制改革提出了若干具体要求。所有上述科学决策都为新的历史条件下坚持和发展中国特色社会主义文化,提供了目标指引和价值遵循。长期以来,学界对社会主义文化建设的内涵与外延、性质与目标、建构路径等方面的研究已非常充分,但对文化发展的主体问题讨论较少,本文主要以历史唯物主义主体哲学为视角讨论推进文化建设需要注意的问题。

一、马克思主义理论中的主体问题

人在认知世界和改造世界的过程中发挥主体性作用,即人是社会发展的历史主体,这是马克思唯物史观的核心内容之一。当然,"主体"这个概念并非一开始就定位在"人"之上,实际上到了近代认识论意义上,"主体"才与"人"有了关联。在漫长时期的概念进化史中,"主体"包含以下四种含义:①语言学内涵;②逻辑学内涵;③形而上学内涵;④认识论内涵。在语言学上,主体就是句子的主语。在逻辑学里,主体指的是判断的主项,即判断要阐明的对象。在哲学(形而上学)意义上,主体是一种实体性的东西,是某种属性、状态、活动的基础和承担者——既指

---

* 本文作者:缪子梅,江苏大学校长办公室。

经验与现象的承担者、思想活动的承担者,也指实践活动的承担者。最后到近代认识论层面上,主体落实到意识、精神、意志等的承担者,也就是"人"。

马克思主义理论的最终目标就是构建一个主体(人)的自由全面发展和最终解放的社会形态———共产主义社会。然而长期以来的一个传统观点认为,马克思主义理论(特别是历史唯物主义)只是揭示了社会历史发展的客观规律,只注重经济关系、生产关系、社会关系和阶级关系而不提历史主体问题。好像一讲主体问题就是唯物主义的某种倒退,重新回归费尔巴哈式的抽象人的预设。起初,梅林、考茨基和普列汉诺夫等理论家对马克思主义理论进行客体化的解读,给历史唯物主义贴上了"经济决定论"的标签。后来随着国内学界对近代西方人本主义主体哲学反思的深入,马克思唯物史观中的主体叙事逐渐被推向哲学舞台的边缘,被有意无意地遗忘了。然而,"中国梦"和社会主义中国现实的历史实践却表明,马克思主义主体理论不应该被遗忘,对于社会主义文化建设依然具有十分重要的指导意义。

如果要阐明马克思主义主体理论对于社会主义文化建设的指导作用,必须做好以下三方面的理论清理工作:①解蔽传统哲学解释框架,还原主体在唯物史观中的地位;②追溯马克思主体思想的哲学渊源,厘清马克思主义主体的科学内涵;③讨论马克思主义主体理论中被长期忽略的精神生产问题。首先,历史唯物主义具有主体、客体双重向度,两者不可或缺。传统教科书体系和哲学解释框架将历史唯物主义阐释成一种几乎与社会历史的真实主体——人不相关的范畴。而生产力和生产关系、经济基础和上层建筑之间的矛盾运动,似乎是不以人的主体意志为转移的"自然历史过程",人类主体能动性仅仅停留在社会意识的反作用层面上。换言之,马克思的科学历史观退化成了黑格尔的言说,即强调"历史是在人之外"发生的客观进程。

跳出传统哲学解释框架的鹊巢,马克思主义理论的重要意义,首先在于它创立了一种实践的、能动的、革命的科学世界观,即实践的唯物主义[1]。其理论本质并不是第二国际理论家和苏联教科书体系所诠释的对外部世界的直观反映,而是建立在人类主体通过物质生产实践对外部世界和自身历史的改造之上的科学认知。简言之,历史唯物主义具有双重向度:①揭示了物质生产实践是人类社会存在和发展的基础,这是历史发展的客观规律或者说客体向度;②在上述前提下,探寻人类社会主体在不同历史境遇下的能动作用,是为主体向度。历史唯物主义绝不能被简单地理解为一种自发的、消极的宿命论,而是一种致力于改变世界,鼓舞人去奋斗的精神力量。以主体在社会历史发展中自由程度为标准,马克思将人类社会历史的发展分为三个阶段:①"人的依赖性"阶段;②"以物的依赖性为基础的人的独立性"阶段;③"自由个性全面发展"的阶段象征人类社会发展的三大形态[2]。在确切的意义上,马克思话语体系中的人类解放就是单向度"经济人"(动物)的扬弃,以及全面发展的人的真正实现;与此相应,经济占主导地位的社会形态将为人类社会的真正自由发展的社会形态所替代。

其次,就渊源来说,马克思主义主体概念是在批判地继承近代以来欧洲主体哲学思想的基础上生成的。当然,在唯物史观主体范畴诞生之前,西方学界经历了古代的朴素唯物主义"物质"实体、中世纪的"上帝"主体、近代的"意识"主体,以及机械唯物主义的"感性"主体等不同历史形态的变迁。但是严格意义上,古希腊哲学家和近代文艺复兴之后的思想家在主体哲学的致思路径上是大相径庭的。普罗泰格拉、柏拉图等古代自然哲学家主张从外部世界去寻找问题的答案,认为物质(自然界本身)是世界一切运动、变化的实在本体。而到了近代文艺复兴的时代境遇下,哲学的主题开始由原来对外部世界的探索,转向对人自身的反省,即从外向内;实体性哲学转向主体性哲学;从本体论转向认识论。笛卡儿的"我思故我在"经典命题开创了近代西方主体理论的先河。此后,黑格尔的精神现象学将康德("先验自我")和谢林("绝对精神")等阐扬的唯心主义发挥到了极致,提出"绝对理念"是整个世界的主宰。无论是认识的主体,还是客体,都是"绝对理念"的产物。费尔巴哈的旧唯物主义则站在人本主义立场上,把整个外部自然界看作是客体,把单个的、孤立的、生物学意义上的个人看作是主体,其缺陷是看不到实践在主客体关系中的作用,因而不能阐明主体对客体的能动作用,也就不可能揭示出主体的科学含义。

在《关于费尔巴哈的提纲》《德意志意识形态》和《1857—1858年经济学手稿》等经典文本中,马克思逐步构建起自己的唯物主义框架,对主体的概念进行了科学的阐释。马克思将自己的唯物主义称为"新唯物主义",以区别于唯心主义和旧唯物主义,后者不注重感性的人的活动,不是从主体方面去理解[3]。所谓主体,"新唯物主义"看来,就是在实践中形成社会关系的"现实的个人",而不是自我意识或自我。唯物史观的创立,就是通过人类物质生产实践的历史揭示社会历史发展的客观规律,但同时在这种具体的社会物质生产生活实践过程中,人的主体性得以科学地确证。所谓主体性,是指主体具有自主性、自由性、能动性和创造性等特质,而所有这些主体性都是在生产劳动实践的基础上形成的。以自由为例,在马克思恩格斯看来,人只有通过实践才能使自己成为自由的主体。"自由"是主体的本质属性,而实践是实现人的自由的基本途径。自由是人们对必然的认识和对客观世界的改造,而离开了实践,人们就不能认识规律,有效地改造客观世界,就不可能实现真正的自由。

最后,主体的精神生产问题。在马克思恩格斯看来,人是社会发展的历史主体,既是物质生产的历史主体,也是精神生产的历史主体。社会实践包括物质生产、精神生产和主体的自身生产三大形态。与物质生产相比,精神生产是一种"特殊的生产"[2],是主体运用工具对客体进行观念的改造。在本质上,精神生产是思想、观念、意识的生产,不涉及客体物质形态的改变。从人区别于动物的视角,马克思将精神生产称之为"真正的生产"。因为动物只是在肉体需要的支配下进行生产,它们的生产具有片面性,而人的生产是全面的,人可以不受肉体需要的支配而进行生产和再生产——人能够精神生产。恩格斯说:"最初的、从动物界分离出来的人,在一切本质方面是和动物本身一样不自由的,但是文化上的每一个进步,都是迈向自由的一步。"[4]换言之,精神的生产实质上就是"人化"(文化)的过程。

精神生产的主旨是实现主体的"自由全面发展",这是历史唯物主义最高的价值追求。同时,精神生产是实现人自由全面发展这一终极价值目标的重要路径,政治、法律、道德、宗教、科学、教育、艺术等不同形式的精神产品,都可以用来满足不同主体的精神文化需求。这些精神产品往往以物化的形态呈现出来,当前与之联系最为紧密的是文化产业。在西方发达国家,精神生产主要采取产业化的方式,既可获取高额剩余价值,又可对其他国家进行文化殖民。

二、中国特色社会主义文化的主体定位

历史唯物主义有关主体及精神生产的理论为当代中国的文化发展提供了理论指引。以马克思主义中国化为例,毛泽东思想体系中有关文化的观念是历史唯物主义主体理论在中国的运用和发展,它重视人民群众在文化实践中的历史作用,提出"二为"和"双百"方针,对马克思唯物史观做出了卓越的贡献,但在一定程度上忽视了主体的精神生产内容,也带来了相当严重的后果。集中表现在对知识分子的性质、地位和作用认识不清,导致对知识分子采取了一些错误的历史政策,影响了知识分子精神生产的积极性。这给国人以极其深刻的教训和经验,尤其是当代中国以经济建设为中心,普遍地受到现代资本物化逻辑的支配,迫切需要用历史唯物主义的主体精神生产理论为武器,对社会主义文化建设进行准确的主体定位,以唤醒国人的"文化自觉"。

对文化进行自我定位,关涉到文化的内涵、内容、形式、路径及发展方向。首先,就概念而言,马克思主义认为,在广泛的意义上,文化是人类进行物质生产和

精神生产所创造的全部成果的总和。在狭义层面上，文化包括人类生产生活中所展现出来的思想、道德、科学、艺术、宗教等精神诸方面内容，即精神生产的全部成果。当代中国努力发展的社会主义文化显然属于狭义的精神生产层面。20世纪90年代，我们党提出了"中国特色社会主义文化"概念，在十五大报告中阐明了它的内涵："建设有中国特色社会主义的文化，就是以马克思主义为指导，以培育有理想、有道德、有文化、有纪律的公民为目标，发展面向现代化、面向世界、面向未来的，民族的科学的大众的社会主义文化。"[5]这个概念科学地回答了文化建设"为了谁、依靠谁、成果由谁共享"这一核心问题，回应了"建设什么样的文化"这一重大历史课题，表征了党对社会主义文化本质的认知在不断地深化；对社会主义文化建设的目的和发展趋向有了理性的把握。

其次，文化主体定位的核心问题：该文化是"属于谁"和"为谁服务"的文化。如毛泽东同志所言，"为什么人的问题，是一个根本的问题，原则的问题。"[6]中国特色社会主义文化的建设目标，是培育主体性全面发挥的，能够有助于社会主义现代化实现的有理想、有道德、有文化、有纪律的"四有"公民，这表明当代中国努力建设的文化样态是为社会主义及其人民大众服务的文化。所谓"中国特色"，在笔者看来，主要不是指社会主义中国文化的民族特色、地域特色，而是强调文化应当：①以马克思主义理论为元理论；②反映当代中国生动的现实实践。可以说，唯有反映当代中国现实的历史实践的文化，才是中国特色的社会主义文化。即，社会主义文化建设在本真意义上是中国人民生产生活实践的精神外显。

再次，文化建设的内容是主体的自由而全面发展。马克思主义的终极目标是解放全人类，实现每一个人的自由全面发展。马克思说："代替那存在着阶级和阶级对立的资产阶级旧社会的，将是这样一个联合体，在那里，每个人的自由发展是一切人的自由发展的条件。"[7]就此而论，人的自由个性全面发展也是当代中国文化改革的终极目标。当代中国的文化发展，要肯定人的尊严、弘扬人的价值，使人民群众在文化实践中体悟到自己作为人的主体性存在，实现文化"化人"和"人化"的和谐统一。文化发展要引领社会树立科学的世界观、人生观；增强主体的专业才能；培养其良好的精神状态和社会心理，把人塑造成具有独立自主性、恪守道德原则和社会规范的人，使人的自由个性得以全面发挥。

第四，社会主义文化主体的主要形式是人民大众。文化是人类存在方式、状态、过程和结果的总和，主要是以社会共同体的整体行为所展现出来的情感、思想和行为的具体面貌和模式，是体现为社会共同体的组织架构和运行体制的东西。即文化主体的现实形式不是社会中某个个体或少数人，而是其中的大多数人，即人民大众。我们党提出大众的文化，就是以人民群众为主体、服务于人民群众的文化。在某种意义上，文化的主体地位和主体作用是辩证统一的。确定文化是"谁的"文化，同时也就确认了"谁"创造文化的义务和责任。社会主义文化是为大众所享有的文化，也就决定了人民大众应该担负起文化生产的权利和责任，为国家民族的生存和发展提供精神动力和智力支持。

最后，文化的主体定位也在大方向上决定了文化发展的具体路径。党的十七届六中全会指明了当代中国文化发展的路径，是建设"面向现代化、面向世界、面向未来的，民族的、科学的、大众的文化之路"，是以人为本的科学发展之路，是以社会主义核心价值体系为引领的强基固本之路，是以改革创新为动力的文化强国之路。中国就进一步深化文化机制改革、加快文化事业和文化产业的发展、推进社会主义核心价值体系建设、搭建庞大的文化人才队伍、为人民群众提供更好更多的精神食粮等诸方面，提出了一系列具体的战略举措，规划了构建文化强国的蓝图，明确了社会主义文化发展的方向。

三、发挥主体性作用应处理好三方面的关系

首先，正确处理好文化发展的主体向度与客体向度之间的关系。文化建设的目的在于满足人民大众不断增长的物质文化需求。文化强国，是指一个国家具有强大的文化力量，既表现为强大的文化软实力和发达的文化产业，也表现为具有高度素养的文化主体，这是当代中国文化发展的出发点与归宿。在根源上，文化是主体的存在和行为方式。文化建设必须高度重视主体向度、主体性原则，这是本文讨论的核心内容。但是讨论主体向度不能离开社会历史发展的客观性原则，即客体向度。在直接的意义上，主体向度和客体向度是社会历史发展中两条紧密联系的、相辅相成的基本原则，它们互相影响、互相制约，也互为前提。我们现在强调的文化自觉，本质上是一种文化意识和文化实践活动，其核心是文化"反思"：其一，反思主体在文化发展的地位、作用及其影响；其二，反思文化发展规律的自觉。

当代中国在文化改革和发展进程中，在注重发挥人民群众主体性作用的同时，也要深入探究现代文化自身的发展规律，认识到文化正进行一系列的转型发展：①从蒙昧文化向科学文化转型；②从专制性文化向民主性文化转型；③从工业文化向生态文化转型；④从物质、器皿文化向精神文化转型；⑤从特权文化向公民文化转型；⑥从绝对个人主义向自由人联合体意识转型等。因此文化建设在发挥主体能动性的同时，必须遵循上述文化发展规律，做到合规律性和合目的性的统

一。以发展文化生产力为例。当前正轰轰烈烈地进行文化体制改革,大力发展文化事业和文化产业。对此,我们一定要有清醒的头脑,要遵循文化自身的发展规律,不能把文化全部推向市场,不能把文化全都建成产业,搞所谓的"文化产业化"。即使是文化产业,也不能一味地追求经济效益,要把社会效益与经济效益结合起来。

其次,处理好领袖主体和群众主体、党的领导和群众文化实践之间的关系。上文提出文化主体的主要形式是人民大众,但纵观中国历史发展的进程我们不难发现,社会主义文化建设的主体具有多元性,领袖群体、知识分子、人民群众、政党组织和整个民族都可以称之为文化主体。因此必须处理好领袖和民众、政党和群众等主体内部之间的关系。一般而言,领袖群体在文化建设的过程中起到了非常重要的作用,他们是一系列重要文化命题、文化判断的提出者、建构者和传播者。他们代表着一种主流文化和精英文化,表征着文化的先进性和时代性,他们总会与时俱进地为文化发展注入生机与活力,推动中国特色社会主义文化不断前进。因此,从表象上看,领袖是文化建设的主体,人民群众是被灌输的客体。然而,如前文所述,中国特色社会主义文化是从群众中来到群众中去的文化,人民群众既是当代中国文化产品的创造者,发挥着最基础性的作用,他们的生产生活经验构成文化发展的主要源泉;他们同时也是社会主义文化成果的检验者。这种检验的过程就是一种群众认同的过程,这对于文化发展是非常重要的一个环节。只有经受住人民群众的检验、给予人民群众长久记忆和深刻启迪的文化作品,才能称之为优秀的文化产品。

此外,必须处理好中国共产党的领导和人民群众主体地位之间的关系。在确切的意义上,中国特色社会主义文化的发展和进步,必须依靠两个相互结合的力量:①党的英明领导;②人民群众的主体性作用发挥。毛泽东同志说过,"我们应当相信群众,我们应当相信党,这是两条根本的原理。如果怀疑这两条原理,那就什么事情也做不成了"。[8]坚持党对社会主义文化发展的领导权,能够保障文化发展始终有着坚实的组织体系;确保社会主义文化建设始终坚持马克思主义的理论指导;保证文化改革和发展始终坚持社会主义的方向。党作为社会主义事业的领导核心,始终探索人类先进文化的发展方向,不断地满足人民大众的精神文化需求。因此,在文化发展中,必须实现党的领导和人民群众主体地位的完美结合。

最后,处理好"大众的文化"与"大众文化""主流文化""精英文化"等各种主体文化形态之间的关系,构筑健康、和谐的文化生态。当代中国以人民群众作为建设主体,遵循群众路线,发展依靠人民和服务人民的"大众的文化"。所谓"大众的文化"，是文化必须植根于中国人民大众的生产生活实践，生产面向大众、供大众消费，最终成为大众的生存和发展方式。值得注意的是，"大众的文化"同从西方学界流传过来的"大众文化"并不完全一致，它们有联系，也有着质的区别。"大众文化是指在现代商品社会中应运而生的、以大众传播媒介为载体的、以现代都市大众为对象的文化形态，是一种带有浓厚商业色彩的、运用现代技术手段生产出来的文化。"[9]法兰克福学派的领军人物霍克海默及其弟子阿多诺率先对大众文化进行了批判，他们将大众文化称之为"文化工业"，是欺骗群众的启蒙精神[10]。社会主义致力于建设的大众的文化与霍克海默等西方学者提出的大众文化，含义是不同的。我们的"大众"是一个约定俗成的政治学概念，是同"人民"联系在一起的，是"人民大众"（人民群众）的缩写，同领袖群体相对应。而大众文化中的"大众"是一个批判性范畴，指涉通过大众传媒而进行间接接触所形成的一定群体性的未组织人群。

在当代中国文化生态体系中，马克思主义文化的主导地位隐性地衰落；中国优秀传统文化没有被现代人所接收，而商品市场催生的大众文化则在事实上占取了霸权地位[11]。因此，当代中国的文化建设，一方面，必须尊重人民群众的主体地位和首创精神，壮大"草根"文化，包容网络文化、微博文化、都市文化等群众文化，真正发展多元性的"大众的文化"以满足人民群众的文化诉求。同时必须以社会主义核心价值观来引领"大众的文化"，避免社会主义文化过分地通俗化，能够做到雅俗共赏。面对文化全球化背景下各种思想文化交流更加频繁的大环境、社会价值取向异质化、多样化的大趋势，推进"大众的文化"建设必须牢牢抓住社会主义核心价值体系这一"主心骨"。从凸显人民大众主体性的视角，促进主流文化、精英文化和大众文化的融合与竞争，构建和谐的文化生态。如习近平总书记所言，"我们的祖先曾创造了无与伦比的文化，而'和合'文化正是这其中的精髓之一。'和'指的是和谐、和平、中和等，'合'指的是汇合、融合、联合……我们民族的理想正在于此，我们民族的凝聚力、创造力也正基于此"[12]。

【参考文献】

[1]张一兵：《马克思辩证法的主体向度》，武汉大学出版社2010年版。

[2]马克思、恩格斯：《马克思恩格斯文集》第8卷，中共中央马克思恩格斯列宁斯大林著作编译局译，人民出版社2009年版。

[3]马克思、恩格斯：《马克思恩格斯文集》第1卷，中共中央马克思恩格斯列宁斯大林著作编译局译，人民出版社2009年版。

［4］马克思、恩格斯:《马克思恩格斯文集》第 9 卷,中共中央马克思恩格斯列宁斯大林著作编译局译,人民出版社 2009 年版。

［5］中共中央文献研究室:《十五大以来重要文献选编上》,人民出版社 2000 年版。

［6］毛泽东:《毛泽东选集》第 3 卷,人民出版社 1991 年版。

［7］马克思、恩格斯:《马克思恩格斯文集》第 10 卷,中共中央马克思恩格斯列宁斯大林著作编译局译,人民出版社 2009 年版。

［8］毛泽东:《毛泽东文集》第 6 卷,人民出版社 1999 年版。

［9］肖建华:《大众文化的批判与辩护:当代西方大众文化理论述评》,载《国外社会科学》,2007 年第 1 期。

［10］马克斯·霍克海默、特奥多·威·阿多诺:《启蒙辩证法》,洪佩郁、蔺月峰译,重庆出版社 1990 年版。

［11］田贵平、竟辉:《马克思主义文化观的再解读》,载《重庆邮电大学学报》(社会科学版),2014 年第 4 期。

［12］习近平:《之江新语》,浙江人民出版社 2007 年版。

创业型校园文化建设的思考*

高等教育是文化传承的重要载体和文化创新的重要源泉,校园创业文化也必定成为整个社会中创业及创业文化的关键支撑和前行动力。一些高校将办学理念定位于创业型大学,一些高校将文化发展聚焦于创业型文化,都为创业型校园文化建设做出了积极有益的探索。

一、创业型校园文化的内涵特色

校园文化,是一所学校赖以生存和发展的重要根基和不竭动力。创业型校园文化是校园长期以来形成具有传承价值、自身特质且与创新创业相适应的文化,具有鲜明创新创业特色的校园文化,必将潜移默化地促使学生创业意识、创业精神、创业品质及创业能力的发展。优秀的创业型校园文化自身应具备的特质有:

兼容并包的开放精神。创业型校园文化的传承价值,必须做到涵盖不同特质学生的创业知识需求以及不同届次学生的创业理念发展。也就决定了创业型校园文化必然突显兼容并包的开放精神,只有立足学校自身特色,有选择性地对社会上的一切先进思想、学术理念及社会文化等进行吸收融合,将之内化为自身价值、思想根据和行为准则,才有可能被广泛地接受和持续地传递。

力促改革的创新理念。随着现代社会对人才的多元化需求发展,以及大学生对自身的个性化成长规划,我国教育呼唤多元、自由、共享的校园文化产生。改革传统的教育思想,在校园每一个角落融入创新理念,有利于充分发挥创业型校园文化特质,使得高等教育教学保持长久的生机与活力。

* 本文作者:李洪波,江苏大学校长办公室;
 张徐,江苏大学工商管理学院;
 任泽中,江苏大学创新创业学院。

契合校情的理性态度。创业需要激情,更需要理性。可以说,在我国当前创业及创业教育方兴未艾之际,不缺乏激情,却往往忽略了冷静和理性。校园文化的存在发展都以学校为土壤,决定了创业型校园文化的建设也必须根植于校园实际,紧扣校内外资源和文化传承。从学科专业长远发展、本校学生客观条件、外界区域经济环境等情况出发,营造自身特色的创业型校园文化氛围。

二、创业型校园文化的建设基础

创业文化的建设必须围绕高校文化建设的核心,融入校园文化的方方面面,从精神、物质、制度等层面同时展开,并充分发挥其交互作用,有重点地去建设创业型校园文化的完整体系。

精神文化——思想基础。精神文化一直是校园文化建设的核心,也应当作为创业型校园文化建设的一个重要方面进行强化,由此而奠定坚实的思想基础。要深入挖掘学校广大师生员工面对创业文化的心理和意志状况,全面采集来自精神领域的第一手数据,为选择精神文化建设推进的速度、内容、范围、形式等进行针对性谋划。结合高校办学特点和人才培养目标,进一步引导学生树立正确的世界观、人生观和价值观,循序渐进地使得高校校园精神在学生的思想观念之中有深刻的烙印。

物质文化——物质基础。物质文化是创业文化的具体形态表现,是创业文化传播中极有说服力的载体,是创业型校园文化建设的重要物质基础。富有特色的高校校园文化环境能够折射出一所大学的精神特征,要将创新创业理念在适宜的情况下融入校风、校训、校歌、办学宗旨、宣传口号等,使得创业型校园文化显性化,更利于反复宣传和深入人心。在校园建筑物和其他公共设施的建设和管理工作中,在实用的基础上加入一些体现时代特征、社会意识和创新精神的内容,营造关注市场、崇尚创业的人文景观氛围。

制度文化——政策基础。制度文化是在精神和物质之外的又一个校园文化建设的重要基础,它将广大师生与创业活动联系起来,确保文化建设规范高效地进行。必须在文化革新的同时加强制度的创新改革,使之成为值得信赖、可以依靠的良好政策基础。紧扣创新型国家建设和创新型经济发展的大政方针,紧扣地方区域经济发展的导向,保持学校与地方政府、与教育主管部门在制度文化上的方向目标一致性。此外,不断完善各类创业制度,同时保证创业政策的严肃性与灵活性,切实保障创业型校园文化健康快速发展。

三、创业型校园文化的建设策略

党的十八届三中全会提出,要把立德树人作为教育的根本任务,要深化教育领域综合改革。高校的教育管理工作必然牢牢把握立德树人和综合改革等关键词,创业型校园文化建设工作当然概莫能外,必须提出教书育人新要求,制定创业工作新标准,采取文化繁荣新举措,才能充分发挥创业型校园文化对学生、对高校、对社会应有的积极作用。

1. 实施多元化育人模式

只有遴选和施行多元化的育人模式,才能形成迎合创新创业教育的开放型高等教育理念,从而推动创业型校园文化的科学建设。

采取多方互动的育人模式。在人才培养过程中注重学校与企业、与行业、与政府的互动,让学生及早接触社会政治经济发展一线,从而产生创新性想法,培育创造性思维。在教育内容安排中寻求学科专业的交叉融合,衍生新知识、探索新文化。

采用灵活学制的育人模式。通过设置课外创新学分等新型学分机制来支持大学生参与创新创业,对学生参与课外创业培训活动,从学校层面以弹性学分制等形式给予认可。允许学生通过休学等变换学习周期的方式从事创业活动,鼓励有能力的学生在合理制定学业规划的基础上,保留学籍以获取成段的创业时间。

采用实践体验的育人模式。在课程教授中,引导学生成为课程的参与者,通过小组讨论、角色扮演等形式,让学生在体验中学习。在经济管理相关的专业设置创业实习课程和建立创业实习基地,并通过高校的政产学研资源,积极为大学生争取创业资金和其他扶持,帮助学生在创业过程中成长,真正实现实践育人。

2. 广植创新型知识元素

作为培养高素质人才的前沿阵地,高校应当引导和鼓励学生先创新、再创业,通过创新谋求高层次、高质量的创业。创新应作为创业型校园文化的重要内涵,创新类知识元素也应作为贯穿创业教育始终的内容。

注重创新知识元素引入,为学生植入创业文化。创新知识引入和创业文化推进的过程毫无疑问应当遵循由浅入深、由易到难的逻辑顺序,应当分时段、分层次来进行。

注重创新知识元素普及,将学生融入创业文化。重点是在学生的学习过程中,特别是专业课程教学之中融入创新创业元素。在专业知识中凸显相关领域的前沿知识,诱发学生对新知识的渴求。将创业知识与学科专业紧密结合,多途径帮助学生了解创业必须具备的基本条件和专业素养,唤醒依托专业进行创新创业的意识。

注重创新知识元素提高,升华创业型校园文化。在课堂以外,定期开设创业培训讲座和集训班等,为大学生提供在创新创业方面专项提升的机会。在学生实习实践等接触社会的过程中,整合资源帮助学生全面接触行业与企业,了解市场与产品,增强人脉与协作,催生大学生成功创业的可能性。

3. 开展一体化教学实训

创业型校园文化建设要求在教学实训方面注重专业与创业结合,课内与课外结合,理论与实践结合,过程与成效结合。

推进教学内容一体化。将教育教学内容重点设定在开发学生的专业知识素养、创新创造能力,以及基本职业素质。根据在相关领域成功创业的一般规律,结合社会需求变化,对其进行系统整合和补充完善,增强育人成效。

推进教学组织一体化。注重第一、二、三课堂的有机融合,注重课堂内与外的自然衔接。在课堂教学中注重章节化、系统性的教学实训,坚持融入更多接近于课外活动的生动形式。在课外教学中沿袭模块化、焦点式的实训内容,逐步向规范、制度、长效的工作模式倾斜。

推进师资团队一体化。创业型校园文化中的师资应大部分是双师型教师,既懂专业又懂创新,既懂学术又懂市场,既懂理论又懂实践。博学多能的师资队伍必是优秀创业型校园文化的重要推手。

4. 制造品牌性文化影响

在校园文化建设上,高校应该树立文化精品意识,注重品牌文化建设,助推学校形象与地位提升。

注重树立地域性品牌文化。通过校园创业文化与地域文化的良性互动,更容易培育主体独特的人文气质和创业素质,使创业教育特色更加鲜明,创业文化品牌进一步彰显。注重打造团队性品牌文化。坚持挖掘品牌文化的建设主体,特别是发挥创新创业类学生社团在创业型校园文化建设中的自主意识和能量,通过开展具有广泛影响力的社团活动锻炼自身,辐射他人。

注重打造载体性品牌文化。当代高校最重要的文化载体之一是网络等新媒体工具。高校能打造促进互联网创业的优质模式,本身是一种品牌;能很好地运用新媒体工具服务创新创业,同样是一种品牌;能将网络平台,譬如微博等作为文化品牌的营销窗口,又是另一种品牌文化。同时,鲜亮的名称或符号也是品牌建设的重要基础,将创新创业融入校徽校歌、院旗院训、班徽班训等,能够形成比较有冲击感的文化传播效果。

社会主义核心价值观视阈下高校中华优秀传统文化教育路径探究*

中共中央总书记习近平在中央政治局第十三次集体学习时指出："培育和弘扬社会主义核心价值观必须立足中华优秀传统文化。"大学生作为社会主义核心价值观最主要的践行者，未来势必成为中国特色社会主义事业的接班人和主力军[1]。因此，在当今思想碰撞、价值多元的背景下，高校必须加强中华优秀传统文化教育，切实有效地传承和弘扬中华优秀传统文化，促进大学生正确价值观的树立。

一、中华优秀传统文化与社会主义核心价值观的内在关联性

（一）中华优秀传统文化是社会主义核心价值观的思想源泉

中华优秀传统文化是指在中华民族发展的历史长河中，祖先们通过他们的勤劳和智慧，创造出的具有民族特色、博大精深、源远流长的中华文明。其包罗万象，内容广泛，具有多元一体性；其不断被继承与发展，具有价值延续性。社会主义核心价值观是社会主义核心价值体系的核心，高度凝练了中华传统文化中的思想与精神，中华优秀传统文化与社会主义核心价值观在逻辑关系上具有一致性[2]。

在国家层面，两者都体现民本、和谐的儒家思想。"富强"来源于古时"富国强兵""富民养民"的思想；"民主"是从"民为邦本""民贵君轻""仁民爱民"等古训中提炼而出；中华优秀传统文化中重视"和"的思想，"以和为贵""求同存异"这些思想在社会主义核心价值观中概括为"和谐"。在社会层面，两者都展现出一个充满正义、道德的社会风貌。"自由、平等、公正、法治"这些内容的思想价值与"不患

---

* 本文作者：金丽馥，江苏大学马克思主义学院。

寡而患不均""天下为公""天下有义则治,无义则乱""隆礼重法"等价值取向相得益彰。在个人层面,两者都彰显了爱国、待人友善的博大情怀。"爱国"从古至今一直是中华民族精神的核心,是"天下兴亡,匹夫有责""先天下之忧而忧,后天下之乐而乐""苟利国家生死以,岂因祸福避趋之"的现代阐释;"诚信"与"诚者,天之道""民无信不立""身致其诚信"等一脉相承;"友善"则可追溯到孔子的"仁者爱人"的思想。可见,社会主义核心价值观三个层面的倡导,都可以在中华优秀传统文化中找到思想根基。

(二)中华优秀传统文化对培育社会主义核心价值观的重要性

1.中华优秀传统文化为培育社会主义核心价值观提供价值支撑和精神支持

社会主义核心价值观是社会主义意识形态的本质和灵魂,引领着国家、民族的生存和发展。"优秀传统文化是我国现代文明的基础,是我们核心价值观的立足之地。"[3]中华优秀传统文化凝结着各民族的智慧,蕴含着伟大的民族精神和优良的道德传统,包含着整体趋向的政治价值观、文明和谐的社会价值观等。社会主义核心价值观与传统文化所倡导的价值观一脉相承,若立足于传统文化,那么,社会主义核心价值观的培育则会达到"润物细无声"的效果。

2.中华优秀传统文化为培育社会主义核心价值观提供重要的载体

核心价值观是文化的重要组成部分,其培育和践行当然也离不开文化的支撑。价值观是一种意识形态,具有一定的抽象性,要想被人们所理解、践行,必须将其融入具体的、可感知的活动中。韩愈提出"文以明道",周敦颐提出"文以载道",可见,传统文化,如诗歌、古文、戏曲等都十分注重载体功能。社会主义核心价值观中许多内容都可以在我国的传统节日、古文典籍中找到根基。如端午节纪念抱石投江的诗人屈原,体现一种"爱国"情怀;重阳节登高为老人祈福,彰显"尊老""孝道";2014年将12月4日设定为国家宪法日,也是通过节日的形式,传播"公正、法治"的精神。传统文化中的古文典籍、诗歌戏曲也同样渗透着为人处世的道理,起到道德教化的作用。通过开展这些人们喜闻乐见的活动来传播主流价值观,使其深入生活的方方面面,让人们无时无刻不在感知、领悟和实践。

3.中华优秀传统文化为培育社会主义核心价值观提供深厚的群众基础

培育社会主义核心价值观,首先要取得人们的认同和接受,通过科学的方式进行传播和弘扬,最终实现价值观的践行,即从社会主义核心价值观的具体实施看,无论是认同还是实践,都需要具有深厚传统文化底蕴的人民群众的力量[4]。中华优秀传统文化经过五千年历史长河的积淀,"它已贯穿于中国人民的思想观念、道德礼仪、风俗习惯等各个方面"[5],对人们的思维方式和行为模式产生了深刻且持久的影响。也就是说，人们受到优秀传统文化潜移默化的影响，在言行举止间往往会"自觉"或"不自觉"地体现出其中的精神和价值观念，只要稍加引导或规范，人们就会对社会主义核心价值观中凝结的思想产生极大的认同感，并付诸实践。可见，中华优秀传统文化为社会主义核心价值观的培育提供了深厚的群众基础。

二、加强高校中华优秀传统文化教育的必要性

（一）高校开展中华优秀传统文化教育的价值

2014 年 5 月 4 日，习近平在北京大学师生座谈会上发表讲话，基于青年的价值取向决定未来整个社会的价值取向这一当代的基本事实，他要求广大青年自觉践行社会主义核心价值观，并强调从中华优秀传统文化中汲取丰富营养的必然性和重要性。高校是培养国家栋梁之才的重地，是文化传承的主阵地，更应深化广大青年对中华优秀传统文化的认知和理解，将中华优秀传统文化教育放在优先地位。

1. 加强中华优秀传统文化教育，有利于促进大学生对传统文化的全面认识

中华民族是一个拥有悠久历史的伟大民族，在其历史长河中形成了具有鲜明民族特色的文化传统和精神。这种文化传统和民族精神是这个国家生存与发展的坚实基础和不竭动力。要实现中华民族伟大复兴，作为推动中国未来发展主力军的广大青年，就必须认真回顾和梳理自己的优秀传统文化，并从中汲取养分和力量[6]。因此，高校应加强中华优秀传统文化教育，通过必修课和选修课的教学、学生活动的渗透、校园文化的建设、网络平台的优化等方式，挖掘其中蕴含的宝贵精神财富，促进大学生对传统文化有更加系统化、全面化的深刻认识，以增强民族自信心和认同感，推动中国梦的实现。

2. 加强中华优秀传统文化教育，有利于提升高校思想政治教育的实效性

"中华优秀传统文化蕴含了对人生和宇宙的关怀、对人和生命的理解，也就是说它强调人的价值和需要，注重人的发展与完善。"[7]思想政治教育是中国精神文明建设的首要任务，对学生的思想品德、人格品质具有塑造作用，对大学生世界观、人生观、价值观的形成更是具有重要影响。因此，高校应将传统文化中的优秀理念如爱国主义、积极有为等融入高校思想政治教育中，让学生在感受传统文化魅力的同时，提升人文素养，树立正确的价值观念，建立顽强拼搏、积极向上的人生态度，以促进高校思想政治教育实效性的提升。

（二）全球化背景下高校中华优秀传统文化教育面临的挑战

中华优秀传统文化是我们宝贵的精神家园，为我们文明的进步、社会的发展提供了不竭动力。然而，随着经济全球化的发展，信息的传播速度大幅度提升，西方的价值观和生活方式不断植入，难免影响了本土文化的弘扬和传播，对中华优秀传统文化教育带来诸多挑战。

当前，以美国为首的资本主义国家利用互联网向世界各地传递西方的意识形态和价值理念。根据 CNNIC 发布的第 37 次调查报告显示，90 后成为互联网主流人群，其中，20～29 岁占比最高，达到 29.9%。可见，高校学生受互联网影响最大。

我国优秀传统文化以"德""善""和"为核心，倡导仁、义、礼、智、信以及温、良、恭、俭、让等优良传统美德。然而，现实主义、拜金主义、利己主义等观念在大学校园中盛行，这与高校中华优秀传统文化教育在内容上产生冲突。"第二文化空间"[8]不仅冲击着大学生的思想观念，更对其行为方式产生消极影响。考试作弊、学术抄袭、贿赂拉票等现象时有发生，这些一方面严重违背了优秀传统文化所倡导的精神，另一方面也反映出我国存在严重的优秀传统文化流失倾向。

（三）高校中华优秀传统文化教育存在的问题

当前，绝大多数大学生对中国优秀传统文化教育是持积极态度的，肯定了中华优秀传统文化的地位和作用，但也存在一些急需解决的问题，主要表现为以下几点：

1. 大学生文化底蕴不足，对传统文化的认识不全面

大学生对我国传统文化有一个全面、科学的认识是高校顺利开展中华优秀传统文化教育的基础，是高校有效实现"以文育人"的重要保障。然而，有相当一部分大学生对传统文化的了解呈零散的点状，而非呈点线面系统化，具有知识盲区。据 2004 年《中国新闻周刊》对北京几所高校开展的调查显示：大学生对传统文化的认知不足、了解程度不高[9]，因而文化底蕴不足，特别是理工科大学生对中华优秀传统文化了解甚少。

2. 大学生学习主动性不足，知识储备量较少

在我国，小学、中学的语文课、历史课是学习传统文化的主要途径，但不是唯一途径，并且课堂上讲授的文化内容仅仅是冰山一角；大学课堂对传统文化也是泛泛而谈，并不是有针对性地深入了解。因此，就需要大学生通过大量的课外阅读增加对传统文化的了解。然而，大多数学生对传统文化的了解仍停滞于中小学的知识，大学期间并没有掌握新的传统文化知识。这一方面反映大学生学习传统文化知识的主动性不强，没有意识到其对自身素养的形成具有重要作用；另一方

面也说明,当前高校对优秀传统文化教育的投入比较少,力度和重视程度不够。

3.大学生应用能力不足,出现重理论轻实践的失衡现象

中华优秀传统文化蕴含着诸多为人处世的价值理念,如待人友善、一诺千金、公平正义等,这些传统美德的弘扬不仅需要我们对理论层面的学习,更需要我们将其转化为行为,在实践中感受传统文化的魅力。然而,很多学生对传统文化的学习局限于书本上的古诗词和文学著作,即停留在理论层面,不能将传统文化中的优秀品质和理念与生活实际相融合,并在实践中弘扬。这也反映出当今教育体系的不完善,如课程设置方面,从小学到高中过于注重知识的传授,仅倾向于对传统文化的记忆背诵,忽视知识的应用;高校文理科对传统文化课程的重视度不一,造成传统文化教育的盲区。

4.高校重视力度不够,功利化和形式化问题突出

开展中华优秀传统文化教育必须获得高校领导以及教育工作者的全力支持,高校教师也应提升自身的传统文化素养,各学生组织应响应号召,通过举办富有文化底蕴的主题活动,营造浓厚的文化育人氛围。然而,有些高校对传统文化教育的重视度不足,各层领导对传统文化的认识缺乏一定的科学性和全面性,在教育过程中出现"走过场""不深入"现象。高校并没有提供多样的途径,使学生真正学习到文化的精髓。再从大背景来看,当前社会极力提倡素质教育,但应试教育的影响仍存在。受功利主义影响,学习内容限定在考试、就业范围内,阻碍了高校中华优秀传统文化教育的有效开展。

对传统文化认识的不全面、不深入、不与时俱进,势必会导致大学生人文素养的缺乏,这不仅影响当代大学生价值观的形成,更会动摇社会主流价值观的地位和作用,不利于社会的和谐和稳定。因此,高校加强中华优秀传统文化教育,提高大学生的文化素养和思想素质具有相当的迫切性和必要性。

三、强化高校中华优秀传统文化教育的新路径

(一)将中华优秀传统文化教育纳入教学计划,充分发挥思想政治理论课主渠道作用

课堂是学习知识、传播知识的主要渠道。因此,高校中华优秀传统文化教育也需要"课堂"这个载体,通过教学提升大学生对优秀传统文化的认知程度。在课程设置上,高校应充分考虑大学生的身心需求,开设他们感兴趣的相关课程,必修和选修相结合、文化概论和经典细读相结合,从面到点,由浅入深,完善高校中华优秀传统文化教育的课程体系。高校思想政治理论课是引导大学生形成正确的

思想和价值观的主阵地,也是中华优秀传统文化教育的重要载体。因此,我们应将优秀传统文化融入思想政治理论课,加大文化教育的比重,使学生在对中华传统文化再认识的基础上,领悟中华优秀传统文化与社会主义核心价值观的思想协同性[10],帮助他们树立正确的价值观,这不仅能提升思想政治教育的有效性,也能促进大学生对社会主义核心价值观的认同。

(二)创新中华优秀传统文化教育的教学模式,将课堂教学与课外阅读有机结合

兴趣是最好的老师。文化对人的意识和思想是一种潜移默化的影响和熏陶,其起作用的前提是激发学生学习的兴趣和热情。传统的灌输式教学显然不能做到这一点。因此,我们要将中华优秀传统文化的教育模式多元化,采取不同的教学组织形式,在积极愉快的氛围中,传递优秀传统文化中的思想理念和价值追求,最终实现"要我学"到"我要学"的转变[11]。此外,教学中还可加入社会实践环节,通过志愿服务、爱心捐赠等活动,切身体会"尊老爱幼""吃苦耐劳""自强不息""见义勇为"的中华传统美德,在实践中逐步形成科学的价值观。

(三)为中华优秀传统文化教育营造浓厚的校园文化氛围,发挥其隐性教育功能

"良好的校园文化是一种隐性的教育力量,它与课堂教学不同,往往会潜移默化地熏陶、影响和塑造学生,使之不自觉地感悟和形成社会主义核心价值观。"[12]因此,高校开展中华优秀传统文化教育,应当紧抓校园文化建设。校园文化主要由物质文化和精神文化两部分组成。在校园物质文化方面,高校应将中华优秀传统文化的元素融入学生生活、学习的每一个角落,让学生全方位受到熏陶和感染。校园的建筑、雕塑、宣传栏、板报、横幅、路牌、标语等硬件设施都可以成为教育重点。在校园精神文化方面,高校应注重校风、学风、教风与中华优秀传统文化的有机结合,并大力支持社团、学生会组织的以学习优秀传统文化为主题的各项活动。理论学习研讨、书法大赛、朗诵大赛、读书沙龙、以传统节日为契机开展传统美德教育活动等,主题丰富、形式多样的校园活动必定能吸引学生积极参与,再辅之以广播、报纸、校园网站、微信公众号等媒介宣传,这不仅使他们深化对中华优秀传统文化的认知,更将其思想精髓内化于心,促进高校对大学生社会主义核心价值观的培育。

(四)提高高校教育工作者的优秀传统文化素养,完善传统文化教育领导机制

在教育活动中,教师发挥着不可替代的主导作用,是决定教育成败的最关键

因素。因此,必须提高高校教师的文化素养,全面整合师资力量。高校可以定期开展相关的主题培训、讲座,让教师感受到传统文化的魅力,并适当进行考核,完善培训机制,从源头实施中华优秀传统文化的有效教育。此外,制度的建设是高校开展传统文化教育的最终保障,只有学校党政领导重视传统文化教育,并落到实处,才能将中华优秀传统文化的教育作用发挥到最大。为此,高校要建立健全优秀传统文化教育的领导责任制度、监督机制和考评机制,校党委宣传部、校团委、学工处、教务处等部门形成合力,为中华优秀传统文化教育保驾护航,实现文化育人的最终目标。

(五)利用新媒体开展中华优秀传统文化教育,提升其创新性和有效性

中共十八大指出:"要加强和改进网络内容建设,唱响网上主旋律"。当前,信息技术发展迅速,高校应顺应时代和学生需求,将中华优秀传统文化以学生喜闻乐见的形式展现,其中,新媒体就扮演着重要角色。一方面,高校要加强校园网站建设,开辟"中华优秀传统文化学习基地"。在基地上,将传统文化分门别类,以学生感兴趣的不同形式呈现。另一方面,当前大学生愈来愈倾向于碎片化阅读和视觉化阅读,高校需要有针对性地在微博、微信、飞信、QQ等客户端上进行创意推送,即精简中华优秀传统文化的内容,提炼其中的精髓,使推送内容在富有文化内涵的同时不失诙谐风趣,以吸引众多师生阅读。以新媒体为依托的传统文化教育,将社会主义核心价值观中的大道理层层分化,变成大学生乐于接受的小道理,将大大提升教育的创新性和实效性。

【参考文献】

[1]周古月:《当代大学生对社会主义核心价值观的认同现状及教育对策研究》,华中师范大学,2014年。

[2]陈征微:《试论中华优秀传统文化与大学生社会主义核心价值观教育》,载《北京教育》(德育),2014年第12期。

[3]印亚军:《中华优秀传统文化与社会主义核心价值观的培育》,载《江苏第二师范学院学报》(社会科学版),2014年第12期。

[4]孟庆欣:《依托中国优秀传统文化推进社会主义核心价值体系建设研究》,东北师范大学,2014年。

[5]周望高:《中华优秀传统文化在大学生社会主义核心价值观培育中的作用》,载《时代教育》,2015年第3期。

[6]巴晓津:《中华优秀传统文化教育与大学生思想政治道德素质的培养》,

载《思想理论教育导刊》,2014 年第 7 期。

[7]朱红鸿:《中华优秀传统文化对大学生思想政治教育的优化作用》,载《山西高等学校社会科学学报》,2015 年第 4 期。

[8]樊娟:《新生代大学生文化认同危机及其应对》,载《中国青年研究》,2009 年第 7 期。

[9]朱萌:《大学生中国优秀传统文化教育探析》,载《思想教育研究》,2011 年第 11 期。

[10]李国娟:《对高校开展中华优秀传统文化教育的思考》,载《教育探索》,2014 年第 12 期。

[11]薛凯文:《加强大学生中华优秀传统文化教育的现实路径》,载《现代交际》,2014 年第 8 期。

[12]韩建华:《优秀传统文化对大学生社会主义核心价值观培育价值研究》,载《佳木斯职业学院学报》,2014 年第 9 期。

第二篇

02

实践育人篇

本篇主要选取了学校领导、专家学者关于实践育人的理论和实践研究的思考文章，综述了学校在实践育人和大学生创新创业工作实践中的特色做法和典型经验，梳理了学校近年来出台的关于实践育人工作制度、政策、体制、机制的总体设计文件以及学校与校外共建的大学生实践育人基地建设情况，选编了近年来学校实践育人工作取得的代表性成果和重要新闻媒体报道目录，以此来充分展现学校实践育人工作的高水平成果和对区域经济及社会发展做出的重要贡献。

创新教育理念　提升实验教学示范中心建设水平*

实验教学对培养工科学生的实践能力至关重要。江苏大学自组建以来,从大工程观、大人才观、大质量观着眼,始终把实验室建设和实验教学放在突出位置。通过近10年的精心建设,创建了由1个国家级实验教学示范中心建设点、2个国家级实验教学示范中心培育点、9个省级实验教学示范中心及建设点和12个校级实验教学中心为主体的实验教学体系。在建设过程中,我们非常注重发挥机械、动力类等优势学科的支撑作用,在创新人才培养中取得可喜进展,并有一定感悟。

一、以"大工程观"为指导,系统创建工程实践教学新体系

针对传统工程教育过分强调专业化、科学化而割裂了工程本身这一现象,20世纪90年代以来,美国工程教育界掀起了"回归工程"的浪潮,提出了"大工程观"的思想。"大工程观"作为一种教育理念,就是要改变工程教育过分科学化、学术化,过分强调科学基础理论研究与教育的工程教育体系,通过重视工程实际以及工程教育本身的系统性和完整性,强化科学、技术、工程和人文的相互渗透与融合,进行专业、学科间的创造性综合,使建立在学科基础上的工程教育回归以实践为基础的工程教育的本质。同时,把非技术因素作为内生因素加以整合,引入工程活动。

根据"大工程观"的思想,我们在创建国家级实验教学示范中心建设点——江苏大学工程训练中心(工业中心)过程中,特别强调整合、系统、应变、再循环的建设思路,充分体现新形势下工程实践创造性、综合性、社会性的特点,努力把工程

* 本文作者:袁寿其,江苏大学党委办公室;
　　王贵成,江苏大学教务处;
　　冯军,江苏大学教务处。

训练中心的建设过程作为探索高级工程技术人才培养的新途径、构建综合性人才培养新载体、创新大系统人才培养新模式、打造个性化发展与团队合作新摇篮、形成面向社会开放和创新人才培养新基地的过程。为此,我们在中央与地方共建项目资金的资助下,在江苏省教育厅的直接指导下,集中人力、财力和物力,突出重点,提升内涵,着力构建了由4个平台和11个示范性教学窗口组成的现代高等工程实践教学基地——江苏大学工业中心。4个平台分别是:工业系统认识实习平台、基础工程训练平台、现代工程系统训练平台和综合与创新训练平台;11个示范性教学窗口分别为:数控技术训练、CAD/CAM软件训练与培训、PDM-ERP系统实验及训练、快速制造实验及训练、精密与特种加工实验及训练、机电控制实验及训练、Mini-CIMS实验及训练、逆向工程实验及训练、材料的先进成形实验及训练、PLD&SOPC实验及训练和综合与创新训练。

在工业中心的建设过程中,我们努力做到"横向达边、纵向及顶"。所谓"横向达边",就是要使我们的工程训练实践教学体系能涉及尽可能多的学科与专业,有更多的学生和教师能在这里实现知识的融合与贯通,学科专业的交叉和渗透,拓展学生多学科综合性的知识背景;所谓"纵向及顶",即按照由浅入深、由低到高的认知规律,整合实验、实习、训练内容,将学生带到学科技术前沿。我们特别注重以学生为主体,以社会对工程类人才的需求为导向来规划教学目标,设计教学内容,实施教学方案。所设计制作出的工程训练平台体现"全方位""综合式""开放型"的特点:"全方位"是指平台涵盖了市场、环境、系统、管理、质量、效益各个方面;"综合式"是指平台上实施的训练,包括了设计、制造、控制、管理等各个层面;"开放型"是指平台面向全社会,面向全体学生,面向学生培养全过程、全天候开放,并为教学、科研、成果孵化、人才培训、终身教育提供服务。通过系统集成的工程训练,将必修、选修同课内、课外训练项目相结合,倡导学生跨年级跨专业自由组合、自主开发和自主创新,有效提升了学生多学科知识综合集成的能力和水平,同时也为学生提供了更多的独立思考和个性发展的空间,让学生亲身体验创新的过程,获得创新乐趣,激发创新热情,培养创新意识,提高创新能力。

二、以"大人才观"为根本,全面加强示范中心队伍建设

所谓"大人才观",就是指实验教学示范中心作为学校实施人才培养、科学研究和社会服务的综合基地,需要各级各类优秀人才的加盟。要打破现行的用人制度,不拘一格地选聘理论水平高、实践技能高的优秀人才充实实践教学队伍。并要在机制上充分激发他们倾心实验教学。专注实验质量的主动性和创造性,为不

断提升实验教学水平提供人才保障。

在具体工作中,我们通过三个举措建设三支实验教学队伍:在示范中心设置关键岗,鼓励学科造诣深、科研能力强的学科带头人和优质师资领衔示范中心的实验教学,努力建设一支高水平的实验教学队伍;将工程能力纳入"青年教师过教学关"和"青年教师助理教学制度"的重要内容,加大选派青年教师深入企业、产学研基地参加实际工程实践的力度,努力建设一支兼具教学能力和实践能力的"双强型"实验教学队伍;创新用人机制,不唯学历,看中能力,多途径、多渠道,积极吸纳在大型企事业单位有任职经历的高级专业技术人员加盟实验教学,努力建设一支具有企业工作背景、实践经验丰富的实践教学队伍。近年来,通过精心培养,工程训练中心新进青年教师目前都已经成为示范中心的教学骨干,有的已经成为实验室(模块)负责人,并有多名青年教师在省级教学技能大赛中获一等奖和二等奖。

三、以"大质量观"为目标,着力培养高素质创新型人才

所谓"大质量观",就是指按照"以学生为本"的理念,从实现学生全面发展的角度,以学生所获得的综合能力和实现的素质提升情况来评价教育质量;通过提高学生的学习能力、竞争能力和适应能力,促进学生健康、活泼、自由、主动地成长。

为此,我们在国家级实验教学示范中心培育点——"能源与动力工程实验中心"建设过程中,率先实施"4C 能力"训练改革,即依托学科和科研优势,将"4C 能力"(Confident 自信、Cooperation 合作、Communication 交流、Creation 创新)培养贯穿于实验教学全过程,着力培养学生的工程实践能力与创新精神。我们在示范中心的教学过程中,不仅注重实验教学项目的类型,努力提高综合性、设计性实验项目的比例,而且更加注重实验教学的方法。即使是验证型的实验项目,如果教学方法得当,同样可以达到启迪思维、培养能力的目标。在实践教学中,我们广泛采用职责分明、高效集成的"合作式实验教学方法",基于问题、注重过程的"研究式实验教学方法"和鼓励创新、勇于实践的"激励式实验教学方法",通过以各种类型的实验项目、课外课题和多种层次的实践竞赛为载体,加强师生互动和团队协作,学生的自信、合作、交流与创新能力得到全面提高,能力素质得到协调发展。

学校机械和动力类实验教学示范中心在校内直接面向 28 个本科专业,重点服务于 6000 余名本科生,辐射面涵盖全校各本科专业及镇江地区高校的相关专业。近年来,我们依托实验教学示范中心建设,在教学研究、人才培养方面取得了

显著成绩:在第10届、第11届"挑战杯"全国大学生科技作品竞赛中,分别以第6名和第14名的成绩连续两次喜捧"优胜杯";在江苏省先进制造技术实习教学与创新比赛中已连续三届获得一等奖;今年在全国大学生节能减排竞赛中,又获得特等奖。机械、动力类专业学生在"长三角"地区——国际制造中心企业就业率就达85%。可以说,我们在实验教学示范中心建设中做出的努力已得到了良好的回报,更加坚定了我们进一步提升实验教学示范中心建设水平的信心和决心。

诚然,建设高水平实验教学示范中心,培养高素质创新型人才,是一个复杂的系统工程。作为以工科为优势和特色的高校,我们将以科学发展观为统领,进一步解放教育思想、更新教育观念,在省教育厅的正确领导下,加大人力、物力和财力投入,不断完善实验教学体系,努力实现实验教学示范中心建设质量和水平的新提升,为创新型国家建设做出应有的贡献。

关于提高大学人才培养质量的思考*

提高大学人才培养质量已成为当前高等教育发展主流。我们应认真借鉴世界著名大学的先进经验,紧密结合我国高等教育实际,确立育人为本、通识教育和国际化培养等科学育人理念;深化培养模式改革,科学设置课程、创新教学方式、注重实践能力;完善人力资源保障机制、教学投入保障机制和培养质量评估机制。我国高等教育在快速实现大众化后,面临着一系列新的课题与挑战。如何转变办学理念、创新培养模式、提高教育质量,已成为我国政府和大学共同关注的焦点。事实上,提高大学人才培养质量已成为当今时代高等教育发展的主流。

一、提高大学人才培养质量,必须确立科学育人理念

人才培养是大学的根本任务,育人理念是大学理念的核心。着力培养信念执著、品德优良、知识丰富、本领过硬的高素质专门人才和拔尖创新人才[1],是今后一段时期我国大学肩负的神圣职责和历史重任。只有确立科学的育人理念,才能正确地指导育人实践,不断提高大学人才培养质量。

1. 确立育人为本的理念。从高等教育发展的历史逻辑看,大学职能是由单一功能向多元功能拓展的。时至今日,人才培养、科学研究、社会服务已被公认为现代大学的三大职能,其中人才培养一直被认为是大学最为基本的职能和最核心的任务,是不同层次的大学共同的办学目标,需要调动一切力量和资源为之服务。《中华人民共和国高等教育法》明确规定,"高等学校应当以培养人才为中心,开展教学、科学研究和社会服务"。全世界的科学研究成果大部分来自大学而非其他机构,深究个中原因,主要是基于大学在人才培养的过程中,形成了较为丰富的学科与专业群体,积累了深厚的学科与专业知识库藏,培养了大量从事科学研究后

---

* 本文作者:范明,江苏大学党委办公室。

备力量,为科学研究奠定了得天独厚的条件。相应的,如果没有人才培养过程中积累起来的经验和研究成果,大学为社会服务的活动也同样会成为无本之木。当前,我国大学教育在创新型人才培养方面距离建设创新型国家、建设人力资源强国的要求尚有很大距离。"为什么我们的大学培养不出杰出人才",著名科学家钱学森提出的这个问题,代表了社会对当代中国大学的期待。大学围绕着培养人才这个中心,在总体上把握和实现自身各项职能,既是自身的神圣使命,也是时代和社会的客观要求。

2. 确立通识教育的理念。钱伟长先生曾讲过:"过早专业化的结果常常是教师教什么学生懂什么,学生只在一个方向上发展,把这个方向上的东西学四年,别的都不懂,这不利于培养创造性思维。而社会需要能带着满脑子的问题从大学走出来的人,需要有创造性而不是模仿性的人。通识教育是对任何专业的学生的长远考虑,而不是急功近利,追求立竿见影。"[2] 当今时代,人类面临着一系列复杂的、关键的挑战,这些挑战涉及跨领域、跨学科的很多方面。微软公司首席研究及战略执行官科瑞格·蒙迪在第四届中外大学校长论坛上的演讲中指出:"未来人类解决问题的办法是取决于跨学科的合作……企业界特别希望学校培养具有跨学科能力和合作能力的人才。"耶鲁大学校长理查德·莱文在该论坛的演讲中也指出:"对于多个学科的接触,使得学生有能力去应付新的、从来没碰到过的问题,他们通过不同学科的学习会有不同的视角。这样一种跨学科的广度,能够使毕业生有能力以创造性的方式来解决新的问题。"

3. 确立国际化培养的理念。当前,高等教育国际化不仅成为普遍关注的问题,而且成为大多数国家高等教育界所着力运作的实践。在大学人才培养取向上,高等教育国际化主张培养适应在国际环境中学习、工作和发展的人力资本。随着我国经济融入全球化程度的加深,对国际化人才的需求也越来越强烈,国际化人才培养问题日益突出。全球最大的战略咨询机构麦肯锡咨询公司的《应对中国隐现的人才短缺》指出,"今后五年,中国需要7.5万名能够在国际市场中施展拳脚的管理人员,但目前这类人才只有5000人","发展中国家的大学首要的是为本国加快发展培养高素质人才,高等教育国际化应该成为实现这一目标取向的路径或工具"[3]。

二、提高大学人才培养质量,必须深化培养模式改革

当前,我国大学人才培养模式实质上仍存在重已知知识的掌握、轻未知知识的探索,重单一专业领域理论知识传授、轻跨学科知识供给和实践能力培养的现象。教育部《关于进一步深化本科教学改革全面提高教学质量的若干意见》明确指出，要坚持知识、能力和素质协调发展，继续深化人才培养模式、课程体系教学内容和教学方法等方面的改革，实现从注重知识传授向更加重视能力和素质培养的转变。美国未来学家阿尔温·托夫勒曾精辟指出："未来的文盲不再是目不识丁的人，而是没有学会怎样学习的人。"[4]我们在人才培养模式改革上要着眼于未来，侧重加强学生自我学习能力、知识自我更新能力、自我解决问题能力的培养。

1. 科学设置课程。课程设置是落实人才培养目标的核心环节，是开展人才培养工作的基本前提。当今世界科技、社会、经济发展日新月异，新老产业更替速度加快，社会对人才的需求已不再是仅具有某一专业特长，而是一专多能，具有多重融合的知识结构和能力结构的复合型、创新型人才。这样的人才必须具有深厚的人文底蕴、扎实的专业知识、强烈的创新意识、宽广的国际视野。而长期以来，我国大学受苏联教育模式的影响，专业分割过细，课程设置围绕狭窄的专业领域展开，培养出的学生就学术视野、知识结构、个人特点和社会适用性等方面与英美大学相比有较大差距，不能很好地满足现代社会经济社会发展需求。在一般美国大学里，新生入学的第一、二年，通常不属于任何院系，也不分专业，全部学习由人文学科、社会科学和自然科学基础学科等组成的通识类课程。在此基础上，到三、四年级对学生进行专业知识教育，为学生毕业后直接从事某种职业或进入研究生院学习创造条件。我们应借鉴美国的做法并根据中国国情实际深化人才培养模式改革。首先，要摆脱过去围绕狭窄专业领域设置课程的思维，树立和落实通识教育理念，探索建立适应现代社会发展需要，符合人的全面发展、长远发展要求，通识教育与专业教育相互平衡的课程体系。各高校应根据学科专业特点、师资力量和人才培养目标，精心设置核心通识课程，克服"拼盘式""无关性"和"大而全"，以求少而精，避免教学课时的无限膨胀。同时，加强对通识课程的建设与管理，真正使通识课程开得出、教得好、有实效。

2. 创新教学方式。好的学习环境，不仅取决于课程内容的设计，还取决于教学传授方式"大学教育的试金石不是讲授伟大真理，而是用什么高明的方法来讲授伟大真理。所以，讲授什么不及如何讲授重要。"[5]耶鲁大学校长理查德·莱文在第四届中外大学校长论坛上的演讲中认为，中国的教学法是一种生搬硬套的模式，学生总是很被动的倾听者、接受者，不愿意挑战学术权威，缺乏批判性思维。这样一种传统的亚洲模式，对于培养一些流水线上的工程师或者是中层管理干部可能是有用的，但是如果培养领导力和创新人才就显得过时了。哈佛大学文理学院原院长亨利·罗索夫斯基也曾指出："课程只是骨架，而它的血肉和精灵必须来源于师生之间难以预料的相互影响和交感作用。"[6]牛津大学校长安德鲁·汉密尔顿在第四届中外大学校长论坛上的演讲中也指出,改革教学方式,首先要加强对教师的培训,特别是要引导、支持、鼓励教师赴海外交流学习和培训。那些在国外学习过而回到中国的大学教师,更倾向于采取互动的方式来进行授课。其次要深化考试方式改革,让学生从死记硬背一些事实的考试方式中解脱出来,要求学生去解决他们以前从来没有碰到过的问题,去分析某一观点的正反两方面,并且去表达自己的观点。同时,还须加强与国外著名大学的校际交流、学生之间的交流,加大与国外高水平大学合作培养人才的力度。

3. 注重实践能力。中国大学的教学多注重理论知识的传授不太重视实践能力。要坚持开放办学的理念,整合优化、充分利用校内外资源,积极创造条件,组织学生尽早开展科学研究、社会调查、社会实践活动,给学生更多地接触生产实践的机会。努力构建相对独立的实践教学体系,在教学计划中强化实验、实习、实践和毕业设计等实践教学环节,充分发挥校内实验室、工程训练中心的作用,推进实验内容和实验模式改革和创新,保证实践教学"四年不断线",贯穿于人才培养的全过程。探索与行业企业联合培养的新机制,积极与技术、装备水平高的行业企业开展校企合作,建立稳定的校外实习实训基地,使学生在参与科研和建设项目中提升实践动手能力、分析问题和解决问题能力。政府应借鉴德国等国家的成功做法,通过制定减、免税收等政策,鼓励企业更多地接受学生实习,形成产学合作的良性运行机制。

三、提高大学人才培养质量,必须完善质量保障机制

"在我国高等教育由规模发展转向内涵建设为重点的过程中,高等教育质量保障问题日益成为政府和社会关注的焦点问题。"从我国目前的高等教育实际来看,提高大学人才培养质量,应从人力资源、教学投入和质量评估三方面完善保障体系。

1. 完善人力资源保障机制。牛津大学校长安德鲁·汉密尔顿在第四届中外大学校长论坛上的演讲中认为:"大学所有的问题归根结底都是人的问题。大学的质量取决于大学里的人,主要包括学术人员和学生。"当前,每一所大学都高度重视师资队伍建设,特别是对大师级领军人物的培育与引进,在工作条件、研究经费、生活待遇等方面都给予了较好保障。笔者认为,更为重要的是要探索建立行政权力和学术权力并行不悖、良性运转的制度机制,充分保障教授治学的权力,充分发挥教师作为办学主体的作用;建立完善人才发展性评价机制以及帮助优秀人

才实现自我发展、获得成功的管理支持机制,正如牛津大学校长安德鲁·汉密尔顿所言,"杰出人才是大学宝贵的财富,大学领导要不断反思如何更好地支持他们发展"。就大学吸引优秀生源而言,最为根本的则是培养质量、办学特色和社会声誉。随着我国高等教育改革的深入推进和大学适龄人口的逐渐减少,学生选择大学终将变成现实。对此,我们都应超前谋划,尽早行动,不断完善培养质量提升机制、办学特色强化机制、社会声誉维护机制,为未来吸引更多高质量学生创造有利条件,奠定坚实基础。

2. 完善教学投入保障机制。教学投入主要是经费投入和教师教学精力投入。确立并坚持育人为本的理念,真正落实人才培养在高校的中心地位,必须将教学一线的需要当作第一需要,在事业发展上优先谋划人才培养工作,在办学经费安排和校内资源配置上,优先保证教学,确保教学工作不论在什么时候,什么情况下都不受到影响和削弱。我们要按照教育部《关于进一步加强高等学校本科教学工作的若干意见》有关规定,明确每年四项教学经费占学校年度办学经费的比例,形成教学投入持续增长政策环境。不断完善教师工作业绩考核评价体系,坚持教学带头人与学科带头人、教学项目与科研项目、教学成果与科学成果"三个一视同仁",加大教师教学责任和教学质量的考核权重,在职务评聘、津贴评定、评奖评优中坚决实行教学考核一票否决制,有效激励教师全身心投入教学实践和教学研究,积极推进教学理念、内容、方式的变革,真正使学生学有所值、学有所得、学有所成。

3. 完善培养质量评估机制[7]。我们既要借鉴国外的成功经验,又要立足自己的实际,认真总结过去教学评估的经验和存在的问题,探索符合我国国情、有利于促进我国大学不断提高人才培养质量的评估体系。一是完善政府主导的综合性评估体系,建立起科学的分类评估办法,确立多样化的质量观,引导大学在遵循人才培养统一性要求的前提下向多样化方向发展,防止各大学人才培养目标和培养模式的趋同。二是建立和完善社会评估体系,调动社会参与大学人才培养质量管理的积极性,规范社会评估机构运行机制,提高评估的权威性。三是完善大学内部评估体系。高校教学质量评估应从外部评估转向推动学校内部建立完善的质量保障体系,这既是英国高校教学质量评估改革、日本重视大学自我评估立法的基本经验,也是国际高等教育质量保障体系发展的共识和趋势。我们必须把完善大学内部评估体系作为教育管理的重要手段,作为教学质量保障体系建设的重要组成部分,根据人才培养目标和质量生成的一般规律,科学设计学校内部教学质量评估指标体系,健全教学质量的监督、反馈和评价机制,通过同行听课制、教学督导制、学生评教制等,及时采集相关数据,认真研究分析,适时干预指导,努力形成保证和提高教学质量的长效机制。

【参考文献】

[1]《国家中长期教育改革和发展规划纲要(公开征求意见稿)》,教育部门户网站 www. moe. edu. cn

[2]夏欣:《通识教育与创新精神》,载《光明日报》,2002 年 3 月 12 日。

[3]《第四届亚洲人学校长论坛综述》,载《安徽日报》,2008 年 10 月 10 日。

[4][美]阿尔温·托夫勒:《未来的冲击》,孟广均等译,中国对外翻译出版公司 1985 年版。

[5][英]阿什比:《科技发达时代的人学教育》,滕人春等译,人民教育出版社 1983 年版。

[6][美]亨利·罗索夫斯基:《美国校园文化》,谢宗仙等译,山东人民出版社 1996 年,第 176 页。

[7]丁晓昌,杨树兵:《芬兰与丹麦高等教育质量评估机制述评》,载《江苏高教》2007 年第 2 期。

高校创业实践育人的层级推进式载体建设 *

创业教育逐步融入我国高校人才培养的关键环节,创业实践育人已成为高校育人工作的一个重要依托。高校应探索建立遵循学生成才规律、教育教学规律和创业发展规律的优秀创业实践育人载体,应根据"创新训练载体——创业模拟实训载体——创业项目实验载体——创业企业孵化载体"等分层分类,逐级推进,才能更加科学高效地培养创新创业型人才,强化育人工作成效。

一、创业实践育人的层级推进式载体建设理念

层级推进式的大学生创业实践载体指的是高校在建设创业实践载体过程中不能只注重资源的汇集,满足于为大学生提供创业实践"一揽子"的场地设施和服务管理,而要科学规划载体建设,依据提升创业精神与意识、培育创业实践知识与技能、遴选培育创业项目、扶持创业企业成功运作等创业发展历程,循序渐进地建设"创新训练载体——创业模拟实训载体——创业项目实验载体——创业企业孵化载体"等层级的精细化创业实践支持平台,确保高校创业实践资源的效益最大化,促进创业实践成果的显性化、批量化。

高校建设大学生创业实践载体的资源普遍比较局促,在实际工作中要明确以下理念:一是整合现有资源,做力所能及的事情。并不是每个层级的大学生创业实践载体都要一次性投入建设,但可以根据高校生源状况、场地设施、服务平台等,优先建设其中的一个或几个层级的载体。此后,依据生源素质和资源情况,再考虑新建或者扩建其他层次的创业实践载体。二是集中优势资源,实现资源效益最大化。层级推进式的大学生创业实践载体建设虽然分解了载体类型,但是没有

* 本文作者:任泽中,江苏大学创新创业学院;
  陈文娟,共青团江苏省委学校部。

分散实践资源。已建成大规模综合性创业实践载体的高校,可以考虑在大载体中分区进行层级化建设。不同功能的创业实践载体必然能提高实践支持的针对性,实现优势资源集聚,整体效益最大化。三是立足长远规划,谋求科学发展。层级推进式的大学生创业实践载体构建是创业实践体系建设的顶层设计、整体布局。可以先建设高层级的载体,也可以先建设低层级的载体;可以只建设其中一个层级的载体,也可以在全面建设的综合服务平台中,重点建设某一层级的载体。高校制订一个中长期的发展规划,逐步建立与完善各层级创业实践载体,让所有大学生都能获得理想的创业实践支持保障,是层级推进式大学生创业实践载体建设的初衷。

二、创业实践育人的层级推进式载体建设原则

一是遵循学生成长规律。大学生在校期间的成长通常可以分为适应期、成熟期及就业创业期三个阶段。而大学生在就业创业期又可以细分为就业创业意识培养、精神培养、知识培养、技能培养、核心竞争力形成等几个阶段。高校的创业实践载体建设工作中,可以根据本校学生的整体能力素质情况、高校创业实践工作定位以及创业教育资源条件等,考虑重点对处于特定阶段的学生提供教育、管理与服务。

二是遵循教育教学规律。教育教学规律是教育教学过程中各种因素之间本质的、内在的关系。从教育教学方法来说存在"理论——实践——理论"的过程循环,从教育教学内容来说存在由浅入深、由易到难的前进步骤。而对于创业实践的教育教学,通常可以分为指导创业企划、提供专业创业顾问咨询、评估与筹措创业资源、选定行业与产品、教授和引导学习经营技术等阶段,这就要求高校在引导大学生从事创业实践时所提供的教学内容和方法是差异性的。从科学遵循教育教学规律的角度来说,也进一步要求了在建设大学生创业实践载体时能与之契合,以实现为不同学习阶段的大学生创业者提供不同层次的创业实践载体。

三是遵循创业发展规律。企业的发展历程通常可以分为生存阶段、稳定阶段、发展阶段、成熟扩张阶段等,大学生创业发展的历程更多地表现出由生存阶段往前的延伸。掌握大学生的创业实践发展规律,更多的是需要注重在创业发展历程中,往前扩展细分至创业项目的构思、甄别、转化、正式运营等阶段。创业实践所处的每一个阶段对高校支持的方向及力度要求都是差异化的,并不是一个大规模的场地加上所谓"一条龙"的管理服务就可以解决不同创业阶段的需要。各高校根据不同层次实践载体的定位,提供定向细化的、优势资源集聚的配套设施与

服务,才能更加有效地满足大学生创业实践的需要。

三、创业实践育人的层级推进式载体建设路径

1. 打造创新训练载体,培育创新创业精神与意识。创新训练载体坚持以形成创新思想、构成项目创意、提升创业层次为宗旨,致力于为大学生进一步开展创业实践工作提供精神与意识储备、创新与创意储备。一是强化创业教育教学实践训练课程。加强本科专业课程和创业课程教学中的实践环节管理,把创新创业实践教学作为联通学校专业教育与社会行业发展的通道,作为学生参与创新创业的通道,实现专业知识、创业能力和社会发展的紧密结合。二是拓展科技创新训练平台。结合国家大学生创新创业训练计划,根据高校实际情况,制定本校大学生创新创业训练计划学生项目的管理办法,适当安排创新训练项目和创业训练项目的比例,并逐步覆盖各个学科门类。三是拓展工程实践训练平台。加强学校工业中心等创新训练载体建设,探索构建开放型工程训练新体系,鼓励和支持大学生尽早参与科学研究、技术开发和创新实践。以实施卓越工程师计划为突破口,以回归工程实践为重点,通过创立高校和企业联合培养机制、积极推动工程教育向基础教育阶段延伸等渠道,大力促进学生工程创新素质和工程实践能力不断提升。

2. 打造创业模拟实训载体,培育创业实践知识与技能。创业模拟实训载体致力于使大学生加强创业实践知识与技能储备,为正式运营创业项目做准备。一是丰富创业竞赛活动。我国创业竞赛大部分是针对模拟创业而进行,各高校可以以具有品牌号召力的全国"挑战杯"竞赛为龙头、结合科研立项以及其他创新创业赛事,强化"校院班"三级参赛机制。同时结合不少高校成立的创新人才学院、创业学校等创业模拟实训教育教学机构,设置实训模块,实行系统教育。二是积极建设模拟体验平台。针对已有创业构思或创业项目的大学生,重点增强创业实践体验环节。根据高校的行业依托、学科特点、资源禀赋等,积极引进"创业之星"等软件系统,拓展"ERP 实验中心""创业模拟实训室""企业沙盘对抗模拟中心""网络创业实验室"等平台,强化大学生创业项目库建设等,为其提供创业模拟实训的机会。三是定期开设专项培训班。在创业教育基本实现全覆盖的基础上,实现创业实践培训的制度化、定期化、规范化。加强与地方人社部门、工会、妇联等组织的合作,整合社会资源大力开展 SIYB、WKB 等创业项目培训,重点针对明确了创业意愿的学生,提升创业专门技能。

3. 打造创业项目实验载体,选育创业实践优质项目。创业项目实验载体致力于引导和帮助大学生选育适合自己创业的优质项目,对还缺乏市场运营能力的创

业项目提供保姆式服务,为创业项目向创业企业转型奠定坚实的基础。一是帮助大学生进行项目遴选。全方位向大学生推荐优质的创业项目,通过学院辅导员动员,学校各类媒介宣传适合本校学科专业特色和办学层次定位的创业项目信息。帮助邀请管理咨询、财务会计、风险投资以及地方创业园相关专家参与项目评审。对入驻创业项目实验载体的项目,根据创新创意构思,按照"成熟一个入驻一个"的原则,重点倾向于依托学科专业背景,具有核心竞争力的项目。二是全面培育创业试验项目。注重提供硬件资源保障,积极争取为创业项目团队分配独立工作室,配套桌椅、文件柜、网络等基本设备,探索实现大学生创业项目"零成本起步"。通过在职培养、国内外进修、生产一线锻炼、外聘等方式组建师资队伍,为创业教育与实践指导工作提供专业智力支持。三是提供继续孵化通道。对于创业实验项目,可以采取颁发虚拟经营执照的形式,让大学生了解企业运营的基本流程,树立风险意识和规范经营意识。对实验效果好,运作较为成熟,具有较好市场前景的创业项目给予安排创业园、科技园等更大平台中继续孵化机会。

4. 打造创业企业孵化载体,扶持大学生成功自主创业。创业企业孵化载体致力于为大学生创业企业重点提供场地、资金、优惠政策等方面的服务,扶持大学生最终走向成功自主创业。一是建设创业孵化硬件平台及机构。积极整合校内外资源创建大学生创业孵化基地,并设立专门的创业实践载体管理服务机构,积极建设合理规范的管理运营机制,组建大学生创业社团协助开展孵化基地日常管理。二是全面强化各项管理与服务。为大学生创业提供项目论证、公司注册、财务管理、法律咨询、专利代理、物业管理等"一站式"服务。拓展服务内涵,为大学生创业提供发布相关政策、创业项目等信息的公共信息服务平台。有条件的高校可以设立创业咨询室,开展个性化指导咨询,增强创业实践服务的针对性和有效性。三是完善创业扶持保障举措。设立大学生创业扶持专项资金的同时,通过引入社会风投机构等多种渠道筹措资金。结合学科专业和科研项目的特点,积极促进教师和学生的科研成果、科技发明、专利等转化为大学生创业载体中的创业项目。在遴选与扶持大学生创业过程中,开放学校专业实验室资源等,为创业项目技术攻关、产品研发等提供帮助,切实提高创业项竞争力。大力推进社会各界资源向大学生创业实践工作倾斜,帮助创业大学生落实和享受各级政府出台优惠扶持政策。

江苏大学分层面、多模块、强联动的塔式
立体化实践育人工作体系创新探索

江苏大学实践育人工作体系是在学校多年依托学校学科、专业、科研优势,全方位整合学校实践、创新、创业资源,主动对接地方社会资源和需求的基础上,经过不断建设、逐渐完善而形成的。通过顶层设计、全面规划和有序推进,有效解决了地方综合性大学在实施人才培养过程中面临的一些突出问题和挑战,初步形成了分层面、多模块、强联动的塔式立体化实践育人工作体系。

一、江苏大学实践育人工作的基础条件

江苏大学是 2001 年 8 月经教育部批准,由原江苏理工大学、镇江医学院、镇江师范专科学校合并组建,综合实力一直位居全国高校百强之列。学校是"中央与地方共建高校"、"全国本科教学工作水平优秀高校"、全国"卓越工程师培养计划"首批试点高校、"国家教育体制改革试点高校"、"中国政府奖学金来华留学生接受高校"。学校的工程学、材料科学、临床医学、化学和农业科学 5 个学科进入 ESI 排名全球前 1%(并列全国高校第 34 位)。2015 英国《泰晤士高等教育》第三届金砖国家和新兴经济体大学排名,学校列第 181 位。中国管理科学研究院《2016 中国大学评价》,学校综合排名列全国高校第 48 位。

师资队伍方面:学校获批省双创团队 2 个(全省第 1,其中外籍院士团队为全省唯一)。获批江苏特聘教授 3 人。新增省六大人才高峰培养对象 32 人(全省第 2)、双创博士 6 人(省属高校第 2)、省 333 工程科研资助项目 6 项(省属高校第 1)。遴选了 9 名校青年拔尖人才造就对象、52 名校青年学术带头人培育人选进行重点培养。65 名教师获国家留学基金委、省政府奖学金以及省优秀青年骨干教师境外研修项目资助,选派了 98 名青年骨干教师赴海外高水平大学进修深造。首次组织优势学科赴海外专场招聘。全年引进高层次人才 162 人。

科技创新方面："十二五"以来,学校科研经费总量达27.89亿元,其中纵向经费8.56亿元;获批国家自然基金项目709项(2014、2015年均居全国高校前50位),其中国家973、863计划等重大重点科技项目52项;获批国家社科基金项目39项;SCI检索收录论文5231篇;截至目前,学校共获得国家级科技成果奖8项、何梁何利基金科学与技术创新奖2项、国家杰出青年基金项目2项;拥有国家水泵及系统工程技术研究中心、混合动力车辆国家地方联合工程中心、国家级新农村发展研究院3个国家级科技创新平台;建有国家知识产权培训(江苏)基地。学校牵头成立的现代农业装备与技术协同创新中心被认定为江苏省首批高校协同创新中心。2015年,江苏大学获授权发明专利985件,位居全国高校第6位;在2016年公布的第十八届中国专利奖中,江苏大学获得三项,位居全国高校并列第3位。

人才培养方面:成立了创新创业学院和菁英学院,制定了加强创新创业人才、卓越人才、精英人才、国际化人才培养的一系列政策举措。本科生获批国家级项目47项、省级项目66项,发表论文405篇,申请专利148项,参加各类学科、创新、技能竞赛获奖330项(其中国家级奖178项)。学生创业项目入围"中国创新创业大赛"总决赛和"第二届全国大学生创业实战大赛100强"。全国大学生节能减排社会实践与科技竞赛,学校获特等奖1项、一等奖1项、二等奖1项。

二、江苏大学多模块、分层面、强联动的塔式立体化实践育人工作体系的整体推进

(一)江苏大学实践育人工作的模块化顶层设计

第一是形成时代化的本科人才培养方案。按照"培养以拔尖人才为引领,卓越人才为主体,发展基础厚、实践能力强、国际化视野宽的创新创业人才"的本科教学目标定位,以实践育人为主要抓手,主动将社会与用人单位所需求的知识、能力、素质与使之得以实现的知识点、课程、实践项目等具体培养环节相对接,构建知识能力达成矩阵,在全面压缩课内计划总学时,为学生自主学习留足时间的同时,为大力强化实践育人留足空间。

第二是倡导互动型的教学模式。打破理论教学与实践教学、课堂教学与实验室和实践基地教学的界限,大力推进启发式、探究式、讨论式、案例式、参与式、翻转式及混合式教学,在教学过程注重引入学科前沿最新研究成果,同时引导学生通过课外进一步实现理论到实践、学习到探究的拓展。

第三是构建立体化的实践教学体系。按照"实践能力培养贯穿人才培养全过程"的原则,将实验、实习实训、课程设计、科研训练、学科及科技竞赛、社会实践、毕业论文(设计)等实践环节一体化设置,构建"基础宽广、内涵丰富、横向达边、纵向及顶"的立体化实践教学体系。确保人文社会科学类本科专业实践教学不少于总学分的15%,理工医类本科专业实践教学不少于总学分的25%,教师教育类专业学生教育实践不少于一个学期。建立能有效面向本科生的"专业——学科——科研"一体化大实验平台,加强高水平实验教学队伍的建设,完善实验室开放运行管理机制,完善校外实习的保障制度。

第四是推进全过程的创新创业教育。认真贯彻国务院办公厅《关于深化高等学校创新创业教育改革的实施意见》,把创新创业教育纳入人才培养教学体系,渗透到各类课程教学中,贯穿人才培养全过程。构建先进高效的创新创业教育体系,引导学生将创业活动与专业创新及企业需求形成良性互动,在创新创业实践中进行市场、环境、法规、系统、管理、质量、效益的全方位研究,实现设计、制造、控制、管理等学科领域教学内容的综合开发,

(二)江苏大学实践育人工作的三级塔式实践课堂体系

第一级实践课堂实施基本理论教学。基本上对应于本科前两年,由教务处根据各相关专业培养计划的课程(包括实验课程)负责管理,创新基本技能由大学物理实验中心、基础工程训练中心、电工电子实验中心、工程力学实验中心等公共基础与专业基础实验实训平台负责培养。不同类别、不同层次的实践课程(环节),通过不同的模块和途径进入各专业的人才培养计划体系,实现了实践教育的全覆盖。

第二级实践课堂实施基本技能培训。基本上对应于本科后两年,以教师指导下的学生课外研学为主,由教务处和团委共同负责管理。依托校工业中心、各专业学院相关实验中心、管理与创业实验中心、江苏大学双创示范基地三类平台(双创实验教学平台、双创孵化支持平台和双创产学研平台),通过参加各级各类大学生科技创新项目、各级各类专业技能竞赛、课程设计、情景模拟实验、企业实习、全国"挑战杯"、"创青春"学术作品竞赛、中国"互联网+"大学生创新创业大赛、校内"星光杯"学术作品竞赛等多种形式的实践实训项目,大力提升学生的实践能力。

第三级实践课堂实现实战经历体验。基本上对应于毕业前后一段时间,主要由学工处和团委负责,同时积极争取相关政府、行业、校外创业园区工程技术人员的大力支持。通过在校内建设实训基地和与地方联合建设的实践育人基地形成高水平的实战平台,引导一部分优秀学生从专业创新走向专业实践。

(三)江苏大学实践育人工作的联动化机制

一是全面实现了各专业实验室中心化。江苏大学成立后,学校就开始全面推进专业实验室中心化建设,各基础与专业实验中心能够开出更多跨专业的综合性、设计性和创新性的实验项目,还能在教务处统一协调下,为本学院及外学院学生提供课外创新训练和课外科技竞赛平台。

二是大力实施了科研实验室中心化及本科生开放。2013年学校下发《江苏大学关于推进科研实验室中心化的实施方案》大力推进各学科科研实验室中心化工作,在第三次本科教学工作会议上,学校又进一步修订了《江苏大学实验室向本科生开放管理办法》,要求各实验中心定期发布对本科生开放的实验项目,包括由科研项目转化的本科生实验项目及利用已有仪器设备开发的实验项目。为一部分学生实施创新创业项目提供支撑。

三是促进专业实践教育团队的结合。为实现实践教育在分层次、分阶段基础上的一体化推进,学校注重在教师资源上同时培育好两类专业教学团队:一支是各学生所在专业教学团队,主要职责是培养学生工程实践能力与专业创新能力;另一支是专门从事实务教学和研究的团队,面向不同专业学生指导学生进行基础实践。通过推进这两支教学团队在实际指导工作中的结合,实现学生从专业创新更好、更快地走向社会实践。

四是形成了全链条的创新创业支持载体。依据创业发展规律,打造了"实训区→预孵器→孵化器→加速器→产业区"全链条载体群,层级式助推创新创业实践活动。依托管理学院,建有创业之星模拟实验室、创业沙盘实训室等,致力于让有志提升创新创业能力的学生均有机会系统体验创业过程;依托基础工程训练中心,开辟专门区域设置创客工场,致力于让工科学生的创新创意能顺利演化为现实产品;依托获评国家级实验教学示范中心的工业中心,大力建设众创空间,致力于学生能组建团队、依托项目,接收专业指导、参加系统训练;在全省率先建成1200平方米的创新创业苗圃,致力于让依托校内及校园周边市场的在校生团队能获得全方位的预孵化服务;自建有4400平方米的创业孵化基地,致力于让预孵情况良好、市场前景广阔的在校生及少数毕业五年内的校友项目能获得深度的孵化扶持。校外"镇江工程技术研究院"融入更多"师导生创"元素,成为大学生创业孵化加速器;与地方政府对接,打造"创新成果产业转移园区""轻资产项目产业转移园区",积极推动广大师生的科技成果和创新项目进入产业化。注重校内外载体之间的无缝对接,凸显各阶段创业项目的连续扶持,确保更优的项目能入驻更高的平台孵化运营。

"因势利导　纵横有道"的大学生
创新创业工作体系创新探索

江苏大学创办了全国首家创业学校,获评了首批"全国高校实践育人创新创业基地"(地方院校仅 7 所)、首批"全国毕业生就业工作典型经验高校"、首批"江苏省大学生创业教育示范校"、首批"江苏省大学生创业示范基地"。分管副校长以"大学生专业创业引导策略"项目入选教育部思政杰青。《创业管理》获批国家精品课程(全国双创类仅 2 项),《创业人生》获评国家级精品视频公开课,《创业计划》荣获全国首批创业类慕课课程立项(全国仅 20 项),"塔式立体化中小企业创业人才培养模式"获评"国家教学成果二等奖"及"江苏省教学成果特等奖","纵横有道的大学生创业能力培养体系"获评"江苏省教学成果一等奖"。校地共建了"国家大学科技园""国家级高校学生科技创业实习基地",校内实训基地建成国家级实验教学示范中心。学校在"挑战杯"中连续五届以全国前 10 名的成绩捧得"优胜杯",全国"创青春"中连续四届荣获"双金奖",全国节能减排大赛中连续九届荣获"优秀组织奖",中国"互联网＋"大赛中斩获银奖。中央电视台、《光明日报》等 20 余家媒体曾组团来校采访创就业工作。学校"因势利导、纵横有道"的创新创业工作体系特色鲜明、成效显著。

一、"因势利导"的创新创业教育体系

"势"乃潮流与使命,"导"乃指导与引领。学校牢牢把握创新创业的时代契机,以培养"善于创新、敢于创造、勇于创业"的学生素质,打造"产品开发型、专业服务型"的双创人才为目标,构建"机制先导、教学主导、培训指导、实践引导"四位一体的创新创业教育体系。

(一)机制先导培育创新创业"土壤"

将创新创业列入党政工作要点及十大重点实事,列入"十三五"发展规划,列

在四类重点人才培养目标的首位,作为"质量名校推进计划"的首要任务。成立了创新创业教育工作领导小组等四个非编机构,以及创新创业学院办公室一个常设机构。在创新创业学分认定、创新创业奖学金评定、实验室免费开放、精英学员选拔与培育、创业导师遴选与管理等方面出台了文件及细则。2016 年,相继颁布《创新创业教育改革实施方案》《创新创业学院建设方案》等全校性文件,开启了以创新创业为主线的综合教育改革新篇章。

(二)教学主导植入创新创业"基因"

将创新创业元素作为基本要求植入培养计划和教学大纲,结合专业特色广泛开设相关课程,并在新版培养计划中将必修课外学分提高至三个。规定各专业均须开设紧贴学科前沿、紧跟社会发展的创新创业课程,要求每一个教师将创新创业土壤培育落实在每一间教室和实验室,将创新创业基因植入贯穿在每一节理论课和实验课。以国家精品课程《创业管理》和国家精品视频公开课《创业人生》为引领,以创业教育研究室为依托,通过"选、送、训、聘"的方式充实教学师资,并围绕新时期如何深化改革进行研究,在教学成果、论文论著等方面成绩卓著。

(三)专训辅导选育创新创业"种子"

针对不同发展阶段的学生分类培训,选育优秀创业"种子"。2002 年创办的创业学校成为创业型人才培养的摇篮,2006 年增设菁英班,2015 年改制成立创新创业学院,每年遴选 300 名学生进行实践性、项目制、开放式的优生优培,实施导师制(导师工作标准和待遇均不低于硕导)。创新创业学院开设七门模块化的专训课程,纳入教务系统,为修满学分的学员颁发结业证书,并致力于向提供双学位、培养专业硕士方向发展。注重理论教育与实践模拟结合,根据学生的差异性诉求,针对性提供 SYB、IYB 等集训。

(四)实践引导孕育创新创业"果实"

坚持引导学生将科学知识通过实践转化,培育创业"果实"。高度重视以"互联网+""挑战杯"和"创青春"为龙头的赛事,形成"校院班"三级参赛机制,每年从校内"星光杯"和"赢在江大"赛事中遴选 30 件作品重点备战国赛,使得相关赛事中的成绩稳居全国前列。将学生科研立项纳入学校"大科研"管理体系,每年700 余个立项课题中衍生出大批专利、成果转化项目。每年遴选 60 余支"产品开发型、专业服务型"团队入驻校内孵化器,目前孵化成功率超过 10%。学校在教学成果奖、哲社成果奖等项目中颇有斩获,典型经验多次在省级以上会议交流发布,创新创业师生屡获"国字头"殊荣。

二、"纵横有道"的创新创业支持体系

"道"乃规律、方法。"纵有道"指遵循学生成长规律、创业过程规律,制定基于不同年级、不同阶段创新创业发展支持的层级推进路线。"横有道"指遵循各界扶持主体内生动力机制,建立政、校、企、行等多元协同机制。"纵横联动有道"指整体上构建横向互补重广度、纵向递进显深度、多元交织讲方法、纵横有道守规律的创新创业工作模式。

(一)纵向全链条创新创业支持载体建设

依据创业发展规律,打造了"实训区→预孵器→孵化器→加速器→产业区"全链条载体群,层级式助推创新创业实践活动。

依托管理学院,建有创业之星模拟实验室、创业沙盘实训室等,致力于让有志提升创新创业能力的学生均有机会系统体验创业过程。依托基础工程训练中心,开辟专门区域设置创客工场,致力于让工科学生的创新创意能顺利演化为现实产品;依托获评国家级实验教学示范中心的工业中心,大力建设众创空间,致力于学生能组建团队、依托项目,接收专业指导、参加系统训练;在全省率先建成 1200 平方米的创新创业苗圃,致力于让依托校内及校园周边市场的在校生团队能获得全方位的预孵化服务;自建有 4400 平方米的创业孵化基地,致力于让预孵情况良好、市场前景广阔的在校生及少数毕业五年内的校友项目能获得深度的孵化扶持。

校外"镇江工程技术研究院"融入更多"师导生创"元素,成为大学生创业孵化加速器;与地方政府对接,打造"创新成果产业转移园区""轻资产项目产业转移园区",积极推动广大师生的科技成果和创新项目进入产业化。注重校内外载体之间的无缝对接,凸显各阶段创业项目的连续扶持,确保更优的项目能入驻更高的平台孵化运营。

(二)横向协同式创新创业资源整合模式

依据协同创新机制,研究学生在"通识能力、专业能力、机会能力"三层级的知识诉求,挖掘各界在"优势互补性、利益诉求点、协同便利性"三方面的内生动力,盘活存量资源,挖掘潜在资源,构建优势投入的大资源格局。

学校成立创新创业学院,由校长兼任院长,构建资源整合平台,统筹全校创新创业工作。学工、教务、团委等部门密切配合,协力推进教学改革,并全面渗透至新版培养计划,重点强化相关必修课建设和学分认定工作,制定休学创业制度、招生——教学——就业——创业联动机制等。科技处协同广大专任教师,搭建教师

科研成果和学生创业项目定期对接洽谈平台。依托二级学院建设以国家精品课程和重点教材为统领的课程群,并推广至全校,其中《创业管理》《创业人生》课程还在线辐射到全国 1000 多所高校;学工处、教务处、宣传部等部门共建,开设MOOC 课,开通微信公众号"创客驿站"、创业联盟博客、孵化基地微博、青年手机报等,以及融学员管理信息系统、新闻时讯发布系统、项目申报管理系统、双创竞赛报名等系统为一体的创新创业网站。强化师生协同,借助学生社团组织,开展孵化器日常管理,营造创新创业型校园文化。

协同市、校共建的"国家大学科技园""国家级高校学生科技创业实习基地",引导学生项目深度孵化,提供"零距离"和"一站式"服务;联手市创业指导中心、工商局、江大社区等,为参与创业的学生免费办理营业执照、创业初始补贴等,全面保障其获得政策扶持;协同区、校共建的"创新创业示范区",在政产学研联盟、创业服务中心网络、创业基金等多方面深化合作;协同 40 多家企业成立"一带一路"国际创新人才培养产学联盟,拓展中国学生创新创业的国际视野以及加强留学生创新人才培养;协同校友企业和风投机构等筹措资金,设置江苏大学创业种子资金和天使基金;协同人社与科技部门、产学研基地等构建实践实训平台,以500 家就业基地为依托,遴选出最具创新精神的企业签订创业实习协议;以 50 家就业工作站为依托,将其拓展为创业就业工作站;与东台、涟水等地政府合作,在全国率先建立大学生村官创业实践基地;协同大报大刊宣传报道我校创新创业工作,强化辐射示范效应。

江苏大学实践育人工作体制机制文件

江苏大学按照培养目标共同、联动机制共建、教育职责共担、优质资源共享的思路,建立了由教务处牵头,学生处、团委、科技处等部门齐抓共管,校外联合培养基地相关部门有效对接的实践育人工作机制。统筹教育教学与实践教育,整合校内与校外资源,以各类课程为基础,各级平台为支撑,各项竞赛和科创活动为载体,全力构建先进高效的实践育人体制机制,并出台了一系列的制度文件(附目录):

1. 江大校〔2016〕492 号关于印发《江苏大学本科生创新创业学分评定与管理办法》的通知

2. 江大校〔2016〕469 号关于印发《江苏大学关于聘请校外兼职教师为本科生授课的若干规定(试行)》的通知

3. 江大校〔2016〕311 号关于开展 2016 年大学生志愿者暑期文化科技卫生"三下乡"社会实践活动的意见

4. 江大校〔2016〕224 号关于印发《江苏大学关于参加全国"挑战杯""创青春"竞赛的实施办法》的通知

5. 江大校〔2016〕180 号关于印发《江苏大学本科教学质量标准》的通知

6. 江大校〔2016〕159 号江苏大学关于进一步推进创新创业教育工作的实施意见

7. 江大校〔2016〕147 号江苏大学关于加强临床实践教学基地建设的意见

8. 江大校〔2016〕123 号关于印发《江苏大学实践教学工作领导小组工作规程》的通知

9. 江大校〔2016〕121 号关于印发《江苏大学教师本科教学工作规程》的通知

10. 江大校〔2016〕79 号关于印发《江苏大学学生勤工助学工作管理办法》的通知

11. 江大校〔2015〕386 号关于印发《江苏大学本科生国际化教学学分认定管理办法》的通知

12. 江大校〔2015〕385 号关于印发《江苏大学校外实习管理办法》的通知

13. 江大校〔2015〕312 号关于印发《江苏大学菁英学院建设方案》的通知

14. 江大校〔2015〕310 号关于印发《关于进一步推进学生海外学习的实施方案》的通知

15. 江大校〔2015〕309 号关于印发《江苏大学创新创业学院建设实施方案》的通知

16. 江大校〔2015〕266 号江苏大学关于全面深化改革创新加快推进本科教学质量名校建设进程的若干意见

17. 江大校〔2014〕182 号关于印发《江苏大学工程教育专业认证工作实施方案》的通知

18. 江大校〔2013〕361 号关于印发《江苏大学学生参加"三国三校国际学术研讨会"管理办法》的通知

19. 江大校〔2013〕163 号关于印发《江苏大学本科生先进班集体、先进个人评选办法》的通知

20. 江大校〔2013〕32 号关于进一步做好卓越学院学生管理工作的通知

21. 江大校〔2013〕31 号关于印发《关于实验室深度参与卓越工程师教育培养计划的实施方案》的通知

22. 江大校〔2013〕30 号关于印发《关于进一步推进校企合作实施卓越计划的方案》的通知

23. 江大校〔2013〕28 号关于在实施卓越计划过程中打造"教学改革特区"的若干意见

24. 江大校〔2012〕184 号关于印发《江苏大学学业导师管理条例》的通知

25. 江大校〔2012〕104 号关于印发《江苏大学研究生实践基地管理暂行办法》的通知

26. 江大校〔2011〕304 号关于印发《江苏大学国际化本科教学中学分认定暂行规定》的通知

27. 江大创〔2016〕11 号关于印发《江苏大学大学生创新创业奖学金评定办法（试行）》的通知

28. 江大创〔2016〕5 号关于开展创新创业项目优秀答辩选手选拔与培育工作的通知

江苏大学实践育人基地建设情况

江苏大学实践育人基地的三类平台(实验教学平台、孵化支持平台和产学研平台)就是基地建设的重点工程,重点工程包括若干重点项目。

一、实验教学平台

实验教学平台立足于江苏大学人才培养、科学研究、社会服务的资源和优势,面向全体学生,实施基本的创新创业意识建立、能力储备教育。通过将实践育人纳入各专业人才培养体系,在公共基础实验平台、基础工程训练平台中引入创新实验及实训项目模块。项目包括完善建设江苏大学创客工场、江苏大学众创空间,建设大学生创新创业模拟实验室和沙盘实训室以及知识产权创新创业体验式训练室,注重培养学生将专业创新能力与社会创业能力有机融合。

1. 江苏大学创客工场

江苏大学创客工场总建筑面积为 11070 平方米,装备种类齐全,装备总值达 1400 余万元。拥有消失模铸造、硅溶胶铸造、融熔快速成型、激光快速成型、真空铸型、注塑等材料成型设备,激光切割、激光焊接、二氧化碳气体保护焊、氩弧焊、螺柱焊、高频钎焊、等离子切割等焊割设备;高频感应加热、多功能离子轰击炉、气体渗碳氮化井式炉、电子显微金相观察分析系统等热处理及检测设备;拥有加工中心、数控高速雕铣机、全功能数控车、数控铣、数控磨等先进的切削加工设备;拥有线切割、电火花、超声加工等特种加工设备;拥有数控编程模拟仿真、数控车铣综合实训等培训系统。

2. 江苏大学众创空间

江苏大学众创空间建筑面积 22245 平方米。设备总值 5712.4 万元,仪器设备数量 2696 台套,其中 10 万元以上的大型仪器设备 102 台套。目前面向全校 49 个本科专业,11010 余名学生开设了 379 个实验、实习和训练项目,年教学达 97 万人时。建设了融实验、实习、工程训练、社会服务为一体,相互交融、递进提升的工程认识、基础工程训练、现代工程训练、综合与创新训练4个训练平台和数控技术、逆向工程等11个示范性教学窗口。面向全校学生开出了机电产品创意设计、小型机电一体化装置设计制作、产品数字化设计与制作、智能车设计等多门课外创新课程。

3. 管理与创业综合实验中心

管理与创业综合实验中心是在原经济与管理系统实验中心基础上利用中央支持地方高校建设资金对实验中心进行升级改造形成的,2011年更名为管理与创业综合实验中心。2013年8月被评为江苏省综合训练中心,是唯一以创业为主题的江苏省示范中心。下一步中心将通过建设模拟演练沙盘、TOPBOSS、创业之星、创业总动员等软件,结合校内创业孵化实训基地和镇江市创业园区孵化基地,构建一个能让学生体验从模拟实验、实训到真实创业实践全过程的综合实验、实训、实践平台。该平台主要包括创业咨询与交流、创业测评、创业体验、创业诊断与指导、创业团队孵化、创业成果展示和创业俱乐部七大板块,形成实验、实训、实践、实习有机结合,教学、科研、培训融为一体的创业创新平台。

4. 创业模拟实训室

创业模拟实训室拟建面积为100～120平方米,该区域主要用于大学生参加创业实训业务实操,完成创业实训工作任务。根据场地面积,设置示范实训室、初创型模拟公司、成长型模拟公司、样板型模拟公司。创业模拟实训室旨在通过不同岗位的训练,熟悉企业运作流程、岗位设置与要求、基本工作技能,从而提高大学生对创新创业的思考能力、实践能力和解决问题的能力。整个创业模拟实训室项目涵盖创业模拟实训课程体系、创业模拟实训平台、软件支持平台三大部分。

5. 创业沙盘实训室

创业沙盘实训室主要是由参与者借助ERP沙盘模拟整个企业的经营和管理,从而使学生强化管理知识,训练管理技能。江苏大学创业沙盘实训室目前是我校为经管各专业的课程而开设的实验室。通过实验模拟各职能中心职责,覆盖了企业运营销的所有关键环节:战略规划、市场营销、生产组织、采购管理、库存管理、财务管理等,是一个制造企业的缩影。使所有具备较高创新潜质和较强创业意愿的学生通过模拟实战,增强团队精神,强化专业知识的实用性。

6. 知识产权创新创业体验式训练室

知识产权创新创业体验式训练室以机器人项目为主,以体验式创新创业训练为主要模式,设置了倒入培训、实践活动、评价交流三个实训环节,以线上线下相结合的方式,使学生了解知识产权申请、保护、运用,以及企业的创办、经营、发展、壮大等相关知识,训练学生开展实际的创新创业活动,按照操作指导书对智能机器人进行自由发挥式的拼接,完成创意性的制作过程,并指导学生按照创业流程对创作的机器人产品进行运营推广。市场运营包含了专利的转让、许可、作价入股以及质押融资等内容,通过不同的运营方式,使学生获得不同运营方式的实践经验和虚拟利润。

二、双创孵化支持平台

以孵化载体和双创理论研究为抓手,整合协同资源打造立体式的实践育人服务支持平台,为大学生实践育人基地建设提供强有力的理论支撑和载体平台。

1. 江苏大学创新创业苗圃

2010 年 12 月学校投资 100 余万元建设了占地面积 1200 平方米的校内大学生创新创业苗圃,设有 30 间创业工作室、1 间可容纳 60 人的网络创业实验室,以及 1 个一站式服务中心,主要遴选"产品开发型"和"专业服务型"两类在校大学生创业项目入驻孵化。江苏大学大学生创新创业苗圃以"创业成就梦想、创新引领未来"精神为指引,是专为江苏大学全日制在校大学生提供创业实践服务的公益性载体。

2. 江苏大学创业孵化基地

2016 年 4 月学校投资建设了占地面积 4400 平方米的校外大学生创业孵化基地。设置了不少于 60 间面积不少于 25 平方米的创业工作室,工作室内外需进行基本装修;设置了 1 间 60 平方米左右的一站式服务中心,可容纳 5 个人办公的营业式柜台;设置了 1 间 30 平方米左右的管理员办公室,配备 1 套办公桌椅、1 台电脑、1 张沙发、1 套茶几;设置了 1 间 100 平方米左右的公共会议室,配备长方形会议桌及板凳,可容纳 40 人开会,并配备 1 台电脑、1 台投影仪、1 个移动幕布、1 个讲台;设置了 1 间 120 平方米左右的培训教室,配备活动桌椅,容纳 40 人上课。江苏大学创业孵化基地主要吸纳电子信息类、科技创新类、文化创意类、动漫设计类、服务代理类、家装设计类等类型的在校生项目和毕业校友企业。

3. 镇江国家高新区知识产权创新创业服务平台

2015 年 11 月,学校联合镇江市科技局、国家高新区等筹建知识产权创新创业服务平台,平台占地 2800 平方米,包括创新科普区、专利导航区、创新展示区和创业孵化区,平台利用"互联网 + 工具"的可视化模式,旨在建立"创意、创新和创业"的桥梁,实现"让创新更有价值"。平台融"知识普及、实物展示、模拟交互、创新体验和创业孵化"为一体,揭示了知识产权与技术创新、产业发展的内在逻辑,全面展示知识产权对"双创"的促进作用,平台将学校的双创教育与地方产业发展相结合,实现"实践中教学,教学中实践"的目的。

4. 镇江国家大学科技园江苏大学基地

镇江国家大学科技园于 2007 年 3 月开始筹建,由镇江市政府、镇江新区管委会两级政府联合江苏大学、江苏科技大学两所驻镇高校四方合资共同创建。2008年 11 月,大学科技园通过了省级大学科技园认定。2010 年 1 月 20 日,经国家科技部、教育部两部委联合认定为国家级大学科技园。截至 2016 年 2 月,镇江国家大学科技园围绕新一代信息技术、生物技术与健康服务、现代装备与制造及现代服务业等主导产业,已集聚各类创新创业人才团队超 200 个。镇江国家大学科技园江苏大学基地通过协同开展创业培训、共建"一站式服务中心"、实施"项目 + 资本"对接平台建设等途径,构建了学校与地方政府"校地融合发展、共促大学生创业"的协同发展机制。

5. 江苏大学创新创业导师库

邀请和聘任了 100 名左右的教授、风投专家、企业家、律师、会计师等人员担任江苏大学创业导师,创业导师根据自己的特长和优势,组织开展系列培训班的授课、讲座,采用线上、线上等多种渠道开展一对一的创业项目的指导,协助学校培育优秀的大学生创业者和创业项目。

6. 双创理论政策研究项目

建设成立江苏大学双创教育理论研究室,一方面以国家、省、地方的双创大数据为研究背景;另一方面,以江苏大学相关学科在经济创新、管理创新、大学生创业研究等方面的优势为研究基础,在"双创理论研究"、"双创人才培养"、"双创前沿理论"等方面开展深入研究,打破学科限制,开展交叉研究,为江苏大学实践育人基地的建设提供决策咨询。

三、产学研平台

通过国家、地方、学校的政策支持以及与企业的技术合作,建设产学研平台,突出优势,形成合力,开放共享,将学校的一大批原创性科技研究成果深度转化成企业产业成果,发展新兴产业和环保产业,为促进学校科技成果顺利转化,服务地方经济提供动力。

1. 江苏大学流体机械工程技术研究中心

江苏大学流体机械工程技术研究中心创建于 1962 年的吉林工业大学排灌机

械研究室,1963 年成建制迁入镇江农业机械学院,1999 年组建江苏省流体机械工程技术研究中心,2011 年组建国家水泵及系统工程技术研究中心,2014 年首批成为江苏省产业技术研究院流体工程装备技术研究所。本中心所在二级学科流体机械及工程系国家重点学科(全国仅有两个)。本中心是独立的专职科研机构,已形成了良好的内部管理体制、多元化的用人机制、良性循环的自我发展机制,是我国流体机械(特别是泵、节水灌溉装备)科学研究、技术开发、人才培养、成果转化、信息辐射的重要基地。

2. 镇江工程技术研究院

江苏大学镇江工程技术研究院于 2009 年 11 月 4 日正式成立,由江苏大学和镇江新区共同建设的一个产学研合作平台。"江苏大学镇江工程技术研究院"将依托双方资源,围绕"汽车零部件、农业装备、新材料、光电子、生物医药"等领域,建立产学研,引进高新技术产业化项目,协助孵化相关技术和企业,由镇江新区给予资金、办公场所等方面的支持,江苏大学则按照双方确定的研究方向,派出专业技术力量进行科技攻关、项目推荐和人才培训。研究院项目将围绕新能源、车辆和轨道交通、新材料和光电子三个方向开展工作。

3. 江苏大学—大全集团电气工程实践教育中心

"中心"以实施"卓越工程师教育培养计划"为契机,以"大工程教育"思想为指导,以培养创新型人才为宗旨,以提高学生工程实践能力和综合工程素质为主线,以厚基础、强能力、高平台、重创新为培养目标,主动适应高等工程教育系统化、科学化、现代化的趋势,构建"强弱电结合、机电结合、软硬件结合、元件与系统结合"的"卓越电气工程师"创新人才培养方案。通过校企联合,共同培养具有工程实践能力和创新能力的卓越人才。

4. 汽车工程研究院

汽车工程研究院以"面向国家汽车产业自主创新需求、面向学校优势学科发展战略,面向高层次创新人才培养"为指导思想,以"提升创新能力,强化学科特色,扩大社会影响"为发展目标,充分发挥我校车辆工程、动力机械及工程、交通运输工程等博士点学科(均为江苏省重点学科)人才资源、设施条件和科研基础优势,依托江苏省汽车工程重点实验室、江苏省道路载运工具新技术应用重点实验室等科研平台,围绕车辆工程领域的前沿技术和基础理论、整车和核心零部件关键技术、企业急需解决的产品和生产技术问题,开展储备型、攻关型和成果转化型研究,努力打造国内领先的车辆工程领域的科研创新基地和人才培养基地。

5. 新材料研究院

研究院依托江苏省材料摩擦学重点实验室、江苏省光子制造科学与技术重点实验室、机械工业金属基复合与功能材料重点实验室等科研平台,开展储备型、攻关型和成果转化型研究,构筑以基础研究——应用基础研究——新材料开发——新材料产业化为一体的产学研创新体系,努力打造国内领先的新材料科研创新基地和人才培养基地。中心建设将以市场需求为导向进行关键技术的研发与攻克,以企业为对象开展高质量合同科研服务,实现技术成果产业转化。

6. 现代农业装备与技术协同创新中心

中心以建设国内知名、省内一流的现代农业装备专业公共服务平台为总目标,一是实现从产品创意、产品设计、结构分析、快速制样到工艺分析、产品制造的全流程集成设计服务技术平台;二是面向镇江市内外农业装备企业提供装备技术研发、人才培养、实验、检测和信息平台等服务;三是在平台内开展专业化小微企业孵化服务,实现资源的有效整合和技术转化,打造为企业和创新创业团队及企业服务的平台。

7. 江苏大学和江苏恒顺醋业股份有限公司联合共建江苏省农产品生物加工与分离工程技术研究中心

"江苏省农产品生物加工与分离工程技术研究中心"由江苏大学和江苏恒顺醋业股份有限公司联合组建的一个省级工程技术研究中心,主要业务是开展农产品的生物改性及农产品活性物质的提取分离新技术方面的科学研究、技术咨询、技术服务、新产品试制、相关产品的生产与销售等业务。其科研方向包括:(1)农产品生物活性物质的高效提取技术研究;(2)农产品活性物质的功能特性研究;(3)农产品大分子的生物改性技术研究;(4)农产品功效成分发酵法制备技术研究;(5)香醋风味化学研究;(6)食醋菌种微生物的研究;(7)食醋递延产品的开发研究;(8)醋糟的资源化处理技术研究;(9)农产品加工装备的研制。

江苏大学实践育人创新创业工作代表性
成果及重要媒体报道

江苏大学是全国最早开展创新创业教育的高校之一,在30多年探索中,顺应时代潮流,因势利导,推进以创新创业为主线的综合教育改革;坚持问题导向,纵横有道,构建优势投入创新创业的大资源格局。地方综合性大学在创新创业人才培养过程中的一些突出问题和主要矛盾取得突破,一批能示范、可辐射、易推广的创新创业教育改革成果不断显现。

学校先后获评首批"全国高校实践育人创新创业基地"(地方院校仅七所)、首批"全国毕业生就业工作典型经验高校"、"全国毕业生就业工作先进集体"、首批"江苏省大学生创业教育示范校"、首批"江苏省大学生创业示范基地"。"塔式立体化中小企业人才培养体系"获评国家教学成果二等奖及江苏省教学成果特等奖,"纵横有道的大学生创业能力培养体系"获评江苏省教学成果一等奖。《创业管理》获批国家精品课程,《创业人生》获评国家级精品视频公开课,《创业计划》获批首批全国创业类MOOC课程项目。协同地方政府建成"国家大学科技园""国家级高校学生科技创业实习基地"。学校在全国"挑战杯"中五次蝉联"优胜杯",全国"创青春"中连续四届获"双金奖",在全国"互联网+"创业大赛中斩获银奖。2015年,在中国创新创业指数百强高校中列第27位,在"高校发明专利授权量排行榜"中列全国第6位;2016年,"中国专利奖"获奖数量列全国第3位。

附件1:江苏大学创新创业工作代表性成果梳理

附件2:江苏大学创新创业工作重要新闻媒体报

附件1:

江苏大学创新创业工作代表性成果梳理

1. 20 世纪 80 年代,江苏大学创新创业教育起源于《创新创造学基础》课程的开设。

2. 1994 年,学校成立创新创造学教研小组,开启了以创新创业教育为突破口的教育教学改革。

3. 2002 年,江苏大学创立全国首家创新创业学校;7 月,《新华日报》报道我校创新人才培养模式;11 月,《中国教育报》《光明日报》《科技日报》等先后报道:首家大学生创业学校落户江苏大学。

4. 2003 年 9 月,江、浙、沪青年民营企业家创业论坛在我校举办;11 月,我校代表团在第八届"挑战杯"大学生学术科技作品竞赛中获得 3 个二等奖、2 个三等奖。

5. 2004 年 5 月,我校荣获江苏省第三届大学生创业计划竞赛"优秀组织奖"。

6. 2005 年 11 月,我校代表团在第九届"挑战杯"大学生学术科技作品竞赛中获得 2 个二等奖、3 个三等奖。

7. 2006 年 1 月,学校将科技创新纳入年度党政工作要点和"十一五"事业发展规划;《新华日报》《中国教育报》《科技日报》等媒体深度报道我校的科技创新教育工作。

8. 2007 年,学校将"创新创业型"人才纳入本科人才培养的"三大计划"行列;11 月,我校以全国第 6 名的成绩夺得第十届"挑战杯"全国大学生课外科技学术作品竞赛"优胜杯",在省属高校中独树一帜;12 月,我校校长袁寿其应邀在全国普通高校毕业生就业工作视频会议上做了《以就业基地为保障,以创业教育为抓手,实现就业工作双高目标》的报告,就我校在就创业工作方面的特色做法做了交流。

9. 2008 年 1 月,学校获江苏省第十届"挑战杯"大学生课外学术科技作品竞赛一等奖 2 项、三等奖 1 项;4 月,学校获批"江苏省大学生创业教育示范校";9 月,学校荣获"kpark"挑战杯江苏省第五届大学生创业计划竞赛特等奖 1 项、一等奖 2 项、三等奖 2 项以及"优秀组织奖";11 月,学校荣获第六届"挑战杯"瓮福中国大学生创业计划竞赛"优秀组织奖";12 月,学校在第一届全国大学生节能减排社会实践与科技竞赛中荣获 2 项二等奖、1 项三等奖。

10. 2009 年 9 月,学校荣获"第二届全国大学生节能减排社会实践与科技竞赛"特等奖 1 项;10 月,学校荣获第十一届"挑战杯"全国大学生学术科技作品竞赛 2 项一等奖、3 项二等奖、1 项三等奖,学校喜捧"优胜杯"和"优秀组织奖";11 月,"团中央青年就业创业见习基地"在我校挂牌成立;江苏大学获"全国高校毕业生就业工作先进集体"和"全国毕业生就业典型经验高校"称号。

11. 2010 年梅强教授主编《创业管理》获评国家精品课程;4 月,学校获评首批"全国毕业生就业典型经验高校"(共 50 家);6 月,学校荣获"保利协鑫"挑战杯第六届江苏省大学生创业计划竞赛"优秀组织奖";8 月,学校荣获"第三届全国大学生节能减排社会实践科技竞赛"一等奖 1 项、二等奖 1 项、三等奖 2 项和"优秀组织奖";9 月,学校荣获第七届"挑战杯"中国大学生创业计划竞赛决赛金奖 2 项。

12. 2011 年 8 月,学校荣获第四届全国大学生节能减排社会实践与科技竞赛"优秀组织奖";10 月,学校荣获第十二届"挑战杯"全国大学生课外学术科技作品竞赛特等奖 1 项、一等奖 1 项、二等奖 3 项、三等奖 1 项、喜捧"优胜杯"和"优秀组织奖";梅强教授主持"135"多维一体中小企业创业人才培养模式研究与实践获省高等教育教学成果奖二等奖。

13. 2012 年,学校获评首批"江苏省大学生创业示范基地""镇江市创业就业工作先进单位""镇江市创业实验基地";梅强教授主讲的《创业人生》被列入首批精品视频公开课;5 月,学校荣获江苏省第七届"挑战杯"大学生创业计划竞赛决赛金奖 2 项、银奖 2 项、铜奖 2 项以及"优秀组织奖";8 月,学校荣获"凯盛开能杯"第五届全国大学生节能减排社会实践与科技竞赛"优秀组织奖";11 月,学校荣获"21 世纪青年创业挑战赛""优秀组织奖";荣获第八届"挑战杯"中国大学生创业计划竞赛金奖 2 项以及"优秀组织奖";荣获"华新"杯江苏省第二届大学生就(创)业知识竞赛"优秀组织奖"。

14. 2013 年,《创业管理》获评国家级精品资源共享课;"大学生创业教育指导与服务"被选为省高校辅导员示范培训项目;"高校人才培养体制改革——加强大学生创业教育和就业指导"被立项为江苏省国家教育体制改革试点项目;8 月,学校荣获"力诺瑞特"杯第六届全国大学生节能减排社会实践与科技竞赛 1 项一等奖、2项三等奖和"优秀组织奖";梅强教授编著的《创业基础》获评省重点教材立项;10月,学校喜捧第十三届"挑战杯"全国大学生课外学术科技作品竞赛"优胜杯";12月,梅强教授主持的《"塔式"立体化中小企业创业人才培养模式研究与实践》获省教学成果特等奖。

15. 2014年,《光明日报》《新华日报》等20余家主流媒体组团采访我校就业创业工作;6月,学校喜捧"创青春"江苏省大学生创业计划大赛"优胜杯";8月,学校荣获"第七届全国大学生节能减排社会实践与科技竞赛"1项一等奖、1项二等奖、8项三等奖和"优秀组织奖";9月,梅强教授主持的《"塔式"立体化中小企业创业人才培养模式研究与实践》获国家级教学成果二等奖;11月,学校荣获"创青春"全国大学生创业大赛金奖2项、铜奖3项、MBA专项赛银奖1项以及"优秀组织奖";12月,梅强教授主编的《创业基础》入选第二批"十二五"普通高等教育本科国家级规划教材书目。

16. 2015年7月,学校获评首批"全国高校实践育人创新创业基地""镇江市青年创业孵化基地";9月,我校1个项目入围中国创新创业大赛总决赛;10月,学校荣获第十四届"挑战杯"全国大学生课外学术科技作品竞赛4项一等奖、2项二等奖,学校连续第五次获得"优胜杯",也是学校历史上的第六座"优胜杯";学校荣获"全国大学生节能减排社会实践与科技竞赛"特等奖1项、一等奖1项、二等奖1项、三等奖4项以及"优秀组织奖";10月,学校印发《江苏大学创新创业学院建设实施方案》,正式成立创新创业学院,旨在全面整合校内外优质创新创业资源,有力推动学校学生创新创业教育工作。

17. 2016年8月,我校荣获江苏省第二届中国"互联网+"大学生创新创业大赛一等奖2项、二等奖2项、三等奖2项,4位老师获评大赛"优秀指导教师",学校荣膺大赛"优秀组织奖";我校荣获"第九届全国大学生节能减排社会实践与科技竞赛"特等奖1项、一等奖2项、二等奖2项、三等奖7项,位居江苏高校榜首;9月,梅强教授的《创业管理》获评"国家级精品资源共享课";10月,我校首次入围第二届中国"互联网+"大学生创新创业大赛全国总决赛,并斩获银奖1项;11月,我校2个项目入围全国"互联网+"快递大学创新创业大赛总决赛;我校荣获2016年"创青春"全国大学生创业大赛金奖2项、铜奖1项;我校获评第六届大学生就创业知识"优秀组织奖";12月,我校获评全省首批高等院校大学生就业创业指导站。

附件2：

江苏大学创新创业工作重要新闻媒体报道

1. "塔式"立体化中小企业创业人才培养体系研究与实践,成果要点于2013年3月刊登在国务院促进中小企业发展领导小组办公室的工作要报上,直接报送张德江委员长等国家领导人

2. 梅强教授主持完成的围绕促进江苏省中小企业创业发展的研究报告"江苏省创业基地理论与案例研究(含江苏大学大学生创业基地)"得到省政府高度重视,分管全省中小企业发展工作的史和平副省长做了专门批示

3. 鉴定证书:中国教育学会会长钟秉林教授,中国工程院院士、西安交通大学管理学院名誉院长汪应洛教授,全国工商管理硕士专业学位教育指导委员会第一副主任委员、清华大学经济管理学院原院长赵均纯教授,教育部高校创业教育指导委员会副主任委员、中国青年政治学院副校长李家华教授,大连理工大学管理与经济学部部长苏敬勤教授等著名专家学者对"135塔式"创业人才培养模式所取得的成果及所具有的推广应用价值都给予了高度评价

4. 本成果的相关观点和方法,被江苏省人民政府研究室在制定大学生创业教育的政策中得到了采用;同时本成果被共青团江苏省委员会、江苏省教育厅学生处、南京航空航天大学、南京师范大学、南京工业大学、扬州大学和南通大学等推广引用,为培养创业人才提供了有益借鉴

5. 2010年江苏大学被评为首批"全国毕业生就业典型经验高校"(共50家),成为"全国高校毕业生就业工作先进集体"和"全国50所毕业生就业典型经验高校"之一

6. 梅强教授2013年11月在教育部全国高校教师网络培训中心北京主播教室,作为首位主讲专家,为教育部"大学生创业基础的教育与教学"全国高校中青年骨干教师高级研修班学员做了题为"解读《创业教育教学基本要求》"的讲座

7. "塔式"立体化中小企业创业人才培养体系研究与实践成果,全文录入2013 年江苏省高等教育教改研究课题成果推荐

8. 梅强教授主持完成江苏省中小企业局重大项目"江苏省创业辅导体系建设的研究",成为了江苏省中小企业局和各市县中小企业局开展创业辅导工作的重要依据,主要观点和建议在江苏省中小企业局出台的《加快全省中小企业社会化服务体系建设的指导意见》等文件中多次被引用

9. 梅强教授被聘为江苏省创业辅导大师(全省共 10 名),为全省高校系统 2名创业辅导大师之一

10. 2002 年江苏大学工商管理学院被国家经贸委中小企业司授予"中国中小企业项目研究培训基地"

11. 江苏大学成为江苏省唯一一家拥有国家"银河培训"基地的高校,为全省数千家中小企业主提供过创业管理等方面的培训服务

12. 江苏大学成立了全国唯一一所中小企业学院,承办了江苏省中小企业局委托的全省创业辅导师培训班、民营企业高级经营管理人员培训班等多方面的培训工作

13. 梅强教授指导的 2007 届硕士研究生居凌云同学的论文"女性创业的现状与促进对策研究——以镇江市为例",在中国妇女研究会第二届妇女/性别研究优秀博士、硕士学位论文评选活动中获得唯一的优秀硕士论文一等奖

14. 梅强教授荣获"江苏省高校跨世纪学科带头人""江苏省优秀哲学社会科学工作者"等荣誉称号,率领的学科梯队被评为"江苏省优秀学科梯队"

15. 中国教育报 2014/3/10 在要闻版长篇报道:创业教育:积蓄生长的力量,全面介绍江苏大学塔式创业教育模式

16. 人民日报 2013/12/19 在教改一线专栏报道:种下一颗子,收获一树果,介绍江苏大学系统培养大学生创新创业能力,及其催生了一系列的创新创业成果。

17.《光明日报》2013/07/16 头版头条照片报道:梅强教授率学生赴中小企业编写创业案例

18.《中国教育报》2008/01/12 2 版报道:江苏大学创业教育促学生就业

19.《中国教育报》2008/07/14 2 版报道:江苏大学成立大学生创业团队

20.《光明日报》2010/05/13 报道:江苏大学:将大学生的创业教育进行到底

21.《光明日报》2010/05/13 报道:如何推进大学生创业教育江苏大学探讨新途径

22.《中国青年报》2011/10/31 报道:草根发明家:大自然是我的试验田

23.《中国青年报》2010/11/29 报道:吆喝叫卖也是创业初级阶段

24.《新华日报》2008/09/16 报道:江苏大学主办由联合国全球契约及发展中管理与创业教育联盟支持的"2008 联合国全球契约论坛"

25.《新华日报》2008/07/22 报道:江苏大学与天目湖啤酒联合推出"模拟经理人教学与社会实践模式"

26.《新华日报》2009/03/7 A6 版报道:成功,属于永远有想法的人

27.《新华日报》2010/03/29 A6 版报道:在读研究生创业招聘学弟学妹

28.《新华日报》2011/01/11 报道:创新创业中唱响"青春之歌"

29.《新华日报》2012/03/23 A7 版报道:高校创业,女生勇做"当家人"

30.《新华日报》2013/12/18 报道:江大"顶天立地"激发产学研

31.《科学时报》2008/01/15 B2 版报道:江苏大学创业教育带动学生就业

32.《扬子晚报》2010/03/8 A16 版报道:江大学生老板建创业联盟

33.《扬子晚报》2013/11/24 报道:创业主人公:贫困山区大四工科男

34.《江苏教育报》2013/12/18 报道:江苏大学多措并举提升学生创新创业能力

35.《江苏教育报》2011/11/05 报道:江苏大学"一条龙"服务培育大学生创业果实

36.《江苏科技报》2011/10/27 报道:江苏大学"一条龙"孕育大学生创业就业能手

37.《科技日报》2011/12/20 报道:走进三位大学生"创业"达人

38.《江苏经济报》2012/12/14 报道:他让水的流动更有效率

39.《中国科学报》2013/01/24 报道:他要寻找节能改造的春天

40.《金陵晚报》2013/11/06 报道:江苏大学举办"魅力营销"大学生"零成本创业"

41.《金陵晚报》2013/10/31 报道:大三女生开"麻辣拌"小店受校园内"吃货"们追

42.《金陵晚报》2012/03/24 报道:她们从女生转变成女当家

43.《金陵晚报》2011/10/31 报道:80 后发明大王申请 39 项专利

44.《现代快报》2013/06/27 报道:大三男生掌勺卖起盖浇饭

45.《现代快报》2012/11/12 报道:创富会走进江苏大学

46.《江南时报》2013/09/12 报道:暑假吃掉三十多只,大三男生卖"学长猪蹄"

47.《镇江日报》2013/11/24 报道:大学生创业有创意"出租厨房"受热捧

48.《镇江日报》2012/03/10 报道:江大调查显示:女生创业意愿明显低于男生

49.《京江晚报》2012/11/19 报道:"创富在镇江"高校行现场来了找项目的风

投公司

50.《京江晚报》2012/3/10 报道:在"零负担"平台历练成长

51. 中国新闻网 2013/11/14:江苏留学生校内创业搞音乐黑人小伙追"中国梦"

52. 中国新闻网 2013/11/06:大学生零成本创业半天卖千根糖葫芦收入三千元

53. 中国新闻网 2012/05/30:大学生"发明大王"吴多辉出书谈创新

54. 江苏新闻网 2013/05/30:为毕业生拍个性照收入逾万创业瞄准"毕业季"

55. 中国江苏网 2012/06/14:毕业生带火校园经济,大学创业小老板"毕业生意"月入上万

56. 中国镇江金山网 2012/04/13:江苏大学 12 个学生创业团队领到执照

57. 创业典范之一——周尚飞,受到胡锦涛、温家宝等党和国家领导人的亲切接见

58. 创业典范之二——刘春生,受到王兆国副委员长的授旗颁奖,获第三届中国青少年科技创新奖、江苏省青春创业风云人物,创业事迹曾多次在《光明日报》等媒体报道

59. 创业典范之三——马正军,领衔的团队获得第八届"挑战杯"中国大学生创业计划竞赛金奖,将项目产业化并创建公司,获江苏省第一届创新创业成果交流会最具潜力项目,受邀参加了"第六届全国大学生创新创业年会",创业事迹曾多次在《人民日报》等媒体报道

60. 江苏省曹卫星副省长在全国"挑战杯"创业计划竞赛现场指导我校学生创业作品

61. 江苏省黄莉新副省长与江苏大学创业典型周尚飞交流创业项目

62. 2009 年 10 月 27 日,国家工信部中小企业司王黎明司长在江苏大学调研,充分肯定学校在中小企业创业人才培养方面取得的成绩

63. 由发展中管理与创业教育联盟、江苏大学联合举办的 2008 年联合国全球契约论坛于 2008 年 9 月 14 日在校举行,联合国全球契约高级顾问 Fred + Dubee 先生出席论坛并致辞,充分肯定了江苏大学创业教育特色

64. 江苏省科协主席、中国工程院欧阳平凯院士视察江苏大学创业孵化基地

65. 江苏省教育厅朱卫国副厅长考察学生工作时与江苏大学创业典型周尚飞亲切交流

66. 江苏省政策研究室卢爱国主任一行来江苏大学调研创业孵化基地工作

67. 中国教育报 2015/6/20 江苏大学多路径探索创新创业人才培养"任何创新创业经历都是学生的财富"

大学生社会实践重要新闻媒体报道目录（2010—2016）
（2010 年）

《人民日报》

1. 大学生创业教育给"面包"还是给"猎枪"？（2010/7/2）

《光明日报》

2. 江苏大学：将创业教育进行到底（2010/5/13）

3. 江苏大学为梦想插上翅膀（2010/11/1）

《中国教育报》

4. 江苏大学成立"大学生创业联盟"（图片）（2010/3/24）

5. 吃亏中的成熟（2010/4/8）

6. 周尚飞：创业路上的先行者（2010/10/20）

7. 大学生自主研发节能汽车模型（图片）（2010/12/17）

《科技日报》

8. 他们证明着创新的力量（2010/1/12）

9. 大学生"发明大王"走进社区呼唤创新意识（2010/8/1）

《科学时报》

10. 江苏大学学子成功创业反哺母校（2010/2/1）

11. "三招"并举天地宽（2010/5/25）

《中国青年报》

12. 吆喝叫卖也是创业初级阶段（2010/11/29）

《新华日报》

13. 创新创业铸就青春走近江苏"十大青年科技之星"（2010/2/1）

14. 在读研究生创业招聘学弟学妹（2010/3/29）

《江苏教育报》

15. 江苏大学在校学生创业成功后回报学校（2010/3/11）

16. 创业，我选择我喜欢（2010/4/15）

17. 周尚飞：白手起家的传奇（图文）（2010/4/16）

18. 江苏大学方程式赛车发布（图文）（2010/09/30）

19. 做好三个对接，促进大学生创业计划成果转化（2010/11/29）

《金陵晚报》

20. 在校生当老板校内开招聘会(2010/3/30)

《镇江日报》

21. 大学毕业生:在创业中创新(2010/3/17)

22. 创业,为梦想插上一双翅膀(2010/5/4)

《京江晚报》

23. 江大智造方程式赛车(2010/9/27)

新华网

24. 海南籍大学生"发明大王"三年申请37项专利(2010/4/27)

25. 中国大学生有望驾驶"我制造"角逐方程式赛车场(图文)(2010/09/27)

中新网

26. 中国办大学生方程式比赛学生将驾DIY汽车参赛(图文)(2010/09/27)

27. 江苏大学科技节:"机器人走迷宫大赛"显创新风采(2010/11/21)

《人民日报》

28. 让优秀人才落地生根(2011/10/28)

《光明日报》

29. 是"高水平"不是"高数量"(2011/10/14)

30. 追求卓越育人才(2011/10/22)

《中国教育报》

31. 个性化培养催生创造性成果(2011/10/17)

《科技日报》

32. 江大获选工程硕士研究生教育创新院校(2011/3/15)

33. 江苏大学获全国大学生工程训练综合能力竞赛一等奖(2011/6/16)

34. 走近三位大学生"创业"达人(2011/12/20)

《中国青年报》

35. 草根发明家:大自然是我的试验田(2011/10/31)

《新华日报》

36. 江苏大学:精彩演绎产学研新传奇(2011/10/25)

37. 江苏大学5日举办首届大学生创业项目展示活动(2011/11/8)

38. 创新创业中唱响"青春之歌"(2011/1/11)

《扬子晚报》

39. 实施全程指导,创新培养模式,促进学生就业(2011/7/13)

40. 25 个大学生 5 个月造方程式赛车(2011/10/18)

《江苏教育报》

41. 江苏大学"一条龙"孕育创业就业能手(2011/10/24)

《江苏科技报》

42. 江苏大学电竞大赛"新"意十足(2011/5/5)

《江苏经济报》

43. 江苏大学的"融合创新"之道(2011/10/29)

《金陵晚报》

44. 校园魅力营销大赛培育"创业精英"(2011/11/3)

新华网

45. 江苏大学获全国大学生铸造工艺设计大赛一等奖(2011/6/17)

中新网

46. 江苏大学创业孵化基地为大学生插上创业翅膀(2011/4/30)

《中国教育报》

47. 江苏大学研究生有了职业规划档案(2012/1/11)

48. 江苏大学联合企业攻关结硕果(2012/2/18)

49. 江苏大学本科生人人有学业导师(2012/7/20)

《科技日报》

50. 江苏大学非计算机专业学生开发"点名软件"防逃课(2012/5/8)

《中国科学报》

51. 高校科研创新如何走得更远(2012/2/22)

52. 女大学生,撑起创业一片天(2012/4/4)

《新华日报》

53. 高校创业,女生勇做"当家人"(2012/3/23)

《扬子晚报》

54. 江苏大学学生开发"点名软件"防逃课(2012/5/5)

55. 江苏大三学生"工龄"10 年"打工达人"撑起半个家(2012/5/19)

56. 江大一学生从《魔兽世界》找灵感设计未来汽车(2012/10/25)

57. 给爱车加个油气回收装置(2012/12/28)

《江苏教育报》

58. 江苏大学微博引导青年创新案例获省一等奖(2012/12/7)

《江苏经济报》

59. 江大和诺贝尔奖企业共建产学研基地（2012/12/19）

《江南时报》

60. 大学生发明神奇采摘"吸尘器"（2012/12/14）

61. 大三学生当上超市经理 学习和工作两个都要有（2012/3/27）

《金陵晚报》

62. 农家女创业成功献爱心（2012/1/22）

《镇江日报》

63. 江大学生设计制造方程式新赛车（2012/9/24）

中新网

64. 牛奶包装盒变内衣盒 大学生传低碳生活小妙招（2012/7/2）

《人民日报》

65. 种下一颗子，收获一树果（2013/12/19）

《中国教育报》

66. 校园的"无人售货摊"（2013/3/21）

67. "盖浇饭男孩"：带着妈妈做外卖（2013/7/16）

《中国科学报》

68. 他要寻找节能改造的春天（2013/1/24）

《新华日报》

69. 江大：创新让科研成果出深闺（2013/12/18）

《扬子晚报》

70. "无人售货摊"考验大学生诚信（2013/3/21）

71. 改装"厨房派对屋"吸引"聚会族"（2013/11/24）

《江苏教育报》

72. 实现人才培养与社会需求的无缝对接（2013/1/25）130

73. 江苏大学多措并举提升学生创新创业能力（2013/12/18）

《江苏经济报》

74. 江苏校企"抱团"培养卓越工程师（2013/10/1）

《现代快报》

75. 大三男生掌勺卖起盖浇饭（2013/6/27）

《京江晚报》

76. 江大大三男生自创"学长烤蹄"（2013/9/12）

中新网

77. 江大学子全国企业竞争模拟大赛力捧优胜杯(2013/5/7)

78. 学生开发外卖信息软件 获赞"程序员里的活雷锋"(2013/10/10)

79. 大学生零成本创业 半天卖千根糖葫芦收入三千元(2013/11/4)

80. 江苏留学生校内创业搞音乐 黑人小伙追"中国梦"(2013/11/14)

《光明日报》

81. 江苏力推大学生优质就业(2014/5/14)

《中国教育报》

82. 创业教育:积蓄生长的力量(2014/3/10)

83. 大学生素质拓展有学分(2014/12/27)

《中国科学报》

84. 致力培养创新型人才(2014/1/2)

85. 赵程龙:延时摄影"新鲜人"(2014/6/19)

《扬子晚报》

86. 江大"节水哥"发明"绿色学分"(2014/3/5)

87. 大三"技术宅"纯手工打造机器人版"蜘蛛侠"(2014/4/14)

88. 大二女生当起"多啦A梦"网络牵线,助170名校友圆梦(2014/4/27)

《江苏经济报》

89. 大学生何勇享受自主创业乐趣(2014/6/9)

90. 江大研究生为桑蚕企业发展支招(2014/7/22)

《江南时报》

91. 江大学子开店叫卖已有1400年历史的"泥叫叫"(2014/3/25)

《现代快报》

92. 校园拍卖会 专拍同学网购的闲置品(2014/5/5)

93. 江苏大学学生推出"校园慢递"服务(2014/5/22)

94. 他们用语音相册"致青春"告别大学生活(2014/6/4)

95. 大学生拜师学艺 开网店推广传统手工艺品(2014/8/11)

《镇江日报》

96. 江大大学生特色就业模式受关注(2014/5/8)

97. 大学生用微信谈起"生意经"(2014/4/4)

《京江晚报》

98. 江大学子"智助"企业发展(2014/8/4)

中新网

99. 大学毕业生自制延时摄影赠母校 拍摄照片近两万张(2014/6/10)

《中国教育报》

100. 内外兼修,共促大学生就业创业(2015/3/14)

101. "任何创新创业经历都是学生的宝贵财富"(2015/6/20)

102. 大学生校园发"红包"(2015/9/28)

《科技日报》

103. 江苏大学:让学生的"奇思妙想"成就"大作为"(2015/4/13)

104. 大学生创新大赛比拼智能农业装备(2015/12/28)

《中国科学报》

105. 张峻滔:"疯狂"的体验式创业者(2015/1/15)

106. 牛瑞东和他的红包兔(2015/6/4)

《中国农机化学导报》

107. "东方红"杯全国大学生智能农业装备创新大赛成功举办(2015/12/31)

《新华日报》

108. 想象力比知识更重要(2015/4/29)

《江苏教育报》

109. 奇思妙想"创"出"新"青春(2015/4/10)

110. 为学生发展创造每一种可能(2015/11/27)

《江苏经济报》

111. 校企联研 小微电动汽车驶向市场(2015/5/7)

112. 大学生创业热衷线上线下融合(2015/5/19)

113. 大学生创客走在"春天里"(2015/6/11)

《现代快报》

114.《金刚狼》中获灵感 设计出概念汽车(2015/11/4)

《镇江日报》

115. 当寒门学子遇到创业的春天(2015/4/8)

116. 中国大学生热处理创新大赛 江大学生获特等奖(2015/6/6)

117. 让创新更有价值(2015/10/24)

118. 江大捧回第六座"优胜杯"(2015/12/10)

119. 深度融合精准对接 协同推进共谋发展(2015/12/12)

《京江晚报》

120. 29 个奇思妙想，让人脑洞大开（2015/4/9）

121. 江大、丹徒区、北汽签订校政企战略合作协议（2015/5/30）

122. 江大学子助力戴庄"互联网＋农业"（2015/10/9）

新华网

123. 中日韩大学生"创客"比拼创意和动手能力（2015/12/24）

中新网

124. 全国人大代表热议：大学生创业就业关系千家万户（2015/3/7）

125. 创业新浪潮来袭，大学生如何把握（2015/3/7）

《中国教育报》

126. 创新创业教育如何落地生根（2016/3/10）

《中国科学报》

127. 用创新点燃学生的热情（2016/1/7）

第三篇

03

|校史校训篇|

　　本篇介绍了江苏大学校史,回顾了学校百年办学的辉煌历史,描述了学校肇始至今不同历史时期的发展变迁;介绍了江苏大学校歌《百年辉煌向未来》;对"博学　求是　明德"校训、"自强厚德　实干求真"江大精神及校标进行了多维度释义。通过校史、校歌、校训、大学精神、校标这些大学精神风貌、办学理念和人文精神的具体体现,总结凝练学校核心精神,深入挖掘校园文化的深刻思想内涵,构建和谐校园,营造以文育人的浓郁氛围。

校史:百年办学芬芳桃李满天下

"百年芬芳"是江苏大学百年办学的真实写照。

江苏大学成立于 2001 年 8 月,由当时地处国家历史文化名城——江苏省镇江市的原江苏理工大学、镇江医学院和镇江师范专科学校合并组建而成。但是,其办学渊源却和原江苏理工大学一起追溯到 1902 年的三江师范学堂。

1902 年晚清名臣张之洞等怀着"作育人才,以图自强"的理想,在南京创办了三江师范学堂。新中国成立后,三江师范学堂的学脉由南京大学、南京工学院薪尽火传。为贯彻毛泽东同志关于"农业的根本出路在于机械化"的指示精神,1960 年,国家在南京工学院的农业机械、汽车拖拉机两个专业的基础上筹建南京农业机械学院,翌年迁址镇江,定名为镇江农业机械学院。1963 年、1970 年,吉林工业大学排灌机械专业及研究室、南京农学院农业机械化分院先后并入。

一批来自五湖四海的教师,其中包括一批早期出国留学,于新中国成立后毅然放弃国外优厚生活条件回到祖国的知名学者和农机专家,在当时的荒山野岭,励精图治、艰苦创业,仅用了 10 多年的时间,就把镇江农业机械学院建设成为全国 88 所重点大学之一,成为全国首批具有博士、硕士学位授予权的单位,成为我国第一家承担为发展中国家培养高级农机技术和管理专家任务的高校,出色地完成了那一代人的历史使命。

1982 年镇江农业机械学院更名为江苏工学院,1994 年再次更名为江苏理工大学。1988 年,在全国高校办学体制改革调整中,学校又成为首批"中央与地方共建,以地方管理为主"的转制高校。学校既面向全国,又立足地方;既依托行业,又服务区域,学校兼其行业和地域的双重优势得到充分彰显,广大师生用自己的辛勤汗水在推动行业振兴和服务地方经济社会发展中走出了一条转制高校建设发展的成功之路。1999 年江苏冶金经济管理学校整体并入。

同时,1953 年在江苏省第一所省立高等学府——江苏医政学院和南京市中级医士学校基础上创办起来的镇江医学院,以及1958年创办的镇江师范专科学校,经过半个多世纪的奋斗拼搏,各自书写了一部光辉的创业史。

2001年8月合并组建江苏大学,是学校办学体制的又一次重大调整。三校师生以宽广的胸怀、满腔的激情,以此作为加快学校事业发展的难得机遇,充分利用三校学科交叉互补的综合优势,坚持"规模发展与质量提高相结合、外延扩张与内涵充实相结合、布局调整与结构优化相结合、基础加强与特色创建相结合",用了五年的时间,就快速实现了办学规模、教学改革、学科建设、科技创新、师资队伍、实验室建设以及基本建设七方面的融合和突破,形成了九大学科共融一体、江大学子同处一园的办学格局。

在近百年的办学办学历程中,江苏大学培养造就了一大批堪称民族中坚和社会栋梁的经世致用之才。特别是新中国成立后,学校培养的10多万名毕业生中,涌现了大批杰出校友,其中有中央委员、中央候补委员、省部级领导,还有院士、"985"高校校长、知名学者教授以及企业家、各行各业的中坚骨干和先进模范人物。

校歌:百年辉煌向未来

词:葛逊　曲:邹建平

百年风雨,我们一同起航,
三山如画,我们阅尽沧桑。
悠悠长江在这里奔涌,
绵绵文脉在这里激扬。

博学奠基石,求是谱华章,
明德镌心灵,教学共相长。
江苏大学,我们为你骄傲,
继往开来创造新的辉煌!

百川融汇,我们一起飞翔,
薪火相传,我们超越梦想,
棵棵栋梁在这里成才,
灿灿桃李在这里绽放。

博学奠基石,求是谱华章,
明德镌心灵,教学共相长。
江苏大学,
江苏大学我们为你骄傲,
继往开来创造新的辉煌!

"博学求是明德"校训释义

释义之一：校训释义 *

校训是一所学校经长期积淀而成的学校精神的凝练与概括，是校园文化的精髓，它反映了学校的学风、教风、研究作风和工作作风，从一个侧面折射出学校的办学理念和师生员工的精神风貌。一所大学的校训同这所大学独特的历史传统、人文环境、专业特色、办学方向、奋斗目标有密切关系，是学校身份识别系统中难以言说却又具体可触的组成部分，对学校的改革与发展，起着十分重要的作用。我校确立了"博学、求是、明德"六字校训，既古典雅致，又不乏现代气息，言约意丰，便于记诵。

一、博学

文理交融　　基础宽厚　　厚积薄发
博通古今　　学贯中西　　知行统一
教学相长　　终身学习　　求知不倦

《论语》云："博学而笃志，切问而近思，仁在其中矣。"《礼记·中庸》亦云："博学之，审问之，慎思之，明辨之，笃行之。"这便是"博学"两字的古文献来源，随着时代的发展，其内涵日渐丰富。

（一）文理交融　　基础宽厚　　厚积薄发

现代通识教育认为高等学校要以培养科技与人文交融的复合型人才为目标，

---

* 本文作者：董德福。

充分认识到哲学社会科学与自然科学同样重要。学理工的要读点人文科学和社会科学经典;学文科的要看些自然科学书籍,熟悉当代科学技术的最新发展。无论从事哪一方面的学习和研究,都必须学习马克思主义,不断提高自己的科学文化素养和政治理论素养。现代著名学者胡适指出:"为学要如金字塔,既能广博又能高。"学习不仅要广博,而且要专精,只有打通不同的学科,成为基础宽厚、博学多艺者,才有可能瞄准学科发展的前沿在本学科领域做出出类拔萃的成绩,成为一流的专家。所谓厚积薄发,由博返约,才是治学之道。

(二)博通古今 学贯中西 知行统一

中国现代史上的学术大师,大多中西俱萃、新旧兼备,既有深厚的传统学养,又精通西学。徐光启曾曰:"欲求超胜,必先会通。"此所谓"会通",不仅仅指文理会通,还包括中西会通、古今会通。只有这样,才能做到上下自如,左右逢源,触类旁通。江苏大学以一流综合性大学自期,理应把"博通古今,学贯中西"作为努力的目标,虽不能至,心向往之。博学不仅是指要学习书本知识,注重课堂教育,而且要善于在生活实践中学习,将课内与课外结合起来,追求认识与实践的统一。高校师生应满怀对文明进步的渴望和对自然、社会的关怀,重视参加社会实践活动,在实践中接受知识、丰富知识、检验知识、更新知识,使得学有根基。

(三)教学相长 终身学习 求知不倦

《礼记·学记》曰:"学然后知不足,教然后知困。知不足,然后能自反也;知困,然后能自强也。故曰:教学相长也。"这就是说,教与学、教师与学生是相互启发、相互促进的,学而不厌、诲人不倦是学问进步的不二之途。人的生命是有限的,但客观世界是无限复杂和永恒发展的,尤其是在知识生产、知识更新频率加快的现时代,若不甘落伍,不想被时代边缘化,就必须树立终身学习的观念。所谓学无止境,活到老,学到老。在江苏大学的图书馆、教室里,我们经常能看到一些鬓发斑白的老教授埋头研读的"镜头",不禁感慨,敬佩之心油然而生。大学应率先成为学习型组织,养成不耻下问、求知不倦、人人向学的良好学风,这是学校发展的希望所在。

二、求是

解放思想 实事求是 务实行事
与时俱进 勇于创新 锐意改革
严谨治学 崇尚科学 追求真理

《汉书·河间献王传》云:"修学好古,实事求是。"唐代史学家颜师古把"实事求是"四个字释义为"务得事实,每求真是",意思是说做学问要以事实为根据,逐一探求真实的结论。宋代理学大师、教育家朱熹，更是把"实事求是"作为长沙岳麓书院的办学宗旨，书院大门的正上方悬挂有书写"实事求是"四个大字的匾额。从整个中国古典文论的传统解释来看，"实事求是"是对严谨治学学风的概括，本非哲学命题，是毛泽东首次赋予其马克思主义思想路线的科学含义。毛泽东在《改造我们的学习》一文中指出："'实事'，就是客观存在着的一切事物，'是'就是客观事物的内部联系，即规律性，'求'，就是我们去研究。"作为校训的"求是"，兼有上述两层含义，反映的是治学之道和工作原则，即科学的精神。

（一）解放思想 实事求是 务实行事

辩证唯物主义告诉我们，解放思想与实事求是是辩证统一的。科学研究、学术探讨需要解放思想，开展实际工作也需要解放思想，但都要从实际出发，所得出的结论要符合客观规律，经得起事实的检验，力戒因循守旧和主观武断。学校各级领导和广大师生员工要有前瞻意识，关心高等教育的发展，研究高等育发展的规律，大兴调查研究之风，切实加强与改进工作作风和研究作风，了解国情、校情。决策或干事，应有雄心壮志，也要尊重客观规律，实事求是，讲事实，干实事，既反对小富即安、不思进取，又反对夸夸其谈、好高骛远。要紧密联系实际，以扎实的功夫，求一流的业绩。

（二）与时俱进 勇于创新 锐意改革

客观世界是不断变化发展的，我们的思想认识要随着客观世界的变化发展而不断进取，突破陈规，开拓创新，任何思想僵化或决策保守，都可能葬送我们的事业。创新是一个民族的灵魂，是一个国家兴旺发达的不竭动力。创新也是科学的本质和科学发展的动力。学校各项事业的发展取决于创新和改革，要大力倡导改革精神，加强创新素质教育，培养学生的创新人格、创新方法和创新能力。广大教师干部要致力于教育教学改革，致力于理论创新、科技创新、制度创新。唯有改革与创新，学校的事业才有生机和活力。全校师生应成为改革与创新的参与者和受益者。

（三）严谨治学 崇尚科学 追求真理

大学生的主要任务是学习，要有踏实的学风、探索的勇气、发现真理的慧眼；大学教师的职责是既传授知识，又创造知识，既教书，又育人。求学、教学、治学都要具有科学的态度和科学的精神，把"求是"作为自己的天职。所谓科学的精神，也即求实的精神、质疑的精神、创新的精神、探索的精神、勇攀高峰的精神，说到底是实事求是的精神。"路漫漫其修远兮，吾将上下而求索"，学术研究不应急功近利，更不能粗制滥造、抄袭拼凑、欺世盗名，高等学府尤其要提倡科学，反对迷信，反对虚伪。要努力成为先进文化的创造者和传播者。无论是自然科学研究，还是哲学社会科学研究，其基本任务是透过现象看本质，揭示研究对象的规律，发现真理，弘扬真理。

三、明德

爱岗敬业　　服务社会　　升华人生

遵纪守法　　明礼诚信　　修身养性

自强不息　　厚德载物　　团结进取

《尚书·君陈》云："黍稷非馨，明德惟馨。"四书之一的《大学》则开宗明义便是："大学之道，在明明德，在新民，在止止于至善。"中国儒家特别重视"人之所以为人之道"，所谓"三不朽"——立德、立功、立言，即以德为首。古人尚能如此，生活于物质文明与精神文明相对发达时期的今人，尤其是文明程度最高的大学知识群体，就更应该有高尚的道德情操，以"明德"为做人的根本。

（一）爱岗敬业　服务社会　升华人生

一个合格的人才应该既红又专，而红首先必须做到专，否则红便无从体现。高校教师要热爱党的教育事业，爱岗敬业，执着教研，苦练内功，掌握本领，不断提高教学、科研水平。全体师生员工均应确立正确的世界观、人生观、价值观，不断提高道德修养，以天下为己任，树立全心全意为人民服务之心、报效祖国之心，把自己的所学反哺社会，乐善好施，做"一个高尚的人，一个纯粹的人，一个有道德的人，一个脱离了低级趣味的人，一个有益于人民的人"（毛泽东《纪念白求恩》），在服务社会中获得人生的升华。

（二）遵纪守法　明礼诚信　修身养性

良好的伦理道德，是社会有序的必要条件，作为知识精英的大学师生，尤其要修身养性，知书达理，遵纪守法，诚恳待人，不自欺欺人，自觉遵守社会主义法律和学校的各项规章制度，维护公共秩序，努力成为基本道德规范的模范践行者、先进道德的弘扬者和社会正义的捍卫者。大学教师要恪守科研道德和学术规范，以身垂范，反对学术腐败。"千教万教教人求真，千学万学学做真人"，一个不知道怎样做人的人，一个道德水准低下、人格卑污的人，本领越大，对社会的危害性也就越大。以道德素质为内核的人文素质教育，不仅仅是人文社会科学工作者的事，专业课教学也应渗透人文素质教育的内涵，使之成为高校实施人文素质教育的重要渠道。

(三)自强不息 厚德载物 团结进取

江苏大学要向一流大学进发,不仅要有自强不息的精神,还要有如大地般博大与宽厚的胸怀,有海纳百川的气度,对于不同的学术观点,要允许自由争鸣,鼓励学科间的相互交流、理解与合作。"自强不息,厚德载物"是一种精神、一种人生态度、一种人生境界,更是一种在激烈的竞争中能立于不败之地的重要德行。高校教师要克服文人相轻的恶习,养成精诚团结、协作攻关的团队精神和锐意进取的美德。许多重大科研攻关项目,不是某一个人或某一个学科所能解决的。要对当代重大的社会与人的理论问题做出贡献,必须有人文社会科学工作者和科技工作者、经济工作者的通力合作。江苏大学的多学科综合性优势,为促成这种合作提供了条件。

四、内在关系

"博学、求是、明德"六字校训,体现了我们中华民族的教育精神,凝聚着当代高等学校的办学理念,具有整体之美。"博学"主要是指知识的积累与拓展,它是"求是、明德"的前提和基础;"求是"是指教学和科研的精神与原则,它是"博学、明德"的深化和体现;"明德"是指做人的准则与人生境界的提升,它是"博学求是"的灵魂和目标。三者之间有着内在的逻辑联系,由表及里,层层递进,环环相扣,充分展现了我们学校的丰厚底蕴。

置身于新的世纪,面对新的发展机遇和挑战,江大人将永远牢记"博学、求是、明德"的六字校训,励精图治,奋发前行,为中华民族的伟大复兴和人类文明的进步,做出自己应有的贡献。

释义之二:大学要率先成为学习型组织*

江苏大学是2001年8月28日经教育部和江苏省人民政府批准,由原全国重点大学——江苏理工大学和镇江医学院、镇江师范专科学校三校合并组建的。为了把江苏大学建设成为一所以工为主,理、工、医、教结合、科技与人文交融、多学科协调发展,综合实力处于全国同类院校前列,并具有一定国际知名度的高水平、开放式的教学研究型综合性大学,根据创建学习型组织的要求,我们确定以"博学、求是、明德"作为校训,立足新起点,创建新机制,努力提高办学质量,实现事业的跨越发展。

---

* 本文作者:朱正伦。

　　博学——这是对知识追求的强烈愿望,也是对每个人自身发展和完善的客观要求。早在两千多年前,我国大教育家孔子就对学习给予了高度重视。他认为,君子应"博学于文,约之以礼"。"玉不琢,不成器,人不学,不知道。""学然后知不足,教然后知困。知不足,然后能自反也;知困,然后能自强也。"因此,每个师生员工都要有强烈的求知欲望,广泛涉猎,使自己具有宽广的知识面和渊博的学识。除了学习各种专业知识外,还要学习其他相关知识。学理工的不妨看些人文社会科学方面的书籍,学文科的不妨看些自然科学方面的书籍。特别要重视学习马克思主义的理论,解决好认识和改造客观世界的立场、观点、方法问题。要多学点马克思主义哲学,这无论是对我们从事自然科学还是从事社会科学教学和研究的同志来说,有益无害,都会有极大的帮助。确如陈云同志说的:"学点哲学,终身受用。"当前,尤其要继续认真学习邓小平理论和江泽民同志"三个代表"重要思想,这是指导我们新的实践的马克思主义。

　　求是——这是整个学习过程的重要阶段。学习的目的是获得知识,求得创新。毛泽东同志在《改造我们的学习》一文中指出,"'是'就是客观事物的内部联系,即规律性,'求'就是我们去研究"。要从"实际情况出发,从其中引出其固有的而不是臆造的规律性,即找出周围事物的内部联系,作为我们行动的向导。"要使学习取得实效,就必须紧密联系我国改革开放和现代化建设的实际,紧密联系高校改革和发展的实际,紧密联系个人工作的实际,进行思考,弄清楚影响事物发展的多方面之间的相互联系及其客观规律。这样才能有所发现、有所发明、有所创造,增强正确观察、分析、处理问题和辨别是非的能力。

　　明德——这是学习的升华。四书五经中的《大学》开宗明义便是"大学之道,在明德,在新民,在于至善"。寥寥数语,充分反映了学习的本质和深刻的内涵。学习的目的就是正心、修身,为了齐家、治国,为了美好未来。要通过学习,树立科学的世界观、人生观、价值观,不断提高道德修养,与自然、与社会、与他人建立融洽和谐的关系,在推动社会发展的同时不断完善自己。大学是学习、研究和宣传马克思主义理论的重要阵地,我们在教学和科研工作中必须把坚持马克思主义基本原理同丰富和发展马克思主义相结合,同学校的改革和发展的实践相结合,增强解决改革和发展中的实际问题的能力。

　　当然,创建学习型组织并不是大学的最终目的。对大学来说,创建学习型组织的指归在于通过创建过程中所做出的各种努力,引发出一种不断创新、不断进取的理念,形成全新的管理运行机制,使学校日新月异,焕发出勃勃生机,更加充分地发挥人才培养、科学研究、社会服务这三大基本功能。

释义之三：校训人文精神之审美*

——写在江苏大学成立第十年之际

2011年江苏大学已进入第十个年头了。伴随着新成立的江苏大学前进的步伐，一则新人耳目、耐人寻味、启人奋进的江大校训应运而生。"博学、求是、明德"，三个词组，六个汉字，落落大方，任重道远。校训之于江大人，是照耀航程的灯塔，是指引征途的路标，是激励创新的战鼓，是鼓舞斗志的号角。

品读校训，如饮醇醪，齿颊留香，其味无穷。校训，乃江大精神之魂，师生做人之本。它承载着优秀的华夏文化传统和丰厚的人文精神意蕴，穿过时空的隧道，带着21世纪的雨露、空气和阳光，生机勃勃，遍及校园的每个角落，铭刻师生的心田脑海。那么，江大校训，究竟包蕴哪些人文精神与审美价值？其魅力何在呢？笔者不揣谫陋，聊以浅说，以为共勉也。

先说"博学"

博学者，虚怀若谷、博采广纳之谓也。《论语·子张》云："博学而笃志，切问而近思，仁在其中矣。"意思是说，广泛学习并做到持之以恒，遇到问题就请教别人，直到弄懂为止，加之不断思考那些切合人生的实际问题，那么，仁义也就蕴含其中了。孔老夫子把"博学"二字提高到他一生念念不忘、苦苦追求的"仁"的高度来认识，可见"博学"是何等重要啊！《礼记·中庸》亦云："博学之，审问之，慎思之，明辨之，笃行之。"此乃孔子之孙子思对其祖父"博学"观点的深入阐发，二者都把"博学"置于为人处世的首位。自先圣孔子以来，多少仁人志士在"博学"观的感召下，为民族之振兴、中华之崛起而"焚膏油以继晷，恒兀兀以穷年"（韩愈《进学解》）在当今知识爆炸、信息密集的时代，对于高校的广大师生来说，"博学"显得尤为重要。而中国加入WTO以后，与世界各国的交往更为广泛而密切，倘若没有足够的知识储备，就势必成为世界交流的"聋子""瞎子"和"哑巴"（抑或为"半聋""半瞎""半哑"），如此这般，何以与世界接轨？于国于己又有何益？这就要求我们广大师生在教好学好本专业课程的同时，还要涉猎本专业之外的相关领域，力求打通文理，一专多能。江苏大学作为涵盖工学、理学、医学、文学、经济学、法

＊本文作者：李金坤。

学、管理学、教育学八大门类的综合性大学,无疑为培养具有综合素质的复合型人才提供了一个坚固而硕大的良好发展平台。我们应该利用优势,博学广纳,乘势而上,教学俱进。

以上所论乃"横向"之"博学"也,而要真正做到"博学",还应该做到"纵向"之"博学"。古往今来,楷模众矣!隋唐时代著名的医学家和药物学家孙思邈活到101岁时还说:"白首之年,未尝释卷。"南宋伟大的爱国主义诗人陆游暮年时读书兴趣不减当年,他说:"白发无情侵老境,青灯有味似儿时。"清代爱国爱诗人顾炎武说得更干脆:"君子之学,死而后已。"当代仅有初毕业文凭的世界著名数学家华罗庚,不仅数学成就蜚声中外,且诗词文章亦华美风流。他不仅是自学成才的楷模,而且还是"活到老学到老"的典范。他晚年时自拟的一则座右铭说得非常好:"树老怕空,人老怕松。不空不松,从严以终。"他委实是名副其实的纵横双向、货真价实的"博学"者。逝世于98岁高龄的国学大师季羡林先生,其晚年仍坚持每日凌晨4时即起,读书写作,乐此不疲,四季皆然,令人敬佩!我们江大人,所追求的自当是大师们的这种"博学"境界。

次说"求是"

求是者,寻寻觅觅、追求真理之谓也。《汉书·河间献王传》云:"河间献王德以孝景前二年立,修学好古,实事求是。"这里的"实事求是",即根据实证,求索真知的意思。明代王阳明说过:"君子之学,惟求其是。"梁启超的《论中国学术思想变迁之大势》亦认为:"本朝学者以实事求是为学鹄,颇饶有科学的精神。"其中的"实事求是",便含有马克思辩证唯物主义的精髓。"实事",指客观存在的一切事物;"求",指研究;"是",指客观事物的内部联系,即规律性。"实事求是",也就是说我们的学习与研究,要从实际情况出发,努力找出周围事物的内部联系,探求其发展的规律性,发现真理,运用真理,以指导实际工作。就我们的教学与研究来说,就应当从我国现有的政治经济文化建设与发展的国情出发,勇于进行教学内容与方法的改革,深入探讨教学规律,为祖国四化建议服务。北大老校长蔡元培说得好:"科学研究必须与国家及社会密切联系,俾国家得学术之用,社会得学术之益。"这就十分明确地指出了"求是"的宗旨就是要有益于国家与社会的根本道理。

我国知识分子素有追求真理的光荣传统。从伟大的爱国主义诗人屈原"路漫漫其修远兮,吾将上下而求索"的发唱,到鉴湖女侠秋瑾"只身东海挟春雷"的抒怀,再到周总理"邃密群科济世穷"的呼唤,几千年来,时代不同,人物各异,但所表达的心声如一,即为"强国富民"而求索不止,奋斗不息。"发扬革命传统,争取更大光荣"。先辈们在旧社会那么艰难困苦的环境下依然奋力"求是",追求真理,而今天我们生活在如此美好的环境中,就更应加倍"求是",以杰出的教学成果和带有普遍指导意义的科学理论成就奉献社会。"求是",除了要求教学与研究必须具有科学的精神和态度外,还必须强调要按照事物的实际情况办事,不夸大,也不缩小,做到像胡适所说的那样,"有几分证据说几分话,有七分证据不能说八分话"。有了"实事求是"的科学精神与态度做支撑,我们的教学科研成果才能站稳脚跟,有补于世。我国著名历史地理学家谭其骧先生说得好:"求是是求真,要求是、求真,必先辨是非真假。要明辨是非真假,关键首在能虚衷体察,弃绝成见,才能舍各宗派之非之假,集各宗各派之是之真。学术之趋向可变,求是之精神不可变。"他还对"求是"的重要性做了一个十分形象的比喻:"历史好比演剧,地理就是舞台,如果找不到舞台,哪里看得到戏剧。"谭先生是从他的历史地理学专业的角度来论证脚踏实地、实事求是进行科学研究之重要性的。我国著名气象、地理学家竺可桢对"求是"别有深解,他曾说:"求是就是奋斗精神、牺牲精神、革命精神和科学精神。"他又多次强调说:"科学家的态度应该是不盲从,不附会,不屈不挠,只问是非,不计利害,"他还严正指出"大学是社会之光,不应随波逐流。"学术先贤的谆谆教诲,字字金石,掷地有声,振聋发聩,刻骨铭心。

末说"明德"

明德者,知书达理、恪守仁德之谓也。《书·君陈》曰:"黍稷非馨,明德惟馨。"黍稷粮食只香一时,所以并非真正的"香",而勉行德政,积善成德,才能流芳百世,此乃真正之"香"也。通过对比,强调了"明德"的重要性。《礼记·大学》云:"大学之道,在明明德。"郑玄注曰:"谓显明其至德也。"《论语·里仁》曰:"德不孤,必有邻。"意谓有德之人,不会孤独,一定有人跟随他。《左传·庄公二十四年》则把"立德"摆在人们各行事业首位,其云:"太上有立德,其次有立功,其次有立言。"《大戴记·武王践阼》曰:"行德则兴,倍德则崩。"刘义庆的《世说新语·贤媛》说:"百行以德为首。"韩愈《潮州请置乡校牒》说:"以德礼为先而辅以政刑。"现在,学校词评定优秀教师、三好学生,也都是以"德育"为首要条件。自古迄今,"明德"已为我国人民的共识。就教师而言,"明德"就是要忠诚党的教育事业,关爱学生,甘坐冷凳,作风正派,执着教研。不做空头文,不做水分文,不做欺世盗名文,更不做抄袭剽窃文,恪守科研道德,反对学术腐败。就学生而言,"明德"就应当确立为中华崛起而发奋学习的宏大志向,尊师守纪,关心政治,善于学习,乐于助人,艰苦奋斗,积极向上。无论教师,抑或学生,都必须做到安身立命,"明德"在先。舍此,别无他途也。

由上可知,"博学""求是""明德"六字校训,既具古色古香之雅韵,又含新世新意之美质,古为今用,不亦乐乎? 文字无声,魅力自在。

江大校训的魅力,还体现在它高度概括了人之素质的整体之美,且三者之间别具严密的内在逻辑关系。对江大师生的教学与科学来说,"博学",是对知识结构与知识总量的严格要求。"非学无以广才",它是教学科研的起码条件。"求是",是对科学态度与精神的严格要求。百川归海为"求是",它是教学科研的最终目的。"明德",是对思想品格与道德的严格要求。万事德为先,它是教学科研的根本保证。倘若将人的整体素质比作一座宝塔,那么,"明德"则为塔座,"博学"则为塔身,"求是"则为塔尖。无"博学",则无以"求是"。无"明德",则"博学"与"求是"则如沙滩建塔、空中筑楼矣! 终因缺乏基础而一败涂地、害人害己。譬之以花卉,"明德"为"根","博学"为"花","求是"则为"果"。三者相连,互为依托;彼此辅成,缺一不可。

其实,我们还可将"博学""求是""明德"三者归结到"求学"与"做人"这两个至关重要的人生"穴点"上。"博学""求是"归为"求学";"明德",则为"做人"。只要把这两个人生"穴位"点准了、点稳了、点好了,那么我们就能成为一个德才兼备、有益于国家与人民的人。钱穆先生曾就"做人"与"求学"的关系问题发表过很好的意见,他说:"做人的最崇高基础是求学,求学的最高旨趣是做人。爱家庭,爱师友,爱社会,爱人类,是做人与求学的中心基础。对社会事业有了解,对人类文化事业有贡献,是做人与求学的向往目标。"陈毅同志曾以诗的语言来强调"求学"与"做人"的双重困难性,告诫人们要知难而上,百炼成钢,诗中有:"应知学问难,在乎点滴勤;尤其难上难,锻炼品德纯。"江泽民同志考察中国社科院时亦曾指出:"做人、做事、做学问相统一,是中华民族的优良传统,只有坚持老老实实地做人,踏踏实实地做事,扎扎实实地做学问,才能成为一名对祖国对人民有贡献的学问家。"说到底最终还是落实到"做人"与"求学"这两个关键点上。"做人""求学",寥寥四字,意义之大,终身切记。

综上所述,江大校训既言约意丰、古为今用,适应时代的审美特征,又具逻辑严密、易记易通、简便实用的审美效果。品读再三"别有一番滋味在心头"。然而,校训再美,倘不落实,便形同虚设,何益之有? 故只有让江大校训扎根于我们的心坎上,融化在我们的血液里,并落实在我们的行动上,使其转化成我们江大人本质力量的对象化——把江大建设成为国内同类院校中处于领先地位,在国际上有较高知名度的教学研究型综合大学。到那时,在蓬勃发展的全国高校中,必将是"春色满园关不住,一枝红杏出墙来",由此而折射出江大校训的独特风采与无比魅力!

"自强厚德　实干求真"江大精神释义

释义之一:我看"江大精神"*

当前,学校正处于加快推进研究型大学建设,努力创建世界一流学科建设大学和江苏高水平大学的重要机遇期和快速发展期,学校发展的脚步越快越需要精神的支撑和引领。

首先是何为精神?从表象上看,精神就如同一个人的骨架,古人讲"人无骨不立"。也就是说,一个人如果没有骨架的支撑,就会萎靡不振,而有之则会"神采飞扬"。哲学上对精神内涵的表述则是:精神是过去事、物的记录及此记录的重演,它是长期积聚、不断扬弃形成的内化于心、外现于行的"精气神"。

其次是何为大学精神?"大学精神"是大学自身存在和发展中形成的具有独特气质的精神形式的文明成果。从这一表述上看,大学精神说到底是"人"的精神,是"大学人"的精神,它是一所大学师生理想、信念、情操、行为、价值和道德水平的标志。大学精神虽是无形但决不虚无,它是以现实的载体作为依托而存在的。比方说,大学精神的本质特征是通过创造精神、批判精神和社会关怀精神来具体展现的,而大学教风、学风和干部职工工作作风等也都是大学精神的具体表现。这就是每一个大学人的"精神底子",是体现每一位师生品位境界的精神坐标。

由此可见,大学精神作为一所大学的灵魂,它是全校师生的精神归依,它对大学的发展起着方向性、决定性的作用。弄清楚大学精神对大学存在与发展的作

＊ 本文作者:颜晓红。

用,对加快学校高水平大学建设无疑具有重大意义。为此,学校在制订的"十三五"规划中,明确把挖掘凝练江大精神作为一项重大的文化工程加以部署。"十三五"的开局之年,学校就正式启动了江大精神的凝练挖掘工作。经过广泛征求全校师生意见和深入讨论,最终凝练形成了"自强厚德,实干求真"这两句话八个字。这八个字中,"自强""实干"体现了创造精神,"求真"体现了批判精神,"厚德"则体现了社会关怀精神。两句话八个字完全符合大学精神的本质特征,且表述简约流畅、逻辑缜密、一气呵成,具有整体之美,是融入几代江大人骨子里的精神气质。

第一,这是中国传统文化的精髓传承。

先说"自强厚德"。这四个字出自《周易》:"天行健,君子以自强不息。地势坤,君子以厚德载物。"意思就是说君子效法天,要像天那样不断运行,不断努力。君子取法地,要积累道德,方能承担事业,也就是"厚德载物"。而"厚德载物"又可以有两种解释,那就是把"厚"看成动词,还是形容词。如果看成动词,意思就是:先要培植、加重德性,然后可以承载万物;如果看成形容词,意思就是:只有以厚重、稳固的道德为基座,才能承载万物。这两种意思,本质上没有什么差别。但一个"载"字,说明了"德"和"物"之间的主、属关系。《礼记·大学》中有一个很有意思的排列。在这个排列中,君子心目中的轻重关系分五个等级:第一是德,第二是人,第三是土,第四是财,第五是用。结论是:德为本,财为末。这里,"土"是作为"物"的滋生者出现的。现在人们喜欢把那些只重物、不重德的有钱人称之为"土豪",就是这个道理。因此,在古人眼里,自强是自立之道,厚德是立人之道,人们要效法天地,就要在学、行等各方面都要不断努力。古代不少学者巨儒,都能深刻体认这种精神并自觉加以践履,如孔子有一次在河边对学生们说:"逝者如斯夫,不舍昼夜。"就是激励他的学生要效法自然,珍惜时光,努力进取。

再说"实干求真"。东汉班固所著的《汉书·河间献王传》中,提出了"修学好古,实事求是"。"实事求是",是指一种求真务实的治学、处世态度。"实事",即客观存在着的事物;"是",既客观事物内在的规律性;"求",既揭示客观事物内在规律性的功夫和过程;"求"是纽带,一头挑着"事",一头挑着"是"。用毛泽东的话说,"求"就是去粗取精、去伪存真、由此及彼、由表及里的探索过程。换句话讲,"求"的过程,就是"实干求真"的过程。此后,宋明理学又提出了"格物致知"和"知行合一"的思想,所谓"格物致知"就是通过实践过程探求原理法则;所谓"知行合一",就是指若想获得真知,就必须把了解知识的理论与具体的实践行动结合起来。这里的"实践"就是指"实干";"格物"就是"疑误定要力争",就是特别强调质疑、求异、辨伪在治学中的重要性。学会批判性思维和创新,历来是读书人和社会中坚的清醒与坚定，这是大学永恒的主题。习总书记曾反复强调："空谈误国，实干兴邦，实现中华民族伟大复兴，需要一代又一代中国人共同为之努力。"总书记这是在告诉我们，实现美好蓝图，只有通过实干求真才能完成；发展中的各种矛盾，只有通过实干求真才能破解；事业里的一切辉煌，只有通过实干求真才能铸就。

所以，这两句话八个字既是中国传统文化的精髓传承，也概括出了江大人内心深处刚健有为的进取精神，批判创新、追求真理的科学精神，体现了江大人追求真理、勇于承担的社会责任心和使命感。

第二，这是江大快速发展的真实写照。

学校的办学历史可追溯到三江师范学堂。探究三江师范学堂肇始的根由，不难看出，学堂的创办，就是源自于晚清名臣刘坤一、张之洞、魏光涛等怀着教育救国的理想，寄希望于"师夷长技以自强"，通过发展教育实现社会的改造和进步，这就是千百年来流淌在中国仁人志士血液里的那种"地位清高，日月每从肩上过；门庭开豁，江山常在掌中看"的崇高精神追求。而后学堂办学虽迭经兴废，但"三江"的后人们硬是凭着一股执着的韧劲和顽强拼搏的精神，在战火纷飞及社会动荡的艰苦条件下，培养造就了一大批堪称民族中坚和社会栋梁的经世致用之才。随着新中国的建立，"三江"的学脉由南京大学、南京工学院等校薪尽火传。到了20世纪60年代，又是一批早期出国留学的知名学者，为贯彻毛泽东同志关于"农业的根本出路在于机械化"的指示精神，毅然放弃国外优厚的生活条件回到祖国，以南京工学院汽车、农机与拖拉机两个专业为基础组建了镇江农业机械学院，并通过整合吉林工业大学排灌机械专业及其研究室以及南京农学院农机化分院的力量，汇聚了一批来自五湖四海的老师，在当时的荒山野岭，励精图治、艰苦创业，仅用了10多年的时间，就把镇江农业机械学院建设成为全国88所重点大学之一，并成为全国首批具有博士、硕士学位授予权的单位，成为我国第一家承担为发展中国家培养高级农机技术和管理专家任务的高校，出色地完成了那一代人的历史使命。1998年，在全国高校办学体制改革调整中，学校又成为首批"中央与地方共建，以地方管理为主"的转制高校。学校既面向全国，又立足地方；既依托行业，又服务区域，学校兼具行业背景和地方高校的双重优势得到充分彰显，广大师生用自己辛勤的汗水在推动行业振兴和服务地方经济发展中走出了一条转制高校建设发展的成功之路，学校被有关领导誉为"省属工科院校的排头兵"。

2001年8月经教育部批准，同处镇江一市的江苏理工大学、镇江医学院和镇江师范专科学校合并组建江苏大学，这是学校办学体制的又一次重大调整。三校师生以此作为加快学校事业发展的难得机遇,充分利用三校学科交叉互补的综合优势,坚持"规模发展与质量提高相结合、外延扩张与内涵充实相结合、布局调整与结构优化相结合、基础加强与特色创建相结合",用了五年的时间,就快速实现了办学规模、教学改革、学科建设、科技创新、师资建设、实验室建设以及基本建设七方面的突破,基本形成了九大学科共融一体、江大学子同处一园的办学格局。进入"十一五",学校紧扣"提升内涵,强化特色"发展主题,瞄准高水平大学建设目标,坚持教学质量、拔尖人才、强势学科、自主创新"四个优先",聚焦内涵建设,狠抓"国字头"项目,学校的国家级教学成果奖、国家级科技成果奖、国家级特色专业、国家级精品课程、国家级实验教学示范中心、国家人才培养模式创新实验区、国家优秀教学团队、国家级大学科技园、国家级工程技术研究中心、国家重点学科、全国百篇优秀博士学位论文、教育部"长江学者特聘教授"、国家杰出青年基金、百千万人才工程国家级人选等不断实现突破,学校的综合办学实力显著增强。江大师生又一次以自己的辛勤汗水与艰苦努力走出了一条合并高校建设发展的成功之路。

特别是"十二五"期间,学校紧紧围绕"建设工科特色更加鲜明,若干学科国内一流、国际有影响,多学科协调发展的高水平、开放式教学研究型综合性大学"奋斗目标,坚持"提升内涵,强化特色"发展主题,深入推进人才强校、特色发展、国际合作、凝心聚力"四大战略",以"国字头"和国际化为抓手,大力实施人才培养、队伍建设、学科引领、科技攀登、国际开放、资源集聚、基础保障、管理创新、党的建设等系列工程,学校高水平大学建设不断取得新进展,学校核心发展力、综合竞争力、改革创新力、社会影响力显著增强。进入"十三五",学校又进一步以创建"高水平、有特色、国际化研究型大学"为引领,自觉站在国家"双一流"和江苏高水平大学建设的大格局下,以全面实施"十三五"规划为主线,全面提升办学能力和水平。工程学、材料科学、临床医学、化学和农业科学进入 ESI 排名全球前 1%(并列全国第 41 位、江苏第 5 位)。中国管理科学研究院《2017 中国大学评价》学校列第 41 位,2016 年《泰晤士高等教育》亚洲大学和全球大学排名学校分别列亚洲第 195 位和全球第 864 位,2016 年 USNEWS 全球排名学校列第 977 位,等等。

因此,可以说,无论是转制高校建设发展的成功之路、合并高校建设发展的成功之路,还是近年来学校高水平大学建设所取得的突破性进展,都是全校师生干、实干、努力干、创造性干、竭尽全力干的结果,无一不是"自强厚德,实干求真"江大精神的真实写照。

第三,这是江大人生涯发展的基本遵循。

1941年,时任清华大学校长梅贻琦发表《大学一解》,文中说:"学校犹水也,师生犹鱼也,其行动犹游泳也,大鱼前导,小鱼尾随,是从游也,从游既久,其濡染观摩之效,自不求而至,不为而成。"这就是著名的"从游说"。这段话很有意思。就是说大学就像一片汪洋大海,老师是水里的大鱼,学生是水里的小鱼,大鱼带着一群群小鱼游,小鱼跟着大鱼游,游着游着,小鱼也就变成了大鱼。正是在游的过程中,学生们通过借鉴、理解、模仿,而最终成才。"从游说"的核心,我认为不仅是科学知识的传授与学习,更多的是大学精神的传承与弘扬。在大学这座知识的殿堂里,无论是教师还是学生,都肩负着两大任务:一是"养成健全之人格",二是"研究高深之学问"。试想,如果缺乏"自强厚德"的精神,如何"养成健全之人格";如果没有"实干求真"的精神,怎能"研究高深之学问"。现在再细细品读江大"自强厚德,实干求真"这八个字,越发觉得其意蕴十分丰厚,大学所倡导的"独立不迁"的批判精神、"上下求索"的顽强意志、"宁为玉碎,不为瓦全"的傲然风骨、"先天下之忧而忧,后天下之乐而乐"的人文情怀以及"己所不欲勿,施于人"的道德原则无不包含其中。从这一点上讲,对江大全体教师来说,只有将"自强厚德,实干求真"融入自身的育人工作之中,才能成为江大精神的承载主体;对全体学生来说,只有将"自强厚德,实干求真"融入学习生活之中,同学们的学识文化、道德伦理、人格气质才能得到全面提升,才能不会沦为"精致的利己主义者",同学们的未来才能走得更远、走得更好。

因此,"自强厚德,实干求真"这是所有江大师生生涯发展、创造自己未来美好人生的基本遵循。

第四,这是研究型大学建设的动力源泉。

"自强厚德,实干求真"的江大精神,来源于全校师生的实践,又对全校师生的实践产生导向和激励作用。它不仅内化为全校师生的思想观念和精神支柱,更转化为学校在加快推进研究型大学建设进程中的强大精神动力。可以讲,这两句话八个字,既传承了优秀的历史文化传统,又赋予了鲜明的时代特征和与时俱进的本质特征,具有激励性、凝聚力和向心力。特别是当前,学校已站在向研究型大学迈进的新阶段,处于攻坚克难、向研究型大学转型发展的关键时期。转型发展既是机遇,更是使命。如果我们今天在转型发展中落伍,明天我们将在高校队伍中掉队。要推进研究型大学建设,就是要与强的比、与快的赛、与勇的争,这注定是一场攻坚战和持久战。在这一奋斗过程中,我们特别需要一种信念、一种精神、一种勇气和一种斗志。面对研究型大学建设的巨大挑战,我们必须"自强厚德",不能有一点点妄自菲薄；面对研究型大学建设的艰巨任务，我们必须"实干求真"，不能有一丝丝的放松懈怠。全校师生唯有以滴水穿石的毅力，以"拼命三郎"的韧劲，"自强厚德，实干求真"，才能不断突破制约学校研究型大学建设的瓶颈难题，才能在国家"双一流"和江苏高水平大学建设中不断取得新进展。

站在新的历史起点，承载新的使命。现实和未来都将见证，"自强厚德，实干求真"的江大精神必将是激发全校师生矢志推进国家"双一流"和省高水平大学建设的不竭动力和力量源泉。

释义之二：领悟"江苏大学精神" *

所谓"大学精神"，是大学在办学的历史过程中形成的学校特有的文化追求、价值理念和师生共有的精神品质，是一所大学独拥的社会品格，也就是鲁迅先生所称的"校格"，是大学文化的精髓和核心，是大学的灵魂和存在发展的基石。哈佛有"与真理为友"的精神，耶鲁有"独立自由"的精神，北大有"思想自由、兼容并包"的精神，清华有"厚德载物、自强不息"的精神……它们在一所大学中随着时光荏苒而代代相传、生生不息。江苏大学从19世纪三江师范学堂起步，伴随着新中国的发展而展翅高飞，在百余年的办学过程中铸就了深厚的文化底蕴，也凝练了"自强厚德　实干求真"的江苏大学精神。

一、"自强厚德"是一代代江大人奋发图强的精神史诗

"自强"是江大人艰苦奋斗的写照。早在春秋时期，著名的思想家屈原就在他的《楚辞·九章·怀沙》中，最早提出了"自强"思想。《易经》也提出了"天行健，君子以自强不息"，认为一个有道德的人应当如大自然日月运行不息那样，自我努力，奋发图强。汉代典籍《礼记》中也讲道："知困，然后能自强也。"自强是中华民族的传统美德，是一个人活出尊严和价值的品格，是一个人健康成长和成就事业的动力，是一个人积极进取和不甘落后的表现。一代代江大人传承了中华民族的自强精神，在变化的环境中践行使命，在困难中坚守责任，不畏艰苦，攻坚克难，矢志不渝，拼搏向上。特别是在建校之初，各个校区建校均环境简陋，条件艰苦，没有教学设施就自己动手修建，生活条件简陋就自己想法改善，早期基建的所有抬

---

* 本文作者：陈远东。

土、平地和种树工作几乎都是学校师生人力完成,这只是江大人"自强"的一个视角而已,为了人生理想和祖国的教育事业,他们在教育、科研的各项工作中都是不畏艰难,自强不息,阔步前行。

"厚德"是江大人文化涵养的沉淀。"厚德"出自于《周易》:"地势坤,君子以厚德载物。"也出现在《三国志·魏志·袁绍传》:"当今为将军计,莫若举冀州以让袁氏。袁氏得冀州,则瓒不能与之争,必厚德将军";刘向的《淮南子·氾论训》:"故人有厚德,无问其小节"等多处古代经典名著之中。著名学者梁启超于1914年曾以"自强不息""厚德载物"勉励学生。"厚德"是中华民族的优秀品质,江大人作为中华民族的优秀儿女,始终传承着厚德精神,树立正确的世界观、人生观、价值观,不断提高道德修养,以德立人,立德于学,修德积学,在学校发展的各个时期都有德艺双馨的"最美基层干部、中国好人、第四届全国道德模范提名奖"邵仲义、"爱心天使"陈静、"给我一个家"团队等厚德模范涌现出来,是他们用实际行动阐释着江大人的"德行"和江大校园文化内涵。

二、"实干求真"是江苏大学勇于开拓创新的精神印迹

"实干"是江大人成就事业的法宝。"实干"精神多次出现在新中国历代领导人的讲话之中,毛泽东同志大力倡导"实事求是,力戒空谈"。邓小平同志在南方讲话中强调"世界上的事情都是干出来的。不干,半点马克思主义也没有"。江泽民同志曾多次要求"各项工作要落实、落实、再落实"。胡锦涛同志反复强调"求真务实,真抓实干"。习近平同志在三次不同时间的讲话中都谈到要牢记"空谈误国,实干兴邦"。实干兴邦是中国共产党人一贯强调的执政理念,也是我们党的优良传统,正是一代又一代共产党人的实干,才让我们比历史上任何时期更加接近中华民族伟大复兴的目标。学校历史上的两江师范学堂时期的校训"嚼得菜根,做得大事"就饱含了"实干"的要求。江大人始终坚持中国特色社会主义的道路自信、理论自信、制度自信、文化自信,始终保持真抓实干、开拓创新的精神,在学校建设发展和推进人民满意的教育事业过程中,总是党政同心、上下一致地"干、实干、努力干、创造性干、竭尽全力干",为国家培养了大批爱国的栋梁之才。

"求真"是江大人追求科学的概括。所谓"求真",也是"求是","求是"最早出自《汉书·河间献王刘德传》:"河间献王德以孝景前二年立。修学好古,实事求是。"颜师古注:"务得事实,每求真是也。"后来毛泽东同志并给予"实事求是"新的解释,他指出:"'实事'就是客观存在着的一切事物,'是'就是客观事物的内部联系,即规律性,'求'就是我们去研究。"他深刻揭示了实事求是的科学内涵和基

本要求,也成为毛泽东思想的核心,直到现在"实事求是"仍然是中国共产党的核心指导思想。坚持"实事求是、求真务实"是坚持马克思主义科学世界观和方法论的本质要求。江大人在办学过程中始终坚持并贯彻落实马克思主义、毛泽东思想、中国特色社会主义理论、"三个代表"重要思想、科学发展观和习近平系列讲话精神,尊重事实、追求真理、勇于创新。潜心研究高等教育发展规律,紧密联系实际推进教育改革,教学上严谨治学,培养学生踏实的学风、探索的勇气、创新的人格。学术上讲求民主、兼容并包,大兴调查研究之风,致力于理论创新、科技创新,恪守科研道德和学术规范,反对学术腐败,对不同的学术观点允许自由争鸣,鼓励学科间的相互交流和合作,培养精诚团结、协作攻关的团队精神,始终保持了勇于探索、追求真理、风清气正的学术氛围。

三、"自强厚德,实干求真"精神将引领研究型大学建设

"自强厚德"作为我国优秀传统文化的重要内涵,它集刚健和柔顺两种不同的特质于一身,是中华民族的特有品性;是中华民族几千年来熔铸成的民族精神。"实干求真"是伟大祖国繁荣昌盛的思想灵魂,更是实现"两个一百年"宏伟蓝图和中华民族伟大复兴目标的坚实保证。江苏大学人深受中华民族优秀的传统文化精髓的熏陶,更受益于新中国的富强发展。原江苏理工大学从 1902 年一路走来,1961 年 9 月,校本部从南京移址镇江后招收了第一届学生;原镇江医学院创建于 1934 年;原镇江师范专科学校始建于 1958 年。回顾学校创业史就是一部"自强厚德,实干求真"的历史,催人奋进。一代代江大人经过百余年的艰苦创业,不懈努力,创新进取,追求卓越,学校各项事业都实现了跨越式发展:杂草丛生的荒坡洼地变成了园林和花园式的校园,单科性学院变成了综合性研究型大学,办学核心指标、人才培养质量、科技创新能力、学科建设水平、师资队伍力量、学生综合素质、教育国际化程度、党建工作发展等都达到了前所未有的高度,综合实力和核心竞争力位居全国高校 50 强,中国管理科学研究院《2017 中国大学评价》学校列第 41 位,2016 年《泰晤士高等教育》全球大学排名学校列第 864 位,USNEWS2017世界大学排行榜学校列第 977 位。

人无精神不立,校无精神不兴。"自强厚德,实干求真"内涵丰富,立意高远,既总结传承了学校的历史文脉和优良传统,又立足于时代精神和学校实际,涵盖了教育思想、科学精神、人文特征、时代特色等内容,是江苏大学的文化核心和精神旗帜,每一个江大人都应该领略学校深邃厚重的文化底蕴,独特的精神气质和理想追求,传承、守望、实践并提升"江苏大学精神",使之发扬光大,日久弥新。并

在"江苏大学精神"的引领和感召下,凝心聚力,以立德树人为根本,坚持走以质量提升为核心的内涵式发展道路,全面提升学术竞争力、科技创新力、文化软实力和国际影响力,大力推进"双一流"、"江苏高水平"、研究型大学建设,努力为建设创新型国家、实现"两个一百年"奋斗目标和中华民族伟大复兴的中国梦贡献新的力量。

校标释义

1. 校标整体图案呈圆形,由两个同心圆组成。意寓江苏大学师生同心同德,同舟共济。外环上半部分为书法体江苏大学中文名称"江苏大学",下半部分为方正大标宋体江苏大学英文名称"JIANGSU UNIVERSITY",中英文均为白色镂空阴文。中间主体图案上方的"1902"表明学校的历史源远流长,可以追溯到 1902 年张之洞等爱国志士创办的三江师范学堂。

2. 标识的主体部分为中间变体的"U"。图形构成元素是江苏大学英文名称"JIANGSU UNIVERSITY"的首字母 J 和 U 的完美结合。三条飘带灵动飘逸,打破了左右对称的结构,使图案敦实而不乏生动。

3. 主体图案左侧的三条飘带形似泛起的浪花,寓意丰富。它既点明江苏大学源于三江师范学堂的悠久历史,又说明原江苏理工大学、镇江医学院、镇江师范专科学校三校合并的现实由来。三条飘带还似一条拧成的绳索,盘旋上升,意寓三校合并互融,学校事业蒸蒸日上。

　　4. 主体图案右侧的"J"位于三个飘带之上,似一艘在长江上远航的帆船,二者相合勾勒出壮美的大江行船图,具有"潮平两岸阔,风正一帆悬"的气势,意寓江苏大学这艘航船正劈波斩浪,沿着科学发展的正确航道,扬帆驶向美好的未来。

　　5. 校标的颜色以绿色为主色调,三个飘带呈渐变色,依次为草绿、淡绿、淡黄,各不相同,整体又统一于绿色。寓意江苏大学作为一所综合性大学学科专业众多,而又重点突出,特色鲜明;校园文化百花齐放,校园精神兼容并包,而又和谐共生,和而不同。绿色象征朝气与活力,也体现了江苏大学生机勃勃的发展势头,寓意江苏大学具有旺盛的生命力。

第四篇 **04**

经验成果篇

　　本篇主要综述了学校在推进文化建设创新、树立文化育人品牌、营造良好文化氛围方面的特色成果和经验，主要有校园文化建设科学性的研究与成果展示、高校中外学生文化交流的调查与思考、以江大助手为例的新媒体视角下的校园文化建设、基于个性发展的学业规划及学风建设长效机制、团员青年的PU之家、"三纵四横五协同"团建项目化体系、学警学生"四位一体"的帮扶教育模式及"一点四化"的大学生心育工作体系等，通过以上的创新模式和做法，充分发挥文化育人的功能和实效。

校园文化建设科学性研究*

随着教育改革的深入和发展,校园文化越来越被学生、家长、学校和社会所重视。各级各类学校(含幼儿园)以大手笔、大投入、大工程、大发展的方式追求校园文化的大作为,成果丰硕、亮点纷呈。但目前我国校园文化建设仍存在表面化、庸俗化、形式化、同质化倾向明显等问题,其科学性有待提高。判断校园文化是否科学有三个维度:一是否有利于促进学生的全面自由发展,二是否有助于促进校园关系的和谐与完善,三是否有利于促进学校教育的发展。本文仅就校园文化的本质特征、现实误区及引导策略等方面进行探讨,以便充分发挥校园文化功能,加强和改进学生思想政治教育,全面提高学生综合素质。

一、准确把握校园文化的本质特征

学界普遍认为,在我国大陆,校园文化是在 1986 年 4 月上海交通大学举行的第 12 届学代会和同年 5 月共青团上海市委学校部召开的"校园文化理论研讨会"上提出并得到公认。之后,人们对校园文化的认识经历了"课外活动说""第二课堂说""氛围说""学校准文化说""规范说""校园精神说""SISU 理论"等不断拓展与深化的过程。要充分发挥校园文化的功能,必须先准确地界定校园文化的内涵和外延,揭示其本质特征。

1. 校园文化是社会主义先进文化的重要组成部分。学校是育人的场所。学生源的多样性和开放度,需要丰富多彩的校园文化来满足其成长需求。不同类型、不同内容的文化,其育人作用和效果也不尽相同。科学地定义和构建校园文

---

* 本文作者:刘群东,江苏大学电气学院;
　金丽馥,江苏大学宣传部;
　王月明,湖北赤壁高级教师;
　吕凤娇,湖北赤壁高级教师。

化显得尤为重要。"高等学校校园文化是社会主义先进文化的重要组成部分。""社会主义核心价值体系是社会主义先进文化的精髓。其基本内容包括马克思主义指导思想、中国特色社会主义共同理想、以爱国主义为核心的民族精神和以改革创新为核心的时代精神以及社会主义荣辱观。"从这个层面上看,校园文化就是要以"马克思主义"为指导思想,以"中国特色社会主义共同理想"为主题内容,以"以爱国主义为核心的民族精神和以改革创新为核心的时代精神"为精神动力,以"社会主义荣辱观"为道德基础,"成为发展中国特色社会主义先进文化的重要阵地、示范区和辐射源"[1]。

2. 校园文化是学校教育的重要组成部分。"校园文化是学校教育的重要组成部分,是全面育人不可或缺的重要环节,是展现校长教育理念、学校特色的重要平台,是规范办学的重要体现,也是德育体系中亟待加强的重要方面。"校园文化是学校社会主义精神文明的重要组成部分和重要载体。它通过校风、教风、学风、丰富多彩的校园文化活动以及人文和自然的校园环境给人以潜移默化的影响,是学校的一种"教育场",是对学生进行情感熏陶、心灵塑造、人格提升的主要力量。

3. 校园文化是校园伦理的群体体现。科学探究物理,文化探究伦理。校园文化是学校历史演进的缩影与沉淀,是学校发展的体现和升华,也是一种考量学校精神、学校特色与师生德行的重要砝码。其核心成分和深层结构是校园伦理。所谓校园伦理,"就是对校园建设及其文化的道德性追问,强调学校对学生的成长所肩负的'教育责任',以促进学生的精神成长和德性发展为旨归"[2]。校园文化要以团结、公正、尊重和创新为尺度,强化教育责任,理顺校园关系,建立内部秩序。学校要对校园文化进行伦理审视,挖掘其深层结构,以提升校园文化建设的水平,达到师生共同养心、提神、修行的最终目的。

4. 校园文化应唤醒"人性",推崇"德行"。校园文化是一种重要的隐性德育资源,具有重要的育人功能。对学生德性的成长具有感染、熏陶、导向和体验作用。校园文化是一种潜在的教育力量,以其特有的魅力向学生潜在地灌输着体现教育者要求的思想、规范和道德标准。因此,在校园文化建设中,要根据社会、学生及学校发展的需要,主动地、理性地进行学校文化总结、反思与重构,要大张旗鼓地唤醒"人性"、推崇"德行"。豪华的校园建筑、现代化的教学设备,人为装扮出的一些"文化"等仅仅是培养人的德行过程中的辅助手段、营造的氛围,而不能真正体现一个人、一所学校的文化内涵,能作为学校文化传世之作的唯有师生的德行。我们常说的一所学校的文化底蕴,并不仅是那些可见的有形的东西,更是那些虽无形但对人有着莫大震撼力的人文精神。"先做人,后学文"这是古人的智慧,也是教育的真谛。唤醒"人性"、推崇"德行"是校园文化的必然选择。基于以上认识,我们认为:校园文化是学校运用社会主义先进文化来促进学生健康成长,特别是满足其伦理需求的物质财富和精神财富的总和。

二、校园文化的现实缺陷审视

1. 主流文化表面化。校园文化是一种固态的沉淀,是师生的精神根基。物质文化是校园文化的基础,是校园精神的固化体现。整洁、高雅、文明的校园文化环境应该是物质文明和精神文明高度协调发展的具体体现。构建和谐的校园文化离不开物质文化的建设。但片面强调和夸大物质文化的作用,将校园文化建设表面化,必然导致校园伦理精神的失落,养成师生一味攀比和享受的心理,与校园文化建设的本质背道而驰。一是校园文化建设缺少人生观、价值观的引导和渗透。二是校园文化活动缺乏系统性,活动设计孤立、散乱,没有一个科学系统所必需的整体性、目的性和层次性。三是校园文化建设缺少与学生发展的内在关联,缺乏人性关怀。

2. 原生文化庸俗化。通俗地说,校园文化是一种环境,一种氛围,一种理念,一种精神。在各级各类学校,有校方所倡导的物质文化、精神文化、制度文化、行为文化,学生团体中,也有自然形成的原生态文化。如短信文化、贴吧文化、游戏文化、服饰文化、追星文化、行为艺术等。这些处于弱势的校园文化,学校往往任其发展,忽视引导和管理。这些学生自己创作、自我娱乐的文化,不但冲击、影响着主流文化,而且流于庸俗化,易将学生引向误区,制约学生身心的健康发展,甚至可能误导学生违法犯罪。一是网络文化低级下流。学校贴吧、QQ空间、手机短信、网络游戏中不乏色情暴力内容。这些原生文化,传播快,范围广,影响坏。二是行为艺术令人费解。由于网络的传播,行为艺术从最初的艺术院校蔓延到普通高校。普通院校没有行为艺术大师,学校的行为艺术全凭师生的"想当然"进行所谓的创作,水准不高,非常容易走向浅薄和浮躁,令人费解,难以达到教育的目的。三是媚俗文化、模仿文化、荒诞文化在校园内流传,对学生健康成长有百害而无一利。

3. 大众文化形式化。校园文化有三个层面:核心是观念层面,其次是行为规范和行为方式层面,最表层是校园文化的各种表现方式。校园文化建设要做到情由景发、言由心生、表里一致。校园文化形式化的主要表现是:一是"面子工程"盛行。校园文化建设只停留在校园环境建设上,甚至把校园文化建设当成了对外宣传的"形象工程"、装扮自己的"面子工程",忽视隐性文化建设。二是"口号文化"

充斥校园。把校园精神文化解读为校园"文化知识"。为了体现这些"文化知识"，一味地追求让每一面墙壁"说话"，到处张贴名言警句、口号标语、古文涩句，四处留"文"，注重"口号"忽视"内涵"，起不到"化"的作用，失去了校园应有的文化、艺术色彩，难以形成一个核心的价值观。三是"贴金文化"随处可见。在校园文化建设中，有些学校只关注装饰效应，一味地用教师也不懂的"经典""洋文"来贴金，把校园文化当作求时尚、讲漂亮、做攀比、要气派甚至骗生源的手段，走向"零文化"，导致领导随心所欲、教师无所适从、学生信仰缺失。

4. 特色文化同质化。文化的特性决定文化的多元。同质化使得文化的内涵萎缩，特色丧失。校园文化同质化既受国际国内大环境的影响，又与学校校园文化建设的观念及力度密切相关。一是校园文化雷同。小到幼儿园，大到高等学府，各级各类学校校园文化雷同，千篇一律，缺乏创意和特色。即使是同一学校，校园文化中的强势文化也成了"霸权"文化。二是外来文化受宠。西方的"情人节""愚人节""圣诞节"等节日文化，麦当劳、肯德基等饮食文化，意大利香水、法国服饰等奢侈品文化，甚至星相命理、星座运程等"洋迷信"都越来越受到国内青少年的青睐。大学生喜欢过圣诞节、中学生喜欢过情人节。这些满足学生情感需求的外来文化使得学生对中华民族的传统文化越来越淡漠。三是创新活动低迷。创新能力由思维风格、行为特征、个性特征及知识构建四个维度构成。由于条件有限和能力有限，各级各类学校的创新活动，学生参与热情较高，坚持下去的较少，致使校园创新文化长期在低迷状态徘徊。

三、理性思考校园文化的引导策略

叶澜教授曾说："学校要参与到社会新文化的构建中去，按社会发展的要求和时代的精神构建超越现实的新学校文化。"面对博大精深的中华文化和精彩纷呈的世界文化，校园文化如何选择和走向何处，值得广大教育工作者探讨。我们应将校园文化建设置于教育改革的大背景之中去认识，努力建设适合国情、校情、学情，符合学生身心发展规律和发展需要的社会主义校园文化体系，从而提升文化自觉，增强文化自信，实现文化自强。

1. 弘扬时代精神。时代精神是在新的历史条件下形成和发展的，是体现民族特质、顺应时代潮流的思想观念、行为方式、价值取向、精神风貌和社会风尚的总和。以改革创新为核心的与时俱进、开拓进取、求真务实、奋勇争先的时代精神是校园文化的主旋律。学校要切实把时代精神融入学校教育的全过程，特别是校园文化建设的全过程，通过长期潜移默化的熏陶，促进学生将时代精神内化于心，外显于行,转化为自觉追求。一是借助宣传栏、广播站、校园网、校园报刊、校园演讲等多种途径,让时代精神"有型""有声",做到"入口""入脑""入心",引导学生将时代精神转化为爱国之情。二是利用丰富多彩的班会、社团、家校等课内外活动,引导学生将时代精神内化为报国之志。三是通过志愿服务、公益活动、社会实践等体验,引导学生将时代精神外显为爱国之行。

2. 彰显民族特色。《中共中央国务院关于进一步加强和改进未成年人思想道德建设的若干意见》指出:未成年人思想道德建设的主要任务是弘扬和培育以爱国主义为核心的伟大民族精神。党的十六大提出"把弘扬和培育民族精神作为文化建设极为重要的任务,纳入国民教育全过程"。多元文化背景下校园文化建设更应该彰显民族特色。一是要通过喜闻乐见的形式,把民族文化多层次地展示给广大学生,增强学生对民族文化和民族精神的认同感、自豪感和使命感。二是要借助校园文化活动,引导学生正确认识和处理继承与创新、民族性与时代性、自强不息与和平发展等关系,学会自立自强,学会改革创新,学会和谐发展。三是充分利用和科学整合中国哲学、历史、文学、艺术、教育、民俗等多方面资源,强化人文知识、人文思想、人文精神的学习,发扬我国优秀文化与道德伦理紧密结合的精华,引导学生完善自身人格,让学生学会承担责任、诚信守法、平等合作、勤奋自强。

3. 提升创新品质。创新是文化的本质特征。学生既是优质文化的传承者,又是先进文化的创造者。学校要抓住校园文化建设契机,提升学生的创新品质。一是要让广大学生参与到校园文化建设中来。校园文化建设,要多征询学生意见,多采纳学生方案,让校园文化建设成为提升学生创新意识、创新精神、创新能力的练兵场。二是要将创新精神落实到校园文化建设的每个环节中。校园文化不是简单的"抄文件""抄经典""抄专家""抄精品"。高品质的校园文化建设,环环相扣,步步深入,时时、处处、事事流淌创新的气息,散发艺术的魅力。三是切实开展"小发明、小创造、小革新、小设计、小建议"和青少年科技创新活动。学校要利用校园文化建设,营造科学氛围,激发科学兴趣,传授科学方法,搭建创新平台。

4. 关注成长需求。校园文化是经过提炼整合社会先进文化而形成的独特文化。学生成长是校园文化建设的核心。关注生命成长,提高学生的生命质量,让学校成为师生健康成长的乐园,是实施素质教育的必然要求,更是校园校文化建设的重点所在。校园文化要从物质和精神方面最大限度地满足学生生命成长的需求。一是要唤醒学生的生命意识,教育学生认知生命、敬畏生命、热爱生命。尊重学生的个性与天性,尊重学生的精神需求,尊重学生作为校园文化活动主体的地位,让学生释放生命能量,从而把学生引向社会,关注人生。二是要关心学生的内在文化体验,促进学生的精神发展、个性发展和素质发展。丰富多彩的校园文化,只有成为学生内在的生命需要时,才能转化为促进学生精神发展的力量。关心学生的内在文化体验,就是要放飞学生的心灵,让学生的内心情感得到校园文化的滋润和关切。三是要积极建设班级文化,构建学生生命的精神家园。班级文化建设要突出精神文化建设。确立共同的追求目标,培养正确的舆论和良好的班风,建立和谐的人际关系等是班级文化的重点。

【参考文献】

[1]应杰:《以社会主义核心价值体系引领高校网络文化建设》,成都理工大学学位论文,2012年。

[2]宋晔:《校园文化的深层结构:校园伦理审视》,载《上海教育》,2007年第14期。

地方高校中外学生文化交流的调查与思考*

——以江苏大学为例

在教育全球化发展的背景下,教育国际化不仅成为部属重点高校的发展战略,也成了地方高校转型发展的必然选择。近年来,随着我国经济的快速发展,综合国力日益得到提升,外国留学生到我国各大高校学习的人数日益增加,由中国学生与外国留学生混合而成的校园环境已经成为中国高校标准的国际化校园文化背景。但是,不同文化背景的中外学生学习在同一个教室、生活在同一个校园,中国的传统文化和外国各国的地方文化相互融合在一起,如何在中外文化交流的进程中进行正确引领,使外国留学生能充分学习和认同我国的文化,理解我国的"中国梦"思想和社会主义核心价值观的主要内容,成为我国优秀传统文化的学习者和传播者,是一个比较关键的问题。

一、地方高校国际化战略的校园现状

与国家支持的重点高校相比,地方高校在国际化进程中吸引国际学者的能力、吸引具有国际学习背景的优秀师资的能力、招收优秀学生的吸引力方面都相对较弱。很多高校在传统的中国学生走出去的同时,开始注重招收外国留学生到中国来,学习中文和文化知识,接受中国文化的熏陶。基于前面提及的劣势,目前地方高校招收的留学生都以来自亚非拉美和非洲国家的学生为主,相比来说,学习基础差,肤色大部分以黑色为主,以前多为殖民地国家,文化差异大。

在国际化办学进程中,地方高校一般是中国学生中文授课、外国留学生英文授课,少数课程和研究生是同时进行,中外留学生在同一个教室。文化差异首先

---

* 本文作者:叶涛,江苏大学团委;
　葛晟,江苏大学团委。

体现在教学方式上,中国学生的课堂一般相对严肃,教师讲,学生听,学生互动性低;而外国留学生习惯的课堂相对活泼,教师讲授知识的同时,善于与学生进行互动,学生有时候也会主动发问,打断教师的正常教学。

在生活环境方面,外国留学生一般是自己租房子在外面住,而国内地方高校一般都是校内宿舍集中安排居住,当然条件会相对好一点,宿舍空调、洗衣设备配套到位,尽可能与国际接轨。

在文化认知方面,外国留学生对中国的传统文化有较大兴趣,喜欢到中国各地去旅游,也乐于和中国学生进行交流;中国学生则相对被动,除了部分学生担任汉语授课的助理,参与国际文化节相关活动,大部分同学还没有做到能和外国留学生进行主动的学习交流、思想交流和生活交流。

二、地方高校中外学生文化交流的内涵

(一)大学文化

大学文化,又称校园文化,是大学思想、制度和精神层面的一种过程和氛围,是大学里思想启蒙、人格唤醒和心灵震撼的因素的结合体。国内地方大学用人文精神、传统文化培育出全面发展的优秀人才,使其成为实现中华民族伟大复兴"中国梦"的中坚,必须要树立与大学"四大功能"相适应的大学文化。

(二)地方高校中外学生文化交流

文化交流是指发生于两个或者多个具有文化源差异显著的关系之间。在不同的文化圈层中,也能产生很好的文化交流,但是他们的交流一般只会发生在各自尊重对方的前提条件下。

在地方高校国际化的进程中,如何在传统的中国大学文化的基础上,面对中外文化差异存在的前提,有效引导,进行高效的中外学生文化交流,建立和谐的国际化校园文化,受到了学术界的关注,也是各高校宣传部门、国际交流部门和留学生教育管理部门一直在实践中探索的重要方面。

(三)留学生的文化认同

文化认同是指对人们之间或个人同群体之间的共同文化的确认。而使用相同的文化符号、遵循共同的文化理念、秉承共有的思维模式和行为规范,是文化认同的依据。而外国留学生到我国地方高校,就是要通过我们的教育与管理措施,让留学生能够对我国的文化进行认同,留学生对我国文化传统、价值理念、风俗习惯、语言符号、政治法律、经济、思维模式和行为规范的理解、尊重和接受。因此,留学生文化认同度反映了留学生对我国的文化理解、接受和认同,也通过留学生所在学校的归属感、认同感增加对文化认同度的增加。

三、地方高校中外学生文化交流的现状

为进一步了解地方高校中外学生文化交流的现状,本文以江苏大学(江苏大学是从部属院校转制成为江苏省属院校,近年来一直坚持将国际化作为学校的主要发展战略,目前本硕博留学生总数达到 800 余人)为例,对江苏大学的中外学生交流的现状做抽样调查,选取 250 名中国学生和 100 名外国留学生,分别设计问卷对他们的交流情况进行调查,并进行分析和研究。

(一)中外学生对文化交流愿望比较迫切

通过分析调查问卷结果得出:81.6%的中国学生渴望和愿意和外国留学生进行文化交流,了解外国留学生所在国家的文化;77.78%的外国留学生愿意了解更多的中国文化,并且已经有 75%的留学生部分了解中国文化;65.89%的留学生表示喜欢在学校的生活方式。

(二)中外学生文化交流的现状还不乐观

通过分析调查问卷结果得出:影响中国学生与外国留学生进行文化交流的主要障碍是语言不通,英语口语的水平还有待提高。77.97%的中国学生喜欢双语授课,与外国留学生在同一教室进行学习,在学习之余在课堂内进行文化交流;外国留学生与中国学生进行文化交流的满意度只有 58.33%,能够与中国学生较多交流的仅有 72.22%,留学生在学习汉语和中国文化,但是由于汉语学习较为困难,能够做到使用汉语自由交流的比例较低,75%的留学生希望通过英语角、共庆传统节日的文化活动中进行文化交流。

(三)中外学生都希望建立社团来促进文化交流

通过分析调查问卷结果得出:75.11%的中国学生和 88.89%的外国留学生都希望成立专门的中外学生文化交流社团,并有 62.87%的中国学生和 66.67%的外国留学生希望参与到中外学生文化交流社团的工作中来,以社团为平台,推动中外文化交流,让外国留学生了解更多的中国传统文化和校园文化,加深对中国文化的认同感和地方高校的归属感。

四、地方高校促进中外学生文化交流的思考

(一)全面提高语言能力,为中外学生文化交流扫清障碍

根据调研发现,汉语水平很高的留学生,文化认同度也很高,因此地方高校相

关部门应从多种渠道帮助留学生加强汉语水平,在学习中国传统文化中提升汉语水平,以汉语水平的提高促进他们进一步学习中国传统文化的兴趣。同时,改进英语学习和考核的手段,不断提升中国学生的英语口语水平,鼓励中国学生和外国留学生结成语伴,在语言学习上相互促进、互帮互助。

(二)建立专业社团组织,为中外学生文化交流搭建平台

基于中外学生文化交流的热情,专业社团组织有利于把有志于中外文化交流的学生组织在一起,实现自我管理,组织开展富有特色、形式活泼的社团活动,一方面发挥外国留学生活跃的个性和高昂的激情,另一方面也将中国学生富有中国文化特色的文化活动融合其中,让外国留学生在较为快乐、较为宽松的环境中潜移默化地接受中国文化的熏陶,认可中国传统文化和校园文化。

(三)管理部门科学引导,为中外学生文化交流把好方向

地方高校的宣传部、国际合作与交流处、管理留学生的海外教育学院和团委要形成联动与协同,对中外学生文化交流的过程进行把控,确保处于正确的方向,符合国家思想政治宣传的主流;通过适度参与相关活动,在活动中进行引领和把握,确保中国学生对外国文化做到去粗取精,实现外国留学生对中国传统的吸收、对中国梦思想的认同、对校园文化的赞同。

【参考文献】

[1]薛珊、阚阅:《地方高校国际化的推进策略——美国大学的经验与启示》,载《教育发展研究》,2013年第7期。

[2]段淳林、刘嘉毅:《跨文化交际视角下的国际化校园文化建设现状及对策》,载《前沿》,2013年第15期。

[3]周述波:《文化认同》,载《长江师范学院学报》,2009年第6期。

新媒体视角下的校园文化建设*

——以江大助手为例

一、校园文化与新媒体视角

校园文化是全校师生在校园环境下进行活动所形成的物质、精神结晶,具有自由性、丰富性、独特性和广泛性,代表着校园的氛围和特色,反映出校园的精神风貌,但是现如今的大学校园文化呈现出文化氛围不浓,学生文化价值取向不明,校园文化同质性、低趣味、无创新等现象极其严重,这些问题影响着校园文化的建设和发展。要想解决校园文化建设中存在问题,我觉得可以在新媒体视角下促进校园文化的发展。

近年来新媒体不断涌现并飞速发展,相对传统媒体而言,新媒体具有传播主体多元化、传播方式多样化、传播内容广泛、传播范围扩大、传播时效性增强等特点,越来越多的大学生接触到新媒体,借助于新媒体进行学习、生活、娱乐等活动,新媒体正在不断丰富和影响大学校园文化,逐渐成为大学校园文化建设不可缺少的一部分,给校园文化建设创造一条新的途径。

二、国内外对新媒体研究状况

在国外,有关新媒体与校园文化的研究已趋于成熟。国外研究者已经借用各种方法来对新媒体进行定量分析和质的研究,研究范围广泛,方法多样,并已经取得不错的成绩,有些甚至都已经在校园文化建设中推广应用新媒体,实践效果明显,促使新媒体在校园文化建设中具有很好的发展前景。

在国内,近几年新媒体得到快速发展和成长,但关于新媒体与校园文化的研

---

* 本文作者:陈亮,江苏大学。

究还有所不足。我国对新媒体研究,理论知识与技能上仍准备不足,研究手段和研究方法落后,描述性的、对策性的、解释性的成果为多,还处于理论研究的基本阶段,真正能够在实践中与校园文化相结合的目前还不多见,大多都在进行新媒体基础性建设中,想要将新媒体应用于校园文化建设中,还有待于更进一步的理论研究和实践发展。

三、新媒体应用于校园文化建设的理论和实践

注意规避新媒体与校园文化研究中存在问题。现在大多研究只关注大众媒体,忽略中小型媒体,其实新媒体上聚集着众多的族群,正是这些族群推动新媒体不断发展,而族群正是中小型媒体研究方向;研究方法不足或不科学,对于新媒体研究方法单一,研究方向不明,研究体系不科学、不规范,这样研究出来成果是不正确、不可靠的;研究缺乏创新,研究应多方面、多视角,与其他学科相结合,用创新思维加以探索,创造出新的研究体系。

在新媒体视角下进行校园文化建设实践过程。首先新媒体是基于移动终端平台的,随着互联网的发展,移动终端已是大势所趋,据《中国移动互联网数据盘点与2015预测专题报告》数据显示,在2014年,中国移动互联网用户数达到7.3亿人,与2013年相比增长11.8%,由于学生是校园文化的主体,而且每人一部智能手机已经普及,针对移动终端新媒体应用更广泛,校园文化传播更方便、更广泛;其次新媒体要与本土校园文化相融合,校园文化具有自身特色,要想在校园文化建设中发挥作用,新媒体需要开创新功能以达到与校园文化相契合,要符合校园文化地域性、多元性发展特点;再是要在实践中发现问题,及时调整和反馈,理论与实践之间总是存在差异,在实践过程中要及时发现问题,根据反馈信息做出相应调整,在不断升级中解决遇到问题,更好利用新媒体来服务校园文化建设。

四、以"江大助手"为例

"江大助手"是江苏大学学生在微信平台上开发建立的微信公众号,旨在服务于学校师生,促进校园文化建设。"江大助手"推行校园文化建设过程。首先调查了解江苏大学的校园文化特色以及其发展趋势。通过参观校史馆,了解校园文化发展历程及其特色;分发调查问卷和访问基层学生组织社团,调查校园文化活动开展等方面现实情况;发现校园文化存在的弊端,预测校园文化的发展趋势。然后查阅有关新媒体和校园文化的资料。阅读与新媒体和校园文化有关的文献资料;了解国内外新媒体引入校园的实例,以及在此过程中所面临的问题和解决的

方案;确定新媒体(微信平台上的江大助手)改善和创新校园文化的功能;新媒体功能在校园中建设与升级。根据调查和所查阅到资料信息,在江苏大学中推广新媒体"江大助手",并开发适合于江苏大学的新媒体功能;在全校师生中进行新媒体试运营,以调查问卷和论坛等方式收集新媒体功能应用过程中的反馈信息;将信息汇总分析总结,对存在问题提出合理化建议和改进方案,不断升级和更新新媒体功能模块,使"江大助手"成为校园文化建设过程中的有力工具。

五、新媒体应用对校园文化建设的现实意义

通过"江大助手"的实践让我们懂得了将新媒体融入校园文化建设中的现实意义。网络新媒体与校园文化相结合,符合现在校园文化的发展趋势和时代特征;新媒体带来文化气息,有助于校园文化的建设;新媒体在校园中推广应用给全校师生带来便捷性;通过新媒体改善校园文化中原有的不足和弊端;新媒体推动校园先进文化的传播、校园文化氛围的营造;新媒体给全校师生提供良好的校园文化交流平台,有利于校园文化的改善和创新;新媒体在校园中应用,便于校园管理,也便于校园文化的传播,引导全校师生共同营造良好的校园文化氛围。

六、新媒体在校园文化建设方面不足

新媒体众多,难以将学生集中在一个新媒体平台上,学校学生共有30000多人,其中关注新媒体,参与新媒体校园文化活动的学生只有4000~5000人,大概只有15%的人在校园文化建设中使用新媒体,微信平台上公众号是个主流新媒体,但在推行校园文化过程中,学生关注度也只有一部分,需要与其他宣传方式和活动相结合,吸引更多学生来关注新媒体("江大助手"),共同为校园文化建设出力;部分新媒体功能模块不全,给学生造成不良的新媒体体验,在开发功能模块之前调查应全面,功能应尽量完善,后续可拓展性良好,让学生感受优质新媒体文化氛围;新媒体与校园文化结合,部分校园文化在转移到新媒体平台上时,没有达到原来的效果,导致与本土校园文化有所差异,造成不良效应,需要不断改进调整;新媒体上校园文化创新,在转移原有校园文化过程中,也要不断创造新的校园文化,文化创新会让新媒体能更吸引学生,更好传播校园文化,丰富校园文化。

新媒体视角的校园文化建设还需要更进一步的实践和改进。校园文化的丰富、创新要与新媒体相结合,借助于新媒体环境优势,让学生认识到新媒体在校园文化建设中重要性,并积极参与校园文化建设,营造良好校园文化氛围,创新校园文化建设体系,优化校园文化建设过程,在新媒体视角下不断探索、不断创新。

【参考文献】

[1]曹阳:《新媒体环境下的大学校园文化建设》,载《中国校外教育》,2013 年第 7 期。

[2]金一鸣:《网络新媒体在校园文化中的影响力》,载《教育教学论坛》,2011年第 26 期。

[3]贾小爽:《新媒体时代下校园文化建设的机遇、挑战和对策》,载《山西煤炭管理干部学院学报》,2013 年第 3 期。

[4]张朱博:《新媒体环境下大学校园文化建设面临的机遇、挑战与对策》,载《北京师范大学学报》,2013 年第 1 期。

弘扬雷锋精神营造大爱校园

——江苏大学 2012 年校园文化建设优秀成果

从一群学生用收集饮料瓶变卖所得资助周围的贫困同学，到 2007 年中国教育年度人物、事迹被拍成电影在全国公映的"爱心天使"陈静，再到单身"爱心老教工"慷慨捐出 50 万元默默资助学生、数万名在校大学生开展"爱心一元捐"资助四川地震灾区学童……近年来，一连串的"爱心事件""爱心人物"在江苏大学校园里陆续上演。

长期以来，江苏大在校园文化建设过程中，坚持学习弘扬雷锋精神，大力倡导雷锋的大爱精神，着力营造富有爱心与责任的校园环境，大力培养师生爱的情怀、爱的品格、爱的气质，以"大爱精神"为核心的校园文化氛围日渐浓郁。

一、工作目标与思路

随着社会转型期的剧烈变化，高校师生的价值观也在不断变化，并带来了一些道德层面的问题。鉴于此，江苏大学充分认识到，高校的根本目标是育人，实现育人目标，不仅要有大楼、大师，还要有大爱。要通过"大爱江大"的建设，把个人的小情小爱，升华为对社会的大情大爱，以此提升全体江大人的思想境界，引领江大人仰望道德星空、树起大爱的精神旗帜。

在校园文化建设过程中，江苏大学坚持学习弘扬雷锋精神，把雷锋精神的核心"大爱"作为践行社会主义核心价值体系的切入点，把"大爱"融入校园文化内涵建设，以"三个计划"(主题教育计划、关爱行动计划、爱心汇聚计划)和"两大工程"(凝心聚力工程、温暖校园工程)为抓手，培育大爱氛围，催生大爱行动，展现大爱效应，以"大爱"铸就江苏大学的校园文化品牌，以"大爱"引领大学生健康成长，以"大爱"推动学校的和谐发展、科学发展。

二、实施方法与过程

1. 实施主题教育计划,培育校园大爱氛围。近几年,学校通过开展"做一个有道德的人""立德立言、正身正己"等师德主题教育活动,将"关爱学生"作为师德建设的切入点,引导全体教师恪守师德规范,提升思想政治素质和道德水平。在大学生中开展"感恩、责任、奉献"等主题教育活动,引导广大学生感怀党恩国恩、社会之恩、师长之恩、父母之恩,进一步增强爱国成才、奉献社会、服务人民的责任意识。同时,学校广泛宣传典型事迹,用身边人、身边事引导广大师生传承传统美德、唱响和谐社会主旋律。每年在新生中举办"我的青春故事会",邀请典型学生作报告,向新生传递大爱的正能量。成功开展了两届"感动江大"人物评选,并举办颁奖仪式及事迹报告会,推出了 11 名师生和 6 个团队典型,不断培育和升华校园大爱氛围。

2. 实施凝心聚力工程,培养师生爱国爱校情感。理想信念教育是"大爱江大"建设的重要内容。学校抓住改革开放 30 周年、新中国成立 60 周年、中国共产党成立 90 周年等重要节点,组织开展红歌演唱、经典诵读、成就展览、大事评选等多项活动。学校还注重引导师生"爱校如家",在学校、学院、结对党团支部三个层面分别开展"我的江大我的家""我的学院我的家""我的支部我的家"主题党团日活动,激发学生的爱校情感。在新校区建设中,广大毕业生自发开展了"栽下感恩树,真情留母校"活动,纷纷以班级或个人名义认捐树木,学校广大干部、教师也纷纷认捐,最终募集资金近百万元,认种了 20 个品种的树木数千棵,建成了郁郁葱葱、生机盎然的"学子林""园丁林",也成为了大学生志愿服务示范点。

3. 实施温暖校园工程,关爱弱势群体。学校非常注重对困难群体的关心,根据学生家庭经济贫困、学习困难、心理困惑不同类型,先后为近万名学生建立了绿色、黄色、粉红色"三色档案",制定专门的帮扶措施。学校建立了完整的奖贷助勤补体系,每年助困经费达到 4000 万元,资助面达 50%,确保 100% 的困难学生得到资助。2005 年,学校在全国高校首创设立"关爱生命"慈善基金,干部教师先后捐款 50 多万元,让 10 多名重病学生得到了及时救治。学校于 2006 年成立了教职工大病医疗互助基金,至今已募集资金 576 万元,补助大病教职工 504 人计 232 万余元。学校每年坚持开展"慈善一日捐"活动,广大教职工积极参加,伸出援助之手,献出关爱之心,每年募集善款 100 万元左右,全部用于"送温暖献爱心"活动,真心实意地帮助驻地镇江的困难群众。

4. 实施关爱行动计划,打造老同志活动品牌。一是建立"关爱助学基金"。在离退休党员交纳特别党费的基础上,已筹集资金40余万元,向2000余名贫困学生捐助30余万元。二是组建"关爱就业服务小组"。老同志通过校友等各种良好的社会关系,积极推荐了数百多名来自老少边穷地区的就业困难学生顺利走上工作岗位。三是建立"关爱谈心屋"。选派经验丰富的老同志接待大学生来访,倾听他们的心声、了解他们的烦恼和郁闷。四是设立"关爱超市"。面向全校师生募集衣物、书籍、学习用品,供贫困大学生免费选择,12年来,超市每年最少募集衣物7000余件、书籍5000余册,帮助了大量的贫困生。五是开展"给我一个家"活动。校内退休老教师家庭自愿认养孤儿大学生,不仅每个月给"孙子""孙女"200元生活费,还从心理、学业、生活等各方面对孤儿大学生进行全方位帮扶。至今,已有30多名孤儿拥有了温暖的"家",顺利完成了学业。

5. 实施爱心汇聚计划,开展"六爱心"志愿服务系列活动。一是"爱心一元捐"活动。2008年,汶川特大地震发生后,全校广大团员青年发起"一年一元钱,一生一片天"的捐助绵竹灾区孤儿活动,得到广大青年学生的积极响应,四年来共募集资金12.5万元,资助灾区儿童20人。同时还开展了"学生干部与灾区儿童结对帮扶""向灾区儿童捐赠课外书籍""冬日的温暖——牛年春节捐赠棉袄"等一系列爱心接力活动,得到了绵竹市有关部门、受助学生及家长的高度赞扬。二是"爱心支教"活动。2009年,学校的大学生志愿者自发组建了两支公益支教团队——"大眼睛"安徽金寨公益支教团队和"格桑花"宁夏玉树公益支教团队,在暑期分别赴两地开展支教活动,为当地留守儿童送去爱心关怀。三年来,共有145名大学生志愿者参与了支教活动。三是"爱心社区"活动。组织了37个志愿者团队分别与地方37个社区开展结对活动,深入社区开展关爱空巢老人、关爱留守儿童、电脑维护培训等多项志愿服务活动,共建和谐社区、弘扬大爱精神。四是"爱心宿舍"活动。大学生们以宿舍为单位通过集体积攒零钱、每月定额捐款、变卖废品、义卖作品等方式筹集善款,全部用于捐购中国扶贫基金会发起的"爱心包裹"项目,帮助改善贫困地区农村小学生综合发展问题和生活条件。五是"爱心剧场"活动。2007年度中国教育年度新闻人物、我校女大学生"爱心天使"陈静,生前义无反顾地救助患白血病的同窗好友,一年后自己也身患白血病,由她引发的"满城尽飘黄丝带"的爱心救助活动声势浩大、波及全国。2009年全国第一部以江大学生为原型的故事片《小城大爱》成功拍摄,李岚清亲自为电影题名,在中国大学生电影节和央视电影频道播出。陈静走了,为延续她的爱心精神,我校学生自导自演舞台剧《永远的黄丝带》,200多名学生参与演出,再现了爱心天使陈静的感人事迹,生动诠释了新时代的雷锋精神,学校每年新生入学教育时,公演该剧,感染了更多的 90 后大学生继续践行大爱精神。六是"爱心微行动"活动。学校善于把握青年的细微需求、社会的细微苗头,开展微活动,实施微志愿项目,追求"服务微小化,价值最大化",努力打造具有一批志愿服务小微项目群。多年来,学校形成了诸如关爱农民子弟的"四点钟学校"、情系空巢老人的"叮叮团"、坚持 18 年如一日为"镇江的张海迪"服务的"骆焱小分队"等一大批微志愿服务项目,每年参与学生 20000 余人次。

三、工作成效及经验体会

学校对大爱精神的弘扬,以实际行动对大爱精神的诠释,不仅实现了扶危济困、对弱势群体的关爱,还在于创新打造了新的校园文化品牌,形成丰厚的精神资源,引领了大学生的健康成长,促进了校园和谐,推动了学校事业又好又快发展。

1. 以大爱铸就校园文化品牌。多年来,学校一直以大爱理念引导师生,以大爱之德感染熏陶师生,以大爱之心培育学生,以大爱之举关心帮助学生,把大爱精神作为校园文化的核心,以大爱文化引领校园文化建设,铸成校园文化的灵魂,形成了独具魅力的"大爱江大"校园文化品牌。如今,大爱精神已延伸到校园的各个角落,辐射到广大师生员工,涌现出了"爱心天使"陈静、"最美女护士"镇江大爱之星周好、"爱心老教工"邵仲义、"志愿奉献的好青年"崔勇、"爱心联盟"学生团队、"四点钟学校"志愿服务团等一大批大爱典型。《光明日报》《中国教育报》《中国青年报》《新华日报》《扬子晚报》江苏教育电视台等媒体对我校师生的大爱行动做了大量宣传报道。

2. 以大爱引领学生健康成长。爱是教育的基础,没有爱就没有教育。因为大爱,师德升华,每一位教师热爱三尺讲台,关爱每位学生,用爱心培育爱心,用人格塑造人格。"大爱江大"的感染力、穿透力和生命力,筑牢了大学生的精神支柱,发掘了创造潜能,培养了健全的人格,促进了学生的健康成长。近几年来,学校五名学生荣获"全国优秀共青团员""中国青少年科技创新奖""中国大学生自强之星","江苏十佳青年学生"连续六年榜上有名,一名学生荣获首届"江苏省大学生年度人物""江苏好青年百人榜""江苏省优秀志愿者",等等。

3. 以大爱助推学校和谐发展。学校持续建设"大爱江大"校园文化品牌,以大爱精神凝聚人,形成了强大的凝聚力和向心力,营造了一个"风气正、关系顺、人心齐、思路清、工作实、发展快"的和谐氛围,综合办学实力显著提升。"十一五"期间,国家科技奖、国家教学成果奖、国家工程技术中心、教育部长江学者特聘教授、国家杰出青年基金、全国优博等一批体现高校办学实力的"国字头"核心指标获得突破。学校获得"全国创先争优先进基层党组织"、江苏省"文明单位""和谐校园""平安校园"等称号。

尊重个性发展实施学业规划

——江苏大学构建学风建设长效机制

　　"学业规划工程"是江苏大学进一步加强和改进大学生学风建设的新举措。近几年来,学校大力实施"学业规划工程",紧密结合学生个体实际,围绕学生成长成才,充分调动学生学习积极性和主动性,激励学生勤奋学习,帮助学生厘清"为什么学、学什么、如何学"等问题,引导学生从"要我学"的被动走向"我要学"的自觉。此项工程已经成为服务学生全面发展与个性发展、夯实学生专业知识学习、提高学生创新思维能力的有效措施,成为引领学风建设的有效模式。

　　学校学生工作委员会多次对"学业规划工程"进行研究论证,于 2008 年在大一和大二两个年级的本科生中实施此项工程,2010 年此项工程已覆盖全部本科学生。目前,"学业规划工程"已经成为全校 4 万余名大学本科学生圆满完成学业、提升综合素质、拓展个性发展的重要平台。在此项工程的引领下,全校学风浓郁,英语四六级通过率、考研出国率、就业率等均大幅提高。经过近几年的探索与实践,这一工程受到了学生的广泛赞同,现本科学生的参与率达 100%。大部分学生都认为正是"学业规划工程"使他们坚定了发展方向、明确了学习目标、找到了学习方法、收获了丰硕成果,为他们走向社会或继续深造等打下了坚实的基础。

一、明确目标,科学导航学业生涯

　　开展"学业规划工程",既不是追求时髦的概念创新,也不是职业规划、人生规划的简单翻版,而是基于对青年学生特点和成长规律的科学认知、基于对学生进行学业规划客观需要的基础上提出的。

　　引领学生不断进取。青年学生,特别是 90 后的大学生具有很多优点,他们自信、接受新鲜事物能力强、个性特征明显等,但他们也有承受挫折能力弱、反判意识强等特点。在学习上,这些特点显现出他们求知欲望强,但也表现出"目标时有时无、动力时强时弱"的情况。相关调查结果显示,很多学生在接受一次老师的教育或者聆听一场励志报告后,往往会产生非常强烈的发奋成才欲望,但这种状态持续的时间一般不是很长。因此,学校改变单纯依靠传统的"活动式""运动式"的激励方式,提出了实施系统化、科学化、全程化的"学业规划工程"。通过这项工程对学生持续进行指导、引导和激励,使学生的学习积极性、进取意识在"指导引导——实践——再指导(修正)—实践"的循环过程中得到不断的激发,引领学生奋发进取,从而促进学生的全面发展。

引导学生个性发展。胡锦涛总书记在庆祝清华大学百年校庆大会上的重要讲话中希望同学们把全面发展和个性发展紧密结合起来。"学业规划工程"就是遵循"以人为本""个性发展"的理念,指导学生规划好自己大学四年的学习、生活及工作等方方面面。在学业规划的实践中,学生在指导老师的帮助下,根据学生所学专业和个人性格、学科偏好、兴趣、特长等情况初步确定学生的人生理想及职业规划,体现每个学生的"与众不同"。在此基础上,科学制订四年的学业规划,并将目标任务分解至每学年、每学期、每月、每周,通过学生个体的实践对规划进行再调整、再实施,实现符合学生实际的个性发展目标。

二、系统部署,确保规划全面覆盖

"学业规划工程"是一项系统工程,涉及如何使学生确立合理的目标,如何激发学生学习的兴趣,怎样对学生进行个性指导等。学校设计了一整套完善的实施方案,确保每个学生都进行学业规划,确保每个学生都得到科学的指导。

提升兴趣,激发学生成长的内生动力。一是课堂教学。学校将学业规划纳入到教学计划,并设定为"必修课程",32 个课时,每学年 8 个课时。主讲教师由从事相关教学与研究的教师和辅导员组成。各个年级的组班方式和教学内容分别为:一年级按专业组班,课程内容为学业规划的一般知识、专业思想教育、专业学习方法指导、大学时间管理等。二、三、四年级分别按照兴趣、目标、技能等在学校教务选课系统中进行选课组班,分别就考研、出国、就业、创业等内容开展政策讲解和方法辅导。二是活动引导。学校充分发挥校园文化的熏陶功能,开展丰富多彩的校园文化活动,帮助学生提高学业规划的实践意识。学校开发了"学业规划多媒体课件""学业规划案例库"等公共资源。另外,针对不同年级学生开展相关活动,如在大一开展"学习从'新'开始"活动、在大二开展"学业指导教授大讲堂"活动、在大三开展"考研与你相约"活动、在大四开展"学术前沿与科研能力训练"活动等。通过课堂教学和活动引导,不断激发学生形成"我要成长成才"的强大动力。

具体规划,指导学生成长的外在抓手。一是学校层面。学校每学期初进行学业规划部署,提出学业规划工作指导意见,对上学期学业规划指导情况进行总结并分析存在的问题,提出整改措施。二是学院层面。各学院具体负责实施,依靠教师力量,结合学院专业特点,开展学业规划系列活动,如根据专业设置情况拟订相关专业的学业规划基础模板;集中开展专业思想教育使学生认识专业发展的现状和前景,提高学习兴趣;拟订同专业、不同类别的学业规划指导意见供指导教师参考等。各学院开展督促检查,调阅学生学业规划方案的执行情况,并加强对教师指导方案的研究调整。三是指导教师。宣讲学业规划的重要意义、要求、方案制订的思路及具体实施办法。开展个别谈心活动,倾听学生想法,帮助学生分析个人情况,提出书面化指导意见。督促学生按规划要求定期制订、调整内容,认真进行小结,达到提高的目的。四是学生个体。首先进行自我分析。通过学校、家庭、同学、朋友的评价,并借助相应测试工具,全面、客观地评估自己的性格、爱好、特长、能力及优缺点。其次进行目标定位并分解目标。目标内容涉及思想政治素质、专业学习、个人素质拓展等方面,确立大学目标(四年)、中期目标(一年)、短期目标(一学期、每月、每周),填写《江苏大学大学生学业规划书》。针对不同阶段的目标,细化分解至每周、每天应完成的任务。再次进行分步实施和评估调整。学生一般以一个学期为一个周期,进行规划的具体执行与效果评估。学期初,根据学业规划短期目标,详细制订每周每天的学习安排和成长计划,并在日常学习生活中对照这一计划去贯彻落实。学期末,学生评估本学期的学业规划执行情况,并接受指导教师的个别指导。同时,拟定下一阶段的目标或对现有目标进行调整。如此往复,顺利完成四年大学的学习生活。

搭建平台,满足学生成长的个性需求。一是成立菁英学校。菁英学校教学由主干课程(思维方法论、领导行为学、公共关系学等)、主题报告(国际化视野培养、人才强国战略的构想与实施、创新与创业专题等)、社会实践(红色教育、挂职锻炼等)、论坛交流(素质拓展角色模拟、学习心得交流)和毕业设计等五大模块组成,共240学时,学制一年。旨在培养一大批有坚定的理想信念、能引领社会发展、能适应国际竞争的时代精英。现已举办18期,培训学员近2000人。二是成立卓越学院。卓越学院由8个"卓越工程师培育班(单独招生并编班)"组成。本科阶段采用"3+1"模式,在校学习3年,在企业学习和进行毕业设计1年。在校学习期间,基础课由教学经验丰富、教学效果好,具有高级职称的教师担任,专业基础课和专业课主要聘请工程能力强、科研水平高的教师担任,同时在校内外专职科研机构及企业中聘请兼职教师来校为学生讲授部分专业课,着力提高学生的工程意识、工程素质和工程实践能力。三是开展科研立项。学校从 2002 年开始开展大学生科研立项,至今已进行 10 批。近 3 批的立项申报数量、立项成功数量、结题数量等都有大幅提高。2009 年立项申报 954 项,立项成功 421 项;2010 年立项申报 1112 项,资助项目立项 471 项,一般项目立项 255 项;2011 年立项申报 1093 项,资助项目立项 479 项,一般项目立项 220 项。2009、2010 年结题率达到 50%,发表论文、申请专利等 400 余项,部分文章被 SCI、EI 等检索收录。

三、完善制度,构建工作长效机制

"学业规划工程"的顺利实施和显著成效,得益于学校构建了以大学生素质教育研究中心、学业导师制及《大学生学业规划实施方案》《本科生学业导师制实施方案》《关于"大学生素质教育引导中心"建设的实施意见》等系列制度为保障的长效机制。

成立大学生素质教育引导中心。学校于 2010 年正式成立了大学生素质教育引导中心,专门从事大学生综合素质培养的教学、研究机构,下设 5 个研究室,分别为学业就业指导研究室(负责学业规划、职业规划、就业指导、创业教育等课程的教学,指导出国留学工作等)、形势与政策研究室(负责形势与政策课教学,选调生、公务员、村官考试辅导,党课、团课、校史教育等)、心理健康研究室(负责心理健康课程教学、心理咨询师培训)、公共艺术研究室(负责教育部规定的 8 门艺术限定性选修课程的教学并开设具有地域特色的公共艺术选修课程)、法纪与安全研究室(负责法纪与安全课、军事国防课的教育教学、新生教育等)。教师由具有教师资格的学工线干部和部分相关专业的教师组成。大学生素质教育中心有效整合学校大学生素质教育资源,统筹、规范管理大学生素质教育类课程,对提高大学生素质教育的实效性、针对性,有效提升大学生综合素质,全面促进大学生的成长成才起到了积极有效的推动作用。

建立学业导师制度。2010 年,学校在前期实践的基础上,正式印发了《江苏大学本科生学业导师制实施方案》。学校聘任了 800 多名具有良好的职业道德,有较强的工作责任心,熟悉专业培养目标、教学计划、课程设置,拥有较高的专业水平、丰富教学经验和较强科研能力的专业教师担任学业导师。学业导师根据学生的学习基础、学科偏好和个性特点,有针对性地指导学生选择专业发展方向、制订中长期学习计划,指导学生社会实践、见习和实习,指导学生制定每学期的修读课程等。学业导师吸纳学生参与自己主持的课题,并指导学生参与科研立项、创新训练、学科竞赛等科技活动。学业导师还及时帮助学习困难的学生分析原因,提出改进措施。学业导师每学期与学生面对面地交流至少 8 ~ 10 次,在专业思想巩固、学习习惯养成、学业规划指导、科研能力培养等方面给予具体化指导。

建立联动考评机制。学校建立学生工作与教学工作联动机制,每月召开"学工—教学"学风建设联席会议,会议由学校学生处和教务处共同组织,各学院分管学工院领导和分管教学院领导参会并通报当月学生工作和教学工作情况,分析学生工作和教学工作热点难点问题,研讨学生教育管理和教学工作的对接措施,加强和改进学风建设。学校将学业规划工程纳入"四项考核"之中,即学生个人评奖评优、优良班风评比、学院学生工作考核、专职辅导员考核,并制定相关考核细则,如未按规定实施学业规划的学生不能获得学业规划相应学分;不能正常开展学业规划的学生,不能参加学校组织的各项评奖评优等。学校年终工作考核时将学院对学生开展学业规划指导活动情况作为学院工作考评的重要内容之一。同时,学校还提出了"双必要求",即学业规划作为大学生的"必修课程"、学业指导作为教师职称晋升的"必要条件"。

关爱学生成长构筑 PU 之家

——江苏大学依托 PU 平台提升基层组织建设水平

一、基本思路

Pocket University——大学生实践成长服务平台（以下简称"PU 平台"），是运用移动互联技术，集成省内大学教育资源，服务于大学生第二课堂和日常生活的成长服务平台。PU 平台通过信息交互、资源共享，实现大学生第二课堂活动的项目呈现、学生参与、组织考核等环节，为学生素质拓展学分的获取提供依据，调动广大同学参与活动、锻炼提升综合素质的积极性和主动性。今年，团省委学校部选定 15 所高校作为 PU 平台工作试点单位，江苏大学作为试点单位之一参与探索平台的建设和使用。

高校基层团支部的建设作为一直以来困扰各高校的工作难题和重点，如何探索出一套有效的凝聚和建设的路径成为高校团干部一直思考的问题。PU 平台因其自身所具备的优势，可以完成团支部的支部建成、团干调整、活动申报、活动审批、活动记录、活动交流以及活动反馈。基于此，江苏大学团委紧扣 PU 平台信息传递高效便捷的特点，将 PU 平台与基层团支部建设巧妙结合，并使其成为推进团的工作，实现基层团支部由粗放式管理向精细化管理模式转变，初步探索出了基层团支部建设的一条有效途径。

二、基本做法

1. 将 PU 团支部部落建设与 PU 平台的推广工作相结合，从而实现传统有效组织与现代媒体技术的有效结合。

今年 9 月，按照团省委要求具体落实 PU 平台试点工作时，江苏大学团委积极思考并实践将 PU 平台的推广和 PU 团支部部落建设相结合。PU 平台是一个集信息发布、活动发起、工作展示、沟通交流、考核记录,并最终完成大学生实践学分考评发放的团学工作平台。平台功能的实现,离不开全体团员青年的参与,只有发动全校各团支部完成 PU 团支部部落建设,才能确保 PU 平台在全校层面的整体布局。

江苏大学团委一方面积极加快 PU 平台的推广进程,召集学院团委书记、校级学生组织、院级学生组织等各级各类工作推进会,向广大师生详细介绍了 PU 平台的基本情况和使用方法;选拔优秀学生干部组成了江苏大学 PU 工作小组,完成 PU 平台的日常维护和管理工作。另一方面,开展"团支部 PU 之家"建设活动,动员全校团员青年积极参与到 PU 口袋大学的团支部部落建设中,很快实现了 PU 平台的全员参与和所有部落的成功激活与初步建设。目前全校近 1173 个团支部均已基本上完成了 PU 团支部部落建设。

2. 将 PU 团支部部落建设与团支部管理相结合,从而实现纵向垂直管理和扁平化管理的有效结合。

在 PU 平台上推进基层团支部建设一个突出的作用是可以更加及时地反馈学校团委对基层团支部建设的意见和建议,从而提高基层团支部的建设水平和活动质量。江苏大学团委利用 PU 平台及时了解基层团支部的各项工作进展情况,并通过 PU 的校内通知功能,及时将校团委的各项工作安排直接点对点地告之每个团支部。通过 PU 平台直接掌握各二级团委以及基层团支部的基本建设情况,对各基层团支部发起的活动,经初审和终审及时影响和干预活动的策划和开展,从而提高基层团支部举办活动的水平,进而使参与活动的团员青年有收获、有成长。

通过在 PU 平台上的团组织建设,有效增强了学校团委对学院二级团委、学校团委对基层团支部和学院团委对基层团支部的信息掌握、工作指导和日常管理。通过加强对基层团支部的垂直管理和促进二级学院团委以及团支部之间横向联合的运作,形成纵向直通性交流,横向扁平化互动的高校的共青团组织体系,实现了把团的工作覆盖每一个团员青年的工作目标。

3. 将 PU 团支部部落建设与评奖评优相结合,从而实现团组织建设和个人发展的有效结合。

团的组织建设和团员青年的个人发展是相辅相成的。江苏大学团委将团支部或个人在 PU 平台上的活动发起数、参与数与团支部或个人的评奖评优直接挂钩。通过 PU 后台对发起、完结活动的数量和实际签到参与情况在团支部或个人参与评奖评优的资格给予评定,督促各基层团支部重视组织建设与团支部活力建设,鼓励和引导广大团员青年积极参与到第二课堂活动中。

在加强基层团组织的建设过程中,充分考虑到团员青年的时代特点和思想规律,通过印制《江苏大学基层团支部活力创意汇》,举办团校,开展微团课、微视频、微活动等多条途径提高基层团支部的工作水平,丰富和提高团支部在 PU 平台上发起活动的数量和质量,从而满足广大团员青年个人发展的群体需求,实现团员青年的全面发展。

4. 将 PU 团支部部落建设与年终考核相结合,从而实现项目化管理和考核评估机制的有效结合。

为进一步加强对 PU 平台上的基层团支部建设,江苏大学团委在 10 月又分别下发了《关于推进 PU 平台加强基层组织建设的补充规定》和《关于 2013 年江苏大学二级团组织建设量化考评标准的补充规定》等文件,在制度上确保了 PU 平台上基层团支部各项工作的常态化开展。

一是着力推进项目化体系的建设。江苏大学团委在全校范围内对大学生(本科生和研究生)的合理诉求进行调研分析,出台了《江苏大学基层团建活动项目化实施方案》,针对不同层次、不同年级的学生可实施的活动项目给出了指导性意见,并对活动项目的推进做出了明确的要求和考核办法。面向不同的年级在 PU 上推进不同的项目:面向本科生低年级推进集体型团建项目;面向本科生高年级推进职业发展型团建项目;面向研究生年级推进科研导向型团建项目。二是将这些针对不同年级的团建项目在 PU 平台上的发起、完结活动率和活动参与情况纳入团委的年终考核中,并将活动的相关照片、材料上传到 PU 平台,在期末进行相关的统计和分析,形成团支部的汇总材料,以此直观反映出各团支部的项目化建设情况和水平。

三、开展成效

经过四个月的探索与建设,江苏大学共有 36900 名同学成为 PU 平台成员,共有 20509 名同学成为 PU 平台的活跃人群;共有 1173 个团支部、143 个社团和 79 个学生组织建立校园部落;通过平台组织了 1408 项第二课堂活动,共 35110 人次参与活动。

江苏大学依托 PU 平台在基层组织建设方面实现了"支部全部建家,青年全面覆盖,活动广泛参与",大大提升了共青团工作的水平,并逐步实现了工作的两个转变。一是由量到质的转变。通过 PU 平台的交流和学习,提高了各团支部组织建设和开展活动的水平和质量,改变了传统无交流、无提高的团支部建设面貌。二是由知到感的转变。通过 PU 平台加强了对团支部的指导和管理,增强了广大团员青年对团支部建设的了解，激发了广大团员青年参与基层团支部建设的兴趣，实现了团委贴近学生，关注青年生活，有效引导青年的目标。

1. 逐步成为团组织建设的新阵地。江苏大学通过在 PU 平台上发起和完成基层团建项目，通过自主发起、主动参与、活动互动等来吸引青年学生，让大学生在网上平台可以自由选择适合自己需求的活动项目，实现"团建项目类型丰富、学生选择空间广泛、学生参与主动积极、基层活力日益高涨"的良好局面，逐渐成为江苏大学吸引和凝聚广大团员青年，加强基层团支部建设的新阵地。

2. 逐步成为新媒体建设的关键点。近年来，以互联网和手机为载体的新媒体发展迅猛，手机报、人人、QQ 群、飞信、微博、微信等新媒体迅速渗透到社会生活的方方面面，尤其是日益成为大学生的重要成长环境和生活方式。PU 平台作为一款专门针对高校团学工作开发的信息交互平台，一方面可以满足团学工作的具体要求，另一方面也可以集合上述新媒体各项功能，并能实现相互绑定。通过 PU 有效集合各新媒体，最大限度地覆盖全体团员青年，成为今后一段时间江苏大学团委新媒体工作的关键点。

3. 逐步成为新青年成长的聚集地。共青团工作必须与时俱进，才能跟上时代步伐、才能引领青年。江苏大学团委分析研究新一代青年学生喜欢的沟通、交流、联络和聚集方式的新特点，通过将基层团支部建设与 PU 平台相结合，在网络时代逐步构建快速、有效组织动员大学生的有效渠道，使 PU 平台日益成为江苏大学新青年的聚集地。

【案例简评】

江苏大学作为 PU 平台的 15 所试点高校之一，开创性地将基层团支部作为 PU 平台建设的重要载体，对于基层组织建设等共青团工作的全面推进起到了较好的促进作用。PU 平台以其高效性、无纸化、易于操作性等特点提升了基层团支部建设的有序管理，同时开创了"团建项目类型丰富、学生选择空间广泛、青年积极参与主动、基层活力日益高涨"的良好局面，在提升团员青年的综合素质、切实提高基层团组织的吸引力和凝聚力等方面已取得了初步成效。

江苏大学团委面临新挑战、分析新问题、找到新特点、抓住新机遇，将基层团支部建设与 PU 平台有效结合，通过组织推进、活动指导、信息反馈、制度保障等一系列努力，将 PU 团支部部落建设成为江苏大学团组织建设的新阵地、新媒体建设的关键点和新青年的聚集地。

推进"三纵四横五协同"团建项目化体系努力实现高校基层团组织的有效覆盖

——江苏大学2013年度江苏省共青团工作创新创优成果奖申报材料

一、项目背景

"实现高校基层团组织的有效覆盖,切实提升基层团组织的活力、吸引力、凝聚力"是高校基层团组织建设的重点。当前高校基层团组织有效覆盖的难点表现在:"本科生低年级团支部活力高涨,但缺乏有效的活动规划;高年级本科生团组织活力不足,但学生的职业发展需求迫切;研究生团组织健全,但缺乏有效引导"。为解决这些现实难题,江苏大学团委推进了"三纵四横五协同"团建项目化体系,努力实现高校基层团组织建设的全面覆盖和有效覆盖。

二、创新做法

1. "三纵四横五协同"团建项目化体系介绍

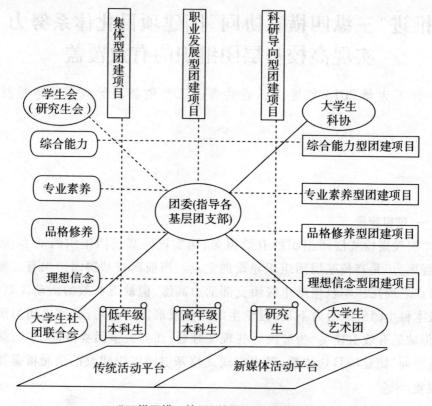

"三纵四横五协同"的团建项目化体系

2011 年以来,校团委与各学院团委合力推进"三纵四横五协同"项目化体系,其中"三纵"是将学生群体分为"本科生低年级、本科生高年级、研究生"三个层次,实现工作对象的全面化;"四横"是开展"理想信念、品格修养、专业素养、综合能力"四类活动项目,实现工作内容的科学化;"五协同"是团委有效协同"学生会、研究生会、大学生科协、社团联合会、大学生艺术团"学生组织,将团学组织的工作重心下移到团支部,下移到职业发展需求相同的各类"小众化"群体,实现工作力量的协同化。

2. 实施"三纵四横五协同"团建项目化体系的推进路径

(1)本科生低年级以班级团支部为依托,实现基层团支部"形神兼备"。

针对"本科生低年级团支部活力高涨,但缺乏有效的活动规划"这一现状,校团委编印了《大学生思想政治教育学习纲要》和《基层团支部活力创意汇》,明确团支部的学习内容和活动模式。在学院团委指导下,学生会、艺术团、社团组织积极参与,协同各团支部开展大学适应型集体项目和团队凝聚型集体项目,帮助学生树立理想信念、提高品格修养、合理规划大学生涯。

(2)本科生高年级以职业发展需求相同的"小众化"群体为依托,实现基层团组织"形散神聚"。

针对"高年级本科生团组织活力不足,但职业发展需求迫切"这一现状,学院团委打破团支部壁垒,以职业发展需求(如就业、考研、出国、创业、考公务员)相同的"小众化"群体为对象,协同学生会、学生科协、专业社团等组织,侧重开展专业提升型项目和未来发展型项目,注重提升学生的品格修养、专业素养和综合能力。

(3)研究生以专业学科团队为依托,实现基层团组织"形专神聚"。

针对"研究生团组织健全,但缺乏有效引导"这一现状,学院团委通过研究生课题组、研究生工作站等专业学科团队设置基层团组织,协同研究生会组织,侧重开展科技研究型项目和产学研转化型项目,注重提升研究生的科研能力和实践能力。

3. 完善"三纵四横五协同"团建项目化体系的相关建设

校团委通过全面调研,了解学生的成才需求以及人才市场需求,合理设置面向不同群体的活动项目。在实施团建项目中将传统活动平台与新媒体平台有效结合,实现了线上活动与线下活动良性互动,实现了学生对活动项目的自主选择与积极参与。校团委出台了《江苏大学基层团建活动项目化实施方案》,制定了《江苏大学学院团委团建项目考核细则》,对项目化推进实效进行综合考核。

三、取得成效

通过实施项目化体系,基层团组织的活力逐步提升,团员青年的综合素质逐步提高。学校团委获得"全国五四红旗团委",三个二级学院团委获得"江苏省五四红旗团委"。今年全校共开展活动项目1941个,学生参与率超过80%;1171个团支部在 PU 平台上建立了网上部落。学生的就业率、考研率、出国人数、创业人数逐年提升,学生参与科研创新的热情高涨,在全国"挑战杯"大学生课外学术科技作品竞赛中,连续四届捧得"优胜杯";在全国"挑战杯"大学生创业计划竞赛中,连续两届获得两项金奖。

四、推广价值

实施"三纵四横五协同"团建项目化体系,适合在学科门类齐全、学生规模较大的综合性高校开展和推广。在实施过程中,针对不同的学生群体分层分类开展,可操作性强。团建项目化体系通过校团委与二级学院团委协同开展,实现活动成本分摊。这一做法对于高校夯实和巩固基层团组织建设具有示范性意义。

探索学警学生"四位一体"帮扶教育模式努力
践行高校人才培养全员育人理念

—— 江苏大学 2016 年教育部高校辅导员工作精品项目申报材料

随着高校扩招及学分制改革的实施,在全面提升人才培养质量的新形势下,各高校学业警示学生这一特殊群体倍受关注,成为了辅导员工作的重点和难点。大学生的成长成才凝结着家长的心血和期盼,特别是对学业警示学生的家庭而言,学业警示学生的积极转化至关重要。我校坚持"全员育人、教育公平、助力成才"的主旨,本着"不让一个学生掉队"的原则,组建了由学院辅导员为主的科学研究与实践团队(详见附件一),于 2012 年起开展了以辅导员心理帮扶为核心的,以人员组织、活动形式、工作内容、帮扶阶段"四位",共同服务于大学生日常思想政治教育和管理"一体"的帮扶教育模式。

帮扶效果显著。2012—2016 年,完成了由辅导员主要参与帮扶的九期"江苏大学励志素质拓展训练营"活动,共帮扶学业警示学生 490 名。在此期间,参与帮扶工作的辅导员自身素质和工作水平有了很大提升,统计前八期的 417 名学员中,共有 319 名学业警示学生已经转化并有部分学生顺利毕业,总体转化率为 76.50%,帮扶成效显著,深受学业警示学生及其家长的高度认可和赞同。

研究成果丰硕。项目组辅导员主持和参与完成了江苏省教育厅和江苏大学两项学业警示学生相关课题研究;在江苏高教、中国成人教育等杂志及学术会议上发表五篇研究论文;项目组参与的"构建四全引导体系　服务学生个性化成长"的课题获 2015 年江苏大学优秀教学成果特等奖。本项目亦被评为江苏省大学生心理健康教育与研究示范中心重点示范项目并获资助,在全省高校学业警示学生帮扶成才方面形成了典型示范效应。对高校优良班风学风的建设、校园和谐氛围的营造、学业警示学生的预防方面发挥着积极的作用。

社会影响良好。辅导员在本项目的实施过程中,注重自身建设,身先示范,针对帮扶对象特点进行探索与实践,对各种原因造成的学业警示学生进行个性化帮扶,《中国科学报》《科技日报》《镇江日报》、新华网、人民网、江苏新闻网等媒体多次予以报道,具有较高的社会影响力。该项目已经积累了一定的实践经验并取得了良好的帮扶教育效果,具有良好的推广和应用价值。

一、项目主题与思路

通过调研和查阅相关资料,在总结我校学业警示学生帮扶教育试点经验的基础上,从辅导员实际工作中的难点出发,采用理论与实践相结合的基本思路,科学设计学业警示学生帮扶教育方案。围绕高校培养目标和辅导员岗位职责要求,针对学业警示学生的普遍问题和实际需求,从明晰人生理念、激发心理潜能、科学规划学业、矫正不良习惯、消除学习障碍等方面着手,构建科学有效的学业警示学生帮扶教育体系,着力提升学业警示学生的自我控制能力和自主学习能力,使其能够端正学习态度、调整学习方法、提高学习的积极性和主动性。采取科学的心理测量评价体系对整个培训过程予以评价,帮助学业警示的学生跟上教学进度,顺利完成学习任务,培养符合我国社会发展需要的专门人才。

项目总体思路是应用当代积极心理学的基本原理,在学业警示学生帮扶教育过程中学生辅导员全程参与,既当"领路人",又当"陪伴者",整合心理专业人员、学业导师、学生党员和学生干部、心理委员和心理信息员等优势资源,将学业警示学生的帮扶教育整合到日常的思政教育体系,在帮扶过程中坚持氛围熏染与自我领悟、积极引导与自我教育、团体辅导与个别帮扶、知识传授与能力提升相结合,促进优良班风学风建设,打造和谐稳定校园,促进学生成长成才。

二、实施方法与过程

我校在深入调查学业警示学生形成的主要原因和影响因素的基础上,积极开展学业警示学生帮扶教育对策的理论探索和实践研究,从 2012 年起开展了以辅导员全程帮扶为主的学业警示学生帮扶教育试点工作,主要采取以下六种方式进行帮扶教育工作:

1. 素质拓展训练过程——强化辅导员动员示范破阻抗。由辅导员进行前期思想动员,联合心理中心组织学员到专业的户外素质拓展机构,辅导员全程参与到团队中,和学员一起进行高空抓杠、信任背摔、生死电网等项目训练,通过榜样示范,唤醒学员不断地接受各种挑战的能力,学会排除学习障碍和外在因素的影响,发掘自身潜能,增强自信心,熔炼健康人格。

2. 团体心理辅导过程——强化辅导员催化助力见成效。辅导员和心理中心专业人员共同参与,开展心理潜能激发、认知行为调整、不良习惯矫正、成功心理养成等团体心理辅导,辅导员在其中起到"催化剂"的作用,提高学员的自我认知、自我控制、自我管理等心理调节能力,理性面对目前状态,学会改变目前状态的心理学技巧和方法,逐渐使学员的人生态度及自我认知发生改变。

3. 学习指导帮扶过程——强化辅导员沟通联络解困扰。根据学业警示学生积欠课程门类及人数,由辅导员专门联系任课教师对其进行课程辅导及答疑,指导及帮助学生重新学习或复习相关知识,由学业导师对学生的学习认真指导和帮扶,使其渡过学习过程中的难关,顺利通过积欠课程的考试。

4. 小组分享交流过程——强化辅导员实时跟进保长效。各学院辅导员组织学员按小组就目前大家遇到的现实问题和困难进行专题交流和讨论,帮助学员在加强自我认知的基础上认真思考目前的现实问题,共同培养自我控制和自我管理能力。

5. 个别辅导帮扶过程——强化辅导员个性帮扶助转变。在培训过程中辅导员要不断和专业导师、心理导师及朋辈导师联系,针对导致学员学业警示的不同成因个性化帮扶,力图通过一对一的沟通和交流,帮助其客观分析目前状态形成的原因,及时予以积极的调整,以良好的心态投入学习中去。

6. 社会观察实践过程——强化辅导员实践引领促巩固。各学院辅导员组织学员深入学校附近基层生产一线和贫苦老区参观考察,开展各类志愿服务活动,了解基层、认识国情、教育感化,增强历史使命感和社会责任感。通过社会实践活动,增加学员的社会阅历,提高社会适应能力和综合素质。

三、主要成效及经验

本项目在我校开展学业警示学生帮扶教育试点的基础上,从辅导员的视角凝练出了人员组织、活动形式、工作内容及帮扶阶段"四位一体"的学业警示学生的帮扶教育模式,即学生管理人员、教学管理人员、学生家长及学生干部的"四方联动";素质拓展、团体辅导、小组分享及个别帮扶的"四环紧扣";心理帮扶、学业指导、生活关怀及实践体验的"四维结合";认识阶段、领悟阶段、转化阶段及巩固阶段的"四阶递进"的"四位",集中于大学生日常思想政治教育"一体"的帮扶教育模式,体现了高校学业警示学生帮扶教育科学化、现代化、立体化、结构化、全面化的特点。

在学校领导的指导和各部门的通力合作下,通过辅导员对我校学业警示学生进行了充分的调研,结合辅导员工作实际,共同商讨提出了学业警示学生帮扶教育方案并进行了试点工作。分别于 2012 年 10 月、2013 年 4 月、2013 年 10 月、2014 年 4 月、2014 年 10 月、2015 年 4 月、2015 年 10 月、2016 年 5 月举办了九期《江苏大学励志素质拓展训练营》,共有 490 名学业警示学生参加了帮扶教育活动,前八期的 417 名学员中共有 319 名学业警示学生已经转化为非学业警示学生并有部分学生毕业,总体转化率为 76.50%,收到了良好的帮扶效果。

在取得帮扶教育成效的基础上,不断总结学业警示学生帮扶教育经验。2012 年 11 月,举办了以《学业警示学生帮扶教育模式探索与实践》为主题的江苏大学第 27 期辅导员沙龙,有学员的学院及参与组织的心理中心共同探讨工作、总结经验。2012 年 12 月,学校专门举办了校领导、学工处、教务处及部分学院辅导员代表参加的江苏大学学业警示学生心理帮扶教育研讨会,总结学业警示学生帮扶工作经验,校长袁寿其更是充分肯定了学校的学业警示学生帮扶教育工作,并对下一步的帮扶工作做出了重要指示。

在 2013 年 3 月召开的镇江高校心理健康教育工作研讨会上,我校介绍了以辅导员为主体的学业警示学生心理帮扶教育的试点方法和帮扶经验,得到了与会领导和专家的认可和好评,奠定了在一定区域辐射和推广的基础。2013 年 9 月,我校申报的《高校学业警示学生"五位一体"心理帮扶教育模式的探索与实践》项目,获江苏省大学生心理健康教育与研究示范中心重点示范项目,在全省高校心理健康教育领域形成典型示范效应,推动我省高校心理健康教育工作的深入开展。

在总结学业警示学生帮扶教育工作经验的基础上,我校辅导员与项目组成员积极开展学业警示学生帮扶教育课题研究工作。《高校学业警示学生心理帮扶教育研究》获批 2013 年度江苏大学大学生思想政治教育专项课题(课题号:JDXGXB201303);《高校家庭经济困难学生心理困境的成因与疏解》获批 2014 年江苏高校哲学与社会科学研究专题研究项目(课题号:2014JSAIDB13)。本项目组参与的"构建四全引导体系 服务学生个性化成长"的课题获 2015 年江苏大学优秀教学成果特等奖。课题组研究论文《新形势下高校学生管理面临的困境与对策》已被《中国成人教育》录用,《片区心理辅导站视角下"两类"贫困生帮扶对策探析》在《江苏高教》上发表、《高等院校学习困难学生的成因研究》在镇江市心理学会 2013 年学术大会上进行了交流,并被评为优秀论文,课题组成员指导的研究生论文《优化帮扶机制,提高学业警示学生自我效能感》,获 2014 年江苏大学第十五届研究生学术论文大赛二等奖。

我校学生辅导员注重自身建设,苦练内功,言传身教,并对因地区差异、民族学生、家庭贫困、心理困惑、学习态度等各种原因造成的学业警示学生进行个性化帮扶,各种帮扶举措与成效也获得了《中国科学报》、科技日报、镇江日报、新华网、人民网、江苏新闻网等媒体的报道。

本项目紧紧围绕高校人才培养的目标,从辅导员工作的难点出发,关注全体学生的成长成才,在提升学业警示学生心理健康水平,促进学业警示学生积极转化,具有良好的实践指导意义,在我校2016年本科教学工作审核评估过程中,获得了评审专家的高度评价。该项目对提升高校辅导员工作水平、强化学风建设、创建和谐氛围、优化学生管理,预防学业警示学生的发生方面发挥着积极的作用,形成了良好的示范作用,具有很强的推广价值。

四、加强和改进计划

在辅导员工作中强化对学业警示学生的帮扶教育工作,虽然在五年的帮扶工作中取得了良好的成效,对促进高校学生管理工作,提升辅导员工作水平和培养合格人才起到了良好的作用。但是,我们在试行的过程中也遇到了一些实际问题和困难,学业警示学生帮扶教育工作任重道远。对此,我们提出以下进一步加强和改进计划:

1. 调动人员广泛参与。在辅导员进行学业警示学生帮扶教育的基础上,进一步调动广大教师、学业导师、学生干部及心理委员、心理信息员、学生家长共同参与学业警示学生帮扶教育活动的积极性和主动性,形成全员参与帮扶的良好氛围,为高校开展学业警示学生帮扶教育活动奠定良好的基础。

2. 不断完善制度建设。在我校前期学业警示学生帮扶教育工作的基础上,配合学校逐步形成学业警示学生帮扶教育管理办法和实施方案等一系列管理条例,使其逐步形成辅导员工作的重要组成部分,为开展学业警示学生帮扶教育提供良好的制度保证。

3. 形成帮扶教育体系。以学校心理中心的团体心理帮扶为龙头,以学院的心理辅导和学习指导为核心,以班级心理委员、心理信息员的日常帮扶为落脚点,着力构建学校、学院、班级三级帮扶教育网络,辅导员在其中发挥穿针引线的网络节点作用,为开展学业警示学生帮扶教育提供良好的工作环境。

4. 重点加强成果巩固。学业警示学生群体非常特殊,往往是积累多日逐渐形成,有的根深蒂固,转化相当困难。而我们辅导员工作在一线,与学生互动紧密,因此,我们提出从辅导员的视角出发,坚持认识阶段、领悟阶段、转化阶段及巩固阶段"四环紧扣"的帮扶教育策略,尤其要加强转化及巩固阶段的工作,避免学业警示学生出现反复,确保学业警示学生帮扶教育长时间取得良好的成效。

"一点四化"引领"六心工程"努力打造特色鲜明的大学生心育工作体系

——江苏大学 2016 年省大学生心理健康教育工作先进集体申报材料

"正心为本,修身为基。"江苏大学坚持"立德树人"的根本任务,以培养身心健康人才为己任,按照省教育厅《关于进一步加强江苏省大学生心理健康教育工作的若干意见》的文件精神,根据《江苏大学省级大学生心理健康教育与研究示范中心建设实施方案》的要求,夯实基础,强化特色。经过五年的探索与实践,坚持"以构建学校心理健康教育队伍建设为切入点,构建起心理宣传教育普及化、心理教育课程规范化、心理咨询活动标准化、心理危机干预程序化"的"一点四化"心理健康教育理念,夯实"队伍机制筑心工程、心理活动健心工程、教学科研育心工程、咨询服务暖心工程、危机预防护心工程、学困帮扶塑心工程""六心工程"基石,得到了广泛肯定与好评。

2012 年,我校顺利通过江苏省大学生心理健康教育与研究示范中心的检查验收;同年 5 月 28 日,我校《努力构建"一点四化"模式,全面提升大学生心理健康教育水平》的心理健康教育工作经验,在全省普通高校学生工作会议上做大会交流;心理中心 2013 年被镇江市心理学会评为心理学研究与实践工作先进集体;2015年当选全国高校心理委员研究协作组理事单位。中心专职教师 1 人被评为 2012年镇江市优秀巾帼志愿者,1 人荣获 2012 年中国青少年心灵成长十百千万工程专家评审十大贡献人物奖,2 人被镇江市心理学会评为 2013 年镇江市心理学研究与实践工作先进个人,1 人被江苏省心理学会授予 2015 年江苏省心理学科普先进个人一等奖。

一、队伍机制"筑心工程"——四层保障,强基固本

在校领导的大力支持和指导下,形成了机构设置完备、心理制度规范,办公设施改善、工作人员专业的四层保障，为心理健康教育工作保驾护航。2011年重新组建了由学校分管学生工作的校领导为组长、各相关职能部门领导为成员的学校心理健康教育工作领导小组；制定了江苏大学《心理健康教育工作暂行规定》（江大校〔2012〕118号）、《大学生心理危机干预工作预案》（江大校〔2012〕128号）、《心理咨询工作条例》（学工处〔2012〕22号）、《心理委员工作条例》（学工处〔2012〕23号）、《学院心理健康教育工作考核方案》（学工处〔2012〕24号）、《寝室长（心理信息员）管理条例》（学工处〔2015〕33号）等规章制度；心理健康教育的工作经费纳入学校年度预算，不断改善心理健康教育工作的软硬件设施；中心现有工作人员6名，其中2名教授、1名副教授、2名讲师和1名助教，构成了合理的工作梯队，专职人员除全部具有心理咨询专业证书外，还分别具有全球职业规划师、国际生涯教练、国家心理督导师、国家注册心理师等资质，在学生生涯发展、团体辅导、个案咨询等方面各具专长与特色。

二、心理活动"健心工程"——四季引领，打造品牌

我校在大学生心理健康知识的宣传普及过程中，始终坚持学校教育与学院教育相结合、心理教育与团学教育相结合、日常教育与专题教育相结合、教师教育与学生自我教育相结合的原则，打造了"3·20幸福心理教育周"、"5·25心理健康教育月"、"9·20新生心理教育周"、"12·5身心健康教育月"四个品牌活动，注重文化内涵，实现四季引领，通过现场心理咨询、心理影片展播、心理趣味竞技、团体心理辅导、专题心理沙龙、素质拓展训练等多种形式的校园心理活动，不断提升心理健康教育活动实效。特别是每年举办的5·25心灵手语操大赛，全校新生全员参与，以班级为单位进行比赛，提升了班级的凝聚力，在学校营造了人人重视心理健康的良好氛围，活动品牌效应显著。

三、教学科研"育心工程"——四管齐下，实现共赢

针对大学生心理发展规律和特点，我们始终坚持课堂教学设置、教研活动开展、专题教材编写、任课教师培养四个核心，不断健全心理健康教学体系，实现学校与个人、老师与学生的共赢。五年来，主持或参与完成大学生心理健康教育网络建设、高校心理委员建设、学业警告学生心理帮扶教育等省部级及校级研究课题15项，其中《大学生职业生涯规划教材建设》获中国石油和化学工业出版物优秀教材二等奖、《江苏大学心理健康教育中心网站建设》获江苏省第十届教师现代教育技术三等奖、《大学生职业生涯教育课程建设及创新实践研究》获江苏大学优

秀教学成果一等奖,《运用团体心理辅导 践行"一本四全"理念》获江苏省心理学会优秀成果一等奖,在 2016 年全国科技活动周《让心理健康进入大学宿舍》项目中,1 人被评为优秀组织奖,2 人获评一等奖;先后发表心理健康教育等学术论文 25 篇,其中 2 篇论文被镇江市心理学会评为 2013 年度优秀论文,1 篇论文荣获江苏省心理学会 2014 年优秀论文三等奖,1 篇论文在第十二届全国大学生心理健康教育与咨询学术会上交流;在 2015 年江苏省首届大学生心理健康教育"精彩一课"比赛中,1 人获一等奖,1 人获二等奖。

四、咨询服务"暖心工程"——四维协同,沉边盖底

我校心理咨询以解决大学生心理问题为基础,以提升大学生心理健康水平为核心,以培养大学生心理素质为目标,逐步形成了心理咨询工作的四维协同机制。一是咨询预约全通道运行。学生可以方便地通过电话、网络或现场预约多种方式;二是心理咨询全资质上岗。参与咨询的教师全部具有心理督导师、注册心理师或国家二级心理咨询师证书,朋辈心理咨询员也具有国家二级、三级心理咨询师证书。三是心理咨询全天候服务。工作日白天和晚上,周六全天都安排有面对面咨询,开通了电话及网络心理咨询。四是心理咨询全方位设置。建立了校、院二级心理咨询服务体系,开办了"留学生心理咨询室",为大学生提供了热情、细致、多样、科学的心理咨询服务。

五、危机预防"护心工程"——四网联动,防患未然

我校始终坚持预防为主的原则,完善了"校—院—班—舍"四级心理健康教育网络建设。学校层面由心理中心负责统筹规划,制订全校心理健康教育方案;聘任了 27 名学院心理辅导员,在二级学院设立心理辅导站;每个班级设立心理委员,第一学年开展 50 学时的理论与实践校级培训;在每个寝室设立心理信息员,打通危机预防"最后一米",并对其进行宿舍管理、安全防范、寝室人际交往和危机预防干预等专题培训。利用"金字塔式"的四级网络,通过新生心理普查、老生心理危机实时排查、重点人员建档随时观察、患病学生及时转介备案与监控的措施,防患于未然,促进校园的安全与稳定。

六、学困帮扶"塑心工程"——四位一体,助力成才

我校坚持以"全员育人、教育公平、助力成才"为主旨,本着"不让一个学生掉队"的原则,于 2012 年起开展了以心理帮扶为切入口的,以人员组织、活动形式、

工作内容、帮扶阶段的"四位",集中于大学生日常思想政治教育"一体"的学业警示学生帮扶教育模式。该项目 2013 年被评为江苏省大学生心理健康教育与研究示范中心示范项目并获资助,在全省高校学业警示学生帮扶成才方面形成了典型示范效应。2012—2016 年,共完成了九期"江苏大学励志素质拓展训练营"活动,帮扶学业警示学生 490 名,总体转化率 76.50%,成效显著。项目组参与的"构建四全引导体系 服务学生个性化成长"的课题获 2015 年江苏大学优秀教学成果特等奖;该项目在 2016 年江苏省高校辅导员精品项目评比中荣获一等奖(以排名第一上报教育部评审),并被《中国科学报》《江苏新闻》《镇江日报》等多家媒体报道,在优良学风建设、和谐氛围营造方面发挥着积极的作用。

第五篇 05

活动案例篇

　　本篇遴选了学校近年九项体现校园文化建设卓越成果的精品活动案例，即培育和践行社会主义核心价值观活动、"我的中国梦"主题教育特色活动、"唱响革命红歌"活动、"雷锋精神"满校园活动、预防艾滋病宣传活动、手语操大赛、"给我一个家"活动、"菁英人才"培养。通过以上精品活动的开展，促进大学校园精品文化建设，同时营造一定的物质环境、精神氛围和制度环境，使身在其中的每位大学生在理想信念、品格修养、专业素养、综合能力四方面得到全面提升，从而实现对大学生精神、心灵和性格的塑造。

江苏大学开展培育和践行社会主义核心价值观活动

——构建以"辩论赛"为载体的社会主义核心价值观培育体系

辩论赛因为具有趣味性、思辨性、启发性被广大同学喜爱和参与。作为广大同学喜爱的一种活动形式,辩论赛也是弘扬社会主旋律、传播社会正能量的十分有效的载体,江苏大学立足目标化、长效化、立体化的社会主义核心价值观的培育目标,借助辩论赛的有效传播载体和平台,在培育和践行社会主义核心价值观方面探索出一系列新方法,取得了良好的培育效果。

一、突出主题导向,实现核心价值观培育目标化

自党中央号召青年学生要自觉践行社会主义核心价值观后,江苏大学就立足这一培育重点,积极借助"辩论赛"这一载体,努力构建社会主义核心价值观的培育体系。为了实现使培育目标明确,江苏大学在辩论赛的辩题设置方面下足功夫。辩论赛的辩题设置充分体现出了核心价值观的内涵和意义。辩题设置从诚信培养、社会公正法治、再到中国梦的探讨等,这些独具时代感的话题无处不体现出核心价值观的丰富内涵,即使是"无偿献血杯"的冠名主题也体现出核心价值观的"文明"主题。可以说每个辩题的设置江苏大学都充分的把社会主义核心价值观内涵融入进去,让学生辩明真理。同时江苏大学还注重在广大同学中征集辩题,辩论赛前期团委在全校范围内开展了辩题征集大赛,主动引导同学们思考社会问题,提出关于核心价值观的辩题,继而从内心提高对核心价值观的认同,从而后期吸引了一大批主动思考的同学观看和参与辩论赛。江苏大学将辩题和核心价值观的有效结合,实现了社会主义核心价值观培育和践行的目标化。

二、加强机制建设,实现核心价值观培育长效化

江苏大学历来关注辩论赛的开展,迄今已形成了大学生"无偿献血杯"辩论

赛、大学生新秀辩论赛两大品牌辩论赛,目前已举办十四届。辩论赛的时间设置也充分考虑到对广大新生的培养和引导。大学新生入学之初,校团委就开展了全校范围内的大学生"无偿献血杯"辩论赛,参与者主要是有着丰富经验和优秀品质的高年级同学,这一系列比赛为期将近两个月。比赛吸引了广大新生的参与和学习,为入校之初的同学树立了正确的价值标杆,实现了核心价值观在新生中的广泛传播。同时在下学期,举办系列的新秀辩论赛,让热爱思考、热爱辩论的新生同学们有自己的舞台,也为未来的人才培养奠定基础,为核心价值观的代代相传打下了坚实的基础。同时积极尝试辩论赛人才从团支部选拔,鼓励广大团支部开展以核心价值观为主题的辩论赛,既能选拔优秀的人才,也能将价值观的培育和践行真正落实到支部。通过这样一系列的机制建设,积极推动了核心价值观的长效化。

三、注重全面覆盖,实现核心价值观培育立体化

以"辩论赛"为载体的社会主义核心价值观培育体系不是只针对个别喜欢辩论赛的同学,江苏大学更着眼于对广大团员青年的全面覆盖,积极拓宽辩论赛影响范围,搭建了社团结合、校院互动、校际交流三层交流覆盖体系。江苏大学为实现对核心价值观在社团方面的覆盖和培育,积极鼓励理论社团举办以核心价值观为主题的辩论赛,引导社团内同学对核心价值观有更加深刻的认知和理解,达到培育目标。同时,校院两级均建立了辩论队,并且在校院两级都开展了核心价值观为主题的明辨会,使得辩论赛不再成为高悬之物,而是成为同学们日常时刻接触得到的事物,通过辩论体系的完善建立,核心价值观的培育和影响也通过这一有效渠道传导到广大同学当中去。除此以外,江苏大学积极鼓励核心价值观系列辩论赛走出去,江苏大学积极与外校开展辩论赛交流活动,与江科大开展了以"法治"为主题的辩论赛,参加教育部思政司"网络文明"为主题的辩论赛等。通过社团影响,学院互动,校级交流三种途径实现了主题辩论赛的全面覆盖,实现了核心价值观培育的立体化。

江苏大学以"辩论赛"为载体,着眼于核心价值观培育体系的目标化、长效化、立体化,取得了明显效果和突出成绩。江苏大学大学生"无偿献血杯"辩论赛、大学生新秀辩论赛两大品牌辩论赛共举办 60 余场比赛,每场比赛吸引超过 200 人,共计每学年吸引 12000 余人次参与观赛和参与比赛,同时各院也将举办丰富多彩的核心价值观主题辩论赛,基本实现对所有团支部的覆盖。通过辩论赛这一有效载体的覆盖,江苏大学将社会主义核心价值观的培育和践行工作落实到实处,实

现更大范围、更好影响的培育效果。这样的培育效果也体现在江苏大学参与国家、省级以核心价值观为主题的辩论赛赛事成绩上。近两年来,江苏大学在国家教育部举办的"网络文明,你我同行"华东赛区辩论赛中取得三等奖,在江苏省大学生法律庭辩大赛中获得一等奖,在江苏省禁毒辩论赛中取得冠军。这些成绩的取得无疑证明了江苏大学在实施以"辩论赛"为载体的核心价值观培育体系方面成效显著,真正实现了广大同学对社会主义核心价值观的认知、认同和践行,使得核心价值观内化于心,外化于行。同时这些丰富多彩的辩论赛得到了同学们的认可,在社会和校园内都产生了积极影响。

江苏大学开展"我的中国梦"主题教育特色活动

——我的中国梦,助人圆梦梦更圆

梦想的实现都离不开精神的鼓舞。江苏大学在开展"我的中国梦"主题教育活动中,紧紧围绕"当代武训"——江苏大学邵仲义同志"裸捐助学"的感人事迹,精心组织、创新思路、多措并举、内外联动,大力传扬"助人圆梦梦更圆"的价值理念,形成了"宣传、教育、实践相结合,校园精神培育与城市精神塑造相融通,特色活动与'我的中国梦'主题教育活动相契合"的格局,取得了良好的成效。

一、助人圆梦,情系贫困学子的"当代武训"

邵仲义是江苏大学的退休职工,今年3月28日离世,享年81岁。从20世纪80年代起,邵仲义就开始资助大学生,他行事低调,对自己的善行从不言说。2007年,邵仲义曾一次性捐资50万元,设立"爱生助学金",用于资助江苏大学贫困大学生。去世前,他又立下遗愿,将遗体捐献给镇江市红十字会,用于祖国医学事业,把近60万元存款捐赠给学校,用于资助贫困大学生。

"生前勤俭关爱学子情深意切,身后捐躯造福人类博爱奉献。"这是邵仲义老师追思会上的一副挽联,也是他人生的真实写照。邵仲义以凡人善举为"大爱无声"做了最好注解。

二、立足"三结合",助推活动深入开展

学校党委在获悉邵仲义同志辞世的消息后,第一时间召开会议,在商讨做好善后事宜的同时,追授其为"江苏大学慈善楷模"荣誉称号,并要求相关部门联动,将其作为身边重大典型,将"我的中国梦"主题教育活动引向深入,让全校师生员工接受一次"助人圆梦梦更圆"的教育。

一是自上而下发动、自下而上推介相结合。学校以党委名义印发《关于开展

学习邵仲义同志先进事迹活动的通知》，要求各二级党委把学习邵仲义同志先进事迹纳入"我的中国梦"主题教育活动总体规划中，号召广大师生学习邵仲义同志"待人如友、爱生如子"的仁爱精神、"扶贫济困、乐善好施"的慈善精神、"克勤克俭、敦厚朴实"的品德风范、"不逐名利、超然旷达"的人生境界，用实际行动践行社会主义核心价值观。与此同时，学校主动向江苏省委宣传部、江苏省委教育工委、镇江市委汇报，提请上级主管部门予以关注，在更大范围内宣传这一感人事迹。省委宣传部在获悉这一事件后，联合省教育厅来校了解有关情况，并追授其"江苏最美基层干部"荣誉称号；省委教育工委决定在全省教育系统组织学习；镇江市委主要领导批示"做好邵仲义同志精神的挖掘、宣传、学习工作，大力推动精神文明建设"。

二是对内宣传、对外宣传相结合。经验表明，营造良好的舆论氛围对于活动的深入开展、取得实效至关重要。学校主动利用校内外各种阵地开展强势宣传。对内宣传方面，开展以"专讲、专栏、专网"为主要形式的宣传，即将这一事迹编入"2013 年形势与政策课"《社会主义核心价值观》章节，并组织主讲教师集体备课，在课堂上向学生做专题讲述；《江苏大学报》开设专栏，连续配发系列深度报道，从受助学生、生前同事、大学生志愿者、京剧票友等不同角度，多维度展现邵仲义同志的生前生活点滴、言行事迹，使广大师生"亲其事，信其道"；校园网首页开设"爱心老人邵仲义"专题网页，方便师生通过文字、图片、视频等多种形式形象生动地了解有关信息。对外宣传方面，学校分别以"裸捐离世"和"最美基层干部"为主题，先后两次组织媒体见面会。中央电视台、新华社、光明日报、新华日报等主流媒体纷纷来校采访报道。有策划、高强度、多形式的宣传报道为主题教育活动深入开展创造了良好的舆论氛围。

三是当前学、长期学相结合。主题教育活动开展以来，全校上下围绕学习邵仲义同志先进事迹，开展了形式多样的校园文化活动，形成了"当前学习有高潮，长期学习有抓手"的良好格局。学校层面召开了"我的中国梦"主题教育活动启动仪式暨"艰苦奋斗激励永远"访谈会；学工、教学、机关、后勤等条线分别以"关爱学生""教书育人""改进机关作风"、"建设节约型校园"为切入点，通过征文、座谈会、服务竞赛等形式开展学习实践活动；各党团支部开展了"无私奉献、服务同学、不求回报""反对铺张浪费、厉行勤俭节约""仲义存心中，勤俭兴强国，共圆大爱梦"等主题活动。除了组织好当前的学习教育以外，各单位还在建立有效载体、让邵仲义精神长相传动脑筋、想办法。党委学工部设立永久性的"江苏大学邵仲义助学基金"，每年资助一定数量的贫困生，直至他们毕业；团委每年评选出一批"邵仲义团支部"，在各个学院成立"邵仲义志愿者服务队"；关工委发动更多的"五老"人员参与"给我一个家"活动，让更多的贫困学子享受"家"的温暖；校史馆开设"邵仲义生平事迹回顾展"，让每一届新生都知道邵爷爷的感人事迹。

三、收获三个"新"，主题教育活动成效初步彰显

活动开展以来，通过"三个结合"的有力推进，"当代武训"邵仲义的美德善行在校内外引起了广泛的关注，营造了"助人圆梦梦更圆"的良好氛围、有力地推进了"中国梦"主题教育活动的深入开展。

一是全校师生对"高水平大学之梦"内涵有了新的认识，有力地推动了"大爱校园"建设。高水平大学不仅要有大楼、大师，还要有大爱。随着近年来校园内大爱典型的不断涌现，特别是此次邵仲义同志"裸捐助学"事件出现后，学校师生充分认识到"大爱"品格对凝心聚力、提升师德师风、促进高水平大学建设的强大推动作用，并纷纷用自身的实际行动为"大爱校园"建设贡献新的力量。土木工程与力学学院、机械工程学院、计算机学院等二级学院干部教师在学习邵仲义同志先进事迹后纷纷自发筹资设立"致远助学基金"，累计达30余万元。此外，学校还决定每两年表彰一次"感动江大"典型，分"助人为乐、见义勇为、诚实守信、敬业奉献、孝老爱亲"五种类型引导广大师生见贤思齐，促进"大爱校园"建设。

二是校地双方对"文明城市之梦"实现有了新的推动，有力地促进了"大爱镇江"建设。长期以来，镇江市以创建"全国文明城市"为其城市建设的重要目标。主题教育活动启动以来，镇江市以此为契机，联合学校，成立了"邵仲义事迹宣讲团"，决定常年走进镇江市"道德讲堂"，为驻镇部队、中小学、机关事业单位、居民社区开展巡回演讲。截至目前，已在"镇江道德讲堂总堂""镇江市外国语学校""镇江高炮旅"等单位进行了多场巡讲，引起了较大反响。镇江 My0511 论坛等网络平台上，许多网友用平凡朴实的话语道出了对他的追思之情。有市民为他编写歌曲《慈善楷模邵仲义》，有的组织戏曲联唱《四学邵仲义》，还有的创作了主题篆刻印章，通过特有的方式来纪念他。此外，镇江市委还决定授予邵仲义同志"大爱镇江年度特别人物"，为其树碑立传，用好这一典型助推城市文明建设。今年7月，全国文明城市检查组来镇检查期间，对校地联动创建文明城市的特色做法给予了较高评价。

三是为教育系统树立了"助学子圆梦"新的楷模，有力地集聚了实现"中国梦"的正能量。启动主题教育活动以来，共有30多家中央及省级媒体进行了报道，数百家网站进行了转载，向全社会有效传递了教育系统的正能量。4月3日，

中国教育报在头版头条位置以《'当代武训'邵仲义感动社会》为题发表了长篇报道;4月3日、4日,中央电视台新闻频道、新闻直播间两档栏目连续给予了两天的重点报道;江苏卫视以新闻评论的形式连续做了两期深度报道。经过广泛的宣传和学习,邵仲义同志的感人事迹得到各级精神文明建设主管部门的高度认可和社会大众的广泛赞誉。经过公众投票,邵仲义同志正式当选5月"中国好人",并以江苏排名第一的身份参加"第四届全国道德模范"评选。

江苏大学开展"唱响革命红歌"活动

——革命精神永传承,在我的歌声里

红歌脍炙人口,易打动人的心灵。战争年代唱起红歌,令人斗志倍增,迎难而上,面对敌人,毫无惧色。社会主义建设时期唱响红歌,鼓舞人们自力更生,艰苦奋斗,用勤劳双手改变社会面貌。在大学校园文化建设过程中,唱响红歌,鼓励大学生汲取奋斗力量,鼓舞大学生肩负起时代责任与民族责任,激励大学生为社会主义事业奋斗而努力。

一、革命红歌精神力量在高校思想引领中的依托载体

在高校中传承革命红歌的精神力量必须依托于有效的载体,分为经改造的一般性活动和完全为传承红歌精神力量服务的独创性活动。活动的辅助手段为宣传平台,其长效机制为交流平台。江苏大学一直坚持将活动作为传承革命红歌精神力量的重要手段,与此同时,做好宣传平台和交流平台,以使活动的传承效果能达到较大的广度和深度。

1. 传承革命红歌精神力量的外在体现和表达手段———活动

(1)为传承革命红歌精神力量而改进的品牌活动

江苏大学在探究如何在高校中传承革命红歌精神力量的过程中,一直用成熟的、受欢迎的品牌活动平台作为有效途径之一。积极探索在不改变活动原有精神的基础上,将那些成熟的、受欢迎的活动改造为适应传承革命红歌精神力量目标的活动,融入红色元素。以"江大排行榜"校园歌手大赛为例(以下简称"江排"),作为江苏大学学生最受欢迎、覆盖面最广的文化活动之一,"江排"歌手大赛具有良好的美誉度和固定受众群,在这样一个品牌活动中,学校通过对活动的原有流程、主题思想以及舞台设计和服装效果等方面进行适度修改,成功地将红色歌曲元素植入了活动之中,并引发了良好反响。此外,在"五四颁奖典礼"、艺术团汇报演出等品牌活动中,也适当地将红歌元素与积极向上的活动主题巧妙契合,达到了很好的效果。

(2)为传承革命红歌精神力量而独创的活动

通过原有成熟、受欢迎的活动平台来传承革命红歌精神力量虽然十分方便和高效,但由于原活动主题的限制,无法完全满足传承需求时,就需要具有独创性的、全面的为传承革命红歌精神力量而服务的活动。江苏大学在这方面也做出了初步的探索,在深入研究之后策划举办了诸如"革命红歌美文选""革命红歌电影节""红歌文化讲座""革命红歌进宿舍"等富有新意、贴合实际的活动。这些活动均以传承革命红歌精神力量为主要目标,在不同方面,以多样的形式强化了同学们对于革命红歌的了解,从而达到使革命红歌的精神力量从多个角度渗透到广大学生的思想观念之中。

2. 传承革命红歌精神力量的辅助手段———宣传平台

宣传平台的效果是决定革命红歌的精神力量传承效果的重要保证,而宣传平台在宣传环节中的成功与否又取决于其宣传媒介和宣传内容。江苏大学在开展传承革命红歌精神力量的各项活动中,发挥江苏大学宣传阵地多、宣传范围广的优势,综合应用网络团校、江大青年手机报、新浪官方微博、人人网主页以及团学通等媒介达到较好的宣传效果。此外在宣传内容上,在保留一定政治色彩的同时,力求将宣传稿口语化、亲近化,贴近广大同学的语言习惯,融入时下流行的语言元素,使得宣传内容更容易被广大同学所接受。

3. 传承革命红歌精神力量的长效机制———交流平台

在较好地宣传、举办活动后,如何引导同学们进行自发交流、探讨对革命红歌精神力量的理解成为了深化传承革命红歌精神力量的长效化手段。江苏大学通过各级学生组织搭建的诸如"红色经典读书月"交流会等现实平台,和各级学生组织的新浪官方微博、人人主页以及学校内的学生论坛所组成的虚拟平台为同学们提供进一步交流思想、探讨问题的机会,使同学们对革命红歌的精神内涵深化理解,以更好地促进革命红歌精神力量的传承。

二、革命红歌精神力量在高校思想引领中的融入元素

革命红歌产生的时代背景与今天的社会环境存在一定脱节,因此在将红歌作为一个优秀的文化、艺术形式展现在具有较多个性需求的当代大学生面前时,应当植入符合时代背景的各类元素,以使红歌在不失其精神力量的前提下更好地传承。

1. 革命红歌精神力量在高校思想引领中融入的群众性元素

任何艺术形式及其内在文化价值只有在具有群众性的基础上才有可能广泛传播。因此能否通过相应手段,将群众性元素植入革命红歌的表现形式之中就显得尤为重要。以"江大排行榜"校园歌手大赛为例,在这样一个极具群众支持的活动中融入革命红歌,在歌曲演唱过程的舞台设计上设置了教室桌椅、黑板等体现课堂环境的元素,使观众形成一种亲近感和参与感,巧妙地将遥远的革命年代与大学生活场景相融合,并达到了预期的效果。内涵深刻、时代久远的红色歌曲,其历史渊源却往往鲜为人知。通过征文、演讲等参与难度小,开展范围广的大众化的方式来探究红色歌曲的历史背景、探讨其文艺历史价值,能够使得更多的同学了解红色歌曲的深刻内涵和历史渊源。以"革命红歌美文选"活动为例,将征文、演讲等为大众所熟知的,具有群众基础的活动形式与红色歌曲文艺价值、历史背景相结合,使同学们进一步了解、学习、发扬红歌中所蕴含的无限精神力量。

2. 革命红歌精神力量在高校思想引领中融入的时尚性元素

革命红歌精神力量在高校中的传承主要是针对大学生,而大学生对艺术和文化的价值判断有其特殊的取向。而时尚但不失庄重的元素一方面适合革命红歌的主题需要,另一方面也更易得到广大大学生的喜爱。因此,在革命红歌的艺术形式中融入时下流行的时尚性元素可以更好地为传承其精神力量服务。以 2011年 5 月的"江大排行榜"校园歌手大赛的开场舞为例,首先在开场曲的选择方面选择了被重新编曲并融入 R&B 元素的红色歌曲《龙的传人》,并配合街舞呈现;在服装设计方面,选择了既能体现红歌时代背景,又不乏时下流行元素的衣着搭配,如时下广受追捧的海魂衫、梅花衫等服装,营造了时尚新鲜、吸引眼球的效果,同时又传达了革命精神、爱国情怀等信息;在动作编排方面,将时下流传度广、时尚幽默的动作融入表演之中,引起观众共鸣和关注,最终使得观众能更自然、更直接地体会到红歌的精神力量,并获得非常好的反响。

三、革命红歌的精神力量在高校思想引领中的深化方式

1. 活动组织方(学生干部)对革命红歌精神的深化方式

组织方作为活动的幕后操作者,对活动起到了绝对的主导作用。在将革命红歌元素融入原有活动或举办独创性的红歌活动时,作为组织方首先自发的学习革命红歌的精神内涵,体会革命红歌的精神内涵非常重要。在此基础上,结合对观众的了解,将革命红歌的精神融入活动中去。以"江大排行榜"校园歌手大赛为例,在活动准备初期,组织方便自觉地接触、学习了很多红歌的文化知识背景,深刻了解了红色歌曲深刻的文化内涵,形成了自己的思考,并且从心底认同传承革命红歌的精神力量对形成正确的价值观所具有的正面意义。继而在挑选合适的红色歌曲、组织歌手排演红歌时才能坚定不移地把握正确方向,更好地引导选手诠释出红歌的精神内涵,更好地达成传承红歌精神力量的目标。

2. 活动展示者(参与选手)对革命红歌精神的深化方式

活动的直接参与者是向观众表达活动内容的直接媒介,是实现活动目的的环节。深化参与者对于革命红歌精神的理解,是提高传承红歌精神力量效果的重要保障。在"江排"歌手大赛的准备过程中,邀请专业老师向参加比赛的选手们介绍和讲解红歌的历史背景及其蕴含的思想感情,并引导大家共同交流讨论对于红歌感情的思考和体会,帮助选手更好地通过自己独特的方式诠释和演绎好红歌的文化内涵,通过他们发自内心的表演感动和影响观众,将革命红歌的精神力量在潜移默化中植入观众的心田。

3. 活动参与者(观众)对革命红歌精神的深化方式

作为红歌精神力量在高校传承的主要对象和受众群,观众在传承红歌精神力量的过程中扮演了极其重要的作用。因此,组织方必须在活动组织的各个方面充分考虑,站在观众的角度,寻找能够使观众在潜移默化中受到红色歌曲革命思想的熏陶的方式,通过渗透教育达到传承革命红歌精神力量的目标。以"革命红歌乐飞扬,红色情节大家赏"——革命红歌电影节为例,组织方在活动前调查了观众对著名影片中红色歌曲的喜好和看法,在仔细分析了调查问卷后,选择了大家感兴趣的红色歌曲,使得观众得以欣赏到自己喜爱的革命红歌,让观众更投入、更自愿地参与到活动中来。而在观影结束,邀请观众填写调查问卷,并对观众的观影感受进行随机采访,从而提醒和引导观众对于电影所传达的信息和体现的革命精神形成体会和思考,达到了传承革命红歌精神力量的目标。加强对革命红歌精神在美育教育中的研究,一方面有利于引领青年学生通过对红歌精神力量的感知和体会,释放激情,接受思想洗礼,树立崇高爱国热情,坚定理想信念;另一方面有利于高校团学组织开拓进一步深入开展思想引领的新方向和新途径,为进一步做好广大青年学生的教育和管理工作提供了有效的方法。

江苏大学新生服务专题活动

——大学新生"入学高铁"引导新生融入校园

从高中生转变成大学生,从紧张的学习环境进入相对自由和宽松的大学校园,大学新生面临着学习状况、生活环境、人际关系、学校管理制度等众多方面的变幻,必然会出现各种问题。对新生进行入学教育,是学生尽快适应大学生活,实现高中教育与大学教育的"软着陆",成为各高校为大学新生准备的第一堂必修课。但是传统的新生入学教育却存在"思想引导工作在青年中的吸引力和感染力还不够,针对性和实效性有待增强"的缺点。

基于这一考虑,江苏大学团委以思想引领为工作核心,通过制作《新生攻略》,对学校信息资源的整合,以图文结合,诙谐"调侃"的方式帮助刚入学新生构建"校园初印象"。通过介绍学校历史、概况,分享学习知识、参与校园文化、科技创新和党团日生活等方式,使大学生新生从心理上和行为上快速了解和适应大学,并引导他们更好更快地融入大学学习生活。

一、选拔组建青年原创团队,制作青年人自己的《新生攻略》

新青年的新特点新变化,是共青团工作创新发展的基本依据,也是开展工作最直接的逻辑起点。为打造符合当代新青年特点和规律、满足当代新青年需求的《新生攻略》,江苏大学团委在全校选拔一批思想政治素质过硬、动手能力强、具备创新意识和一定平面设计能力的学生骨干,组建了江苏大学《新生攻略》创作团队。

江大青年创作的《新生攻略》转变了传统的话语体系,主动寻求贴近学生的表达方式,用学生自己喜爱的语言、图片和视频很好地诠释了新生入学要点和大学四年的点点滴滴,使新生对即将到来的大学生活有了相对充分的精神和物质准备。

二、灵活设置新生攻略版块,加强思想引导的针对性和实效性

针对新生最为关注的入学以后的"衣食住行"问题,2012 年第一期数字图文版《新生攻略》专门设置了"衣""食""住""行"四个板块:"衣"板块有对新生入学时携带衣物以及在校购买衣物用品的友情提醒;"食"板块系统介绍了镇江的特产及校园的各类食堂、小吃;"住"通过漫画形式介绍了各宿舍区的排布状况;"行"细致说明了学校地形和代步工具的选择及建议。

为帮助新生尽快了解校园帮助新生尽快了解江大、适应大学生活,2013 年第二期手绘漫画版《新生攻略》围绕"校园篇""生活篇""游玩篇"三大板块进行介绍,分别从学习、交流、考研、兼职、创业、社团、组织、出游八方面介绍了大学生活,启发新生在认真学习的同时全面发展、兼顾各方,提高了新生的思想觉悟,对新生今后的校园生活进行了"初启蒙"。

三、坚持线上线下同步推动,提高在广大团员青年中的影响力

2012 年和 2013 年新生入学期间,江苏大学团委共制作发布了两期《新生攻略》。《新生攻略》线上线下发行媒介众多,形式新颖。

线上用团员青年自己的语言,结合时下流行的网络元素,采取幽默风趣、诙谐调侃的形式进行表述。主要通过人人网、微博、微信、手机报、学校迎新官网、贴吧等新生聚集的网络媒体平台,以连载相册的形式定期更新发布。一经推出便大获好评,在新生群体中引起了很大的反响。线下则是以发行 10000 册的《江大新青年——新生攻略》特刊为载体,在新生报到期间向新生免费发放,纸质特刊发行10000 册,实现了对新生的全覆盖,使更多没有在网络上看到江苏大学《新生攻略》的新生通过《新生攻略》更加了解了即将开始的大学生活。意想不到的是,新生家长看到了线下的《江大新青年——新生攻略》特刊,对此也表示了极大的肯定。

江苏大学团委根据大学新生的特点及发展需要,针对学生的政治、思想、学习、生活、心理等方面的特点,有目的、有计划、有针对性地创作《新生攻略》,让新生全面性、体系化地了解学校,拓宽了新生熟悉校园的渠道,加快了新生融入校园的进程。改变了传统模式中较缓慢的新生对新校园"摸着石头过河"式的摸索了解,开创了学校主动贴近学生、关注学生的新模式,有效激发了新生关注校园的积极性和主动性,实现了学校对新生的垂直高效管理。

江苏大学团委至今已发行两期新生攻略。第一期的数字图文版和第二期手

绘漫画版的通俗趣味、贴近青年的模式均在学生中取得了强烈反响,在学生群体中广泛受到追捧。在发布后几天时间阅读量就达到 12000 余次。同时也引起了《现代快报》《金陵晚报》《中国科学报》等多家媒体报纸的争先报道,央视 13 套新闻频道也专门报道了江苏大学《新生攻略》。

新生攻略作为一项江苏大学自主创新性的文化产品,准确把握学生心理,有效结合学生需求,在对新生学习、生活、社团、组织等方面有很高的指导性意义。新生攻略以其简洁性、便捷性、趣味性、引导性满足了新生想要尽快融入校园新环境的迫切要求,为营造新生主动关注校园、紧密联系校园的良好氛围做出有益探索。

江苏大学开展预防艾滋病宣传活动

——常抓"防艾"教育工作,提升大学生身心健康

　　预防艾滋病健康教育的开展,事关学生身心健康、民族兴衰,事关教育的发展和社会的稳定,是一项长期不能懈怠的工作。我校按照教体艺〔2011〕1号《教育部、卫生部关于进一步加强学校预防艾滋病教育工作的意见》和国办发〔2012〕4号《国务院办公厅关于印发中国遏制与防治艾滋病"十二五"行动计划的通知》要求,将预防艾滋病健康教育工作纳入工作计划,科学制订具体的实施计划和工作目标,对预防艾滋病宣传工作进行了统一部署和安排,并将"防控"作为卫生常规工作来抓,取得了一定的成绩。现将工作总结如下:

一、统一思想,提升认识

　　我校历来非常重视艾滋病的防治与宣传,将预防艾滋病教育列入学校学生工作计划,将其融入大学生日常的思想政治教育、道德法纪教育和心理健康教育体系中,将"防艾"教育与学生的日常行为规范相结合、与培养学生树立良好的道德观相结合、与提升大学生的身心健康相结合,使学校的"防艾"教育工作常抓不懈。

二、加强领导,机制保障

　　根据学校统一部署,将大学生健康教育工作职能纳入校心理健康教育中心,统一组建江苏大学心理健康教育工作领导小组,由分管学生工作的副校长任组长,学生工作处处长任副组长,有关部门负责同志为成员,由学工处分管心理健康教育中心的副处长兼任心理中心的主任,具体负责学校预防艾滋病宣传教育、防控工作的部署、指导、督促及日常管理。将艾滋病预防知识纳入学校教学计划,通过课堂教学、讲座等教学形式向学生传授预防艾滋病知识,增强学生自我保护意识和抵御艾滋病侵袭的能力。

三、宣传教育，注重实效

学校预防艾滋宣传教育工作领导小组在认真分析高校学生的心理、生理和认知特点的基础上，点面结合，形成了全方位、立体式的宣传教育模式，成效显著。

1. 重普及：新生入校就人手一册发放《江苏大学健康教育手册》，开设 30 个学时 2 个学分的《大学生健康教育》公选课，普及艾滋病防治知识；每年定期开展"预防艾滋病知识"的橱窗宣传，营造科学"防艾"氛围；向全校二十六个学院发放"防艾"纸质宣传资料、宣传片、纪录片、影视作品等相关影像资料，多渠道全方位进行知识普及。

2. 强实效：结合"12·1"国际预防艾滋病宣传日，每年举办一届"江苏大学身心健康教育月"活动，与市卫生局、市疾病预防控制中心、传染病医院、各附属医院通力合作，邀请专家举办讲座、学术沙龙，普及科学防治知识。结合学生特点，举办"爱的抱抱"、"爱的寄语"、红丝带展板评比、预防艾滋病知识竞赛、户外素质拓展、心理团体辅导、主题团日活动、防艾影片展映、趣味运动比赛等多种形式的活动，增加"防艾"宣传教育活动的趣味性，调动学生参与积极性、主动性和创造性，提升全员"防艾"意识，真正发挥宣传教育活动的实效。

3. 勤督查：为了督促二级学院更好地开展好"防艾"宣传教育工作，学校将学院开展"身心健康教育月"活动情况纳入学院学生工作的年终考核中，活动前进行申报、审核，活动中开展督查、指导，活动后及时总结、报道，实现了全校动员、全生参与、全程监管的良好局面。

四、面临挑战和困难

一是部分学校师生在思想上认识存在误区，一些人知识匮乏，对防治艾滋病持无所谓态度掉以轻心，麻痹大意，认为"艾滋病距离我们还很遥远，并不可怕"，另一些人则存有恐惧心理。二是学校已将预防艾滋病教育及性病教育内容纳入健康教育课程，但总体上学生选课不积极。三是宣传教育模式没有跟上时代的节奏，传统宣传教育模式传播度、覆盖面、互动性欠佳。四是学校图书室防治艾滋病的相关资料及相关的报刊、杂志资料不足，种类稀少。

五、下一步工作展望

针对在艾滋病防治教育中存在的问题和困难，特提出以下措施：一是积极向广大师生宣传艾滋病的相关知识，相关政策，解除他们掉以轻心，麻痹大意的思想及恐惧心理。二是加强健康教育课师资的培养,提升教学水平,增加课程新引力。三是进一步加强与卫生、计划生育、职工医院、共青团、学工处各科室、二级学院等部门和机构的协调配合,整合相关信息,借助新媒体手段,发挥宣传教育实效。四是积极争取领导支持,解决学校艾滋病防治的图书问题,使学校的图书室有一定数量的艾滋病防治的图书。

预防艾滋病工作是一项长期而艰巨的任务,只有全社会的共同支持、共同努力、共同关心,才能真正做到有效预防与控制。江苏大学将牢记自己的使命,一如既往,始终把预防艾滋病的宣传教育工作作为学校的一个工作重点来抓,为社会的进步、校园的和谐、学生的成长做出应有的贡献。

江苏大学举办手语操大赛

——用心交往，共筑和谐，心灵手语操沟通你我

为贯彻落实省教育厅《关于在全省高校开展"3·20 咱爱您"心理健康教育周和"5·25 我爱我"心理健康教育月"活动的通知》（苏教办学〔2015〕5 号）的文件精神，创新心理健康教育活动形式，营造良好的心理健康教育氛围，扎实推进大学生心理健康教育工作，我校于 2015 年 4—5 月在全校开展了以"用心交往 共筑和谐"为主题的第二届心灵手语操大赛暨第十四届"5·25 心理健康教育节"活动，取得了圆满成功，现简要总结如下：

一、领导重视，全力支持

学校领导一直非常重视大学生心理健康教育工作，在人力、物力、财力方面都给予了很大的支持。手语操比赛之初，组织召开工作会议，认真部署工作，制订详细的活动方案和计划，动员各学院积极参与；活动期间，亲临现场，给活动的组织者、参与者指导与鼓励，全方位关注大学生的成长。

二、重心下移，全面开花

与往年心理健康教育活动以学院为单位参加不同，今年的手语操比赛重心下移，以 2014 级班级为单位，由各学院组织初赛，选拔优秀队伍进入复赛。各学院相当重视初赛的组织，邀请专业的评委，在学院活动室、操场、湖边等开阔场地进行比赛，各班级同学着统一服装参加，参与率达到 90% 以上。

最终全校 268 个 2014 级的班级经过 17 场初赛决出京江学院会计 1404 班等 21 支队伍进入决赛。京江学院、能动学院、管理学院、食品学院、环安学院、医学院因组织得力获得优秀组织奖。

心理中心组织复赛选出教师教育学院教育技术（师范）1401 班等 10 支队伍

进入决赛。

决赛中,经评委现场打分,计算机学院网络 1402 班获得特等奖;海外教育学院留学生联队和教师教育学院教育技术 1401 班获得一等奖;环安学院环境工程 1402 班等三个班级获得二等奖;京江学院机电 1402 班等四个班级获得三等奖。

三、不同群体,彰显特色

本次手语操比赛,不同的班级和群体各有特色。本科生班级穿着青春、活泼,将专业特色和班级风貌带入表演中;海外教育学院的留学生穿上本民族的服装,用手语表达自己对国家的爱,对中国的爱,对江大的爱;研究生联队放下手中的实验和数据,以成熟、稳重的姿态演绎《我相信》,相信自己能拥有美好的未来。

手语操比赛不同于唱歌、舞蹈等比赛,它的专业性门槛要求较低,而对团队的整齐性和精神面貌要求较高,因此非常适合班级的所有同学参与,更有利于班级凝聚力的提升和校园和谐氛围的营造。初步计划,2014 级所有同学将在下半年的校运动会上集体表演手语操。

江苏大学开展"给我一个家"活动

——为孤儿大学生撑起一片爱的蓝天

在江苏大学,有这样一群人,他们平均年龄已近70岁,他们每人都有"特殊的子女",他们就是校关工委"给我一个家"工作团队的成员,他们的温情和关爱为孤儿大学生撑起了一片爱的蓝天。

"孤儿是寒门学子中的特殊群体,他们不仅仅需要物质帮助,更需要精神上的关怀。"关工委主任金树德经常强调。看到学校不少孤儿孤僻自封,关工委的老教师们将对学生的爱心行动从物质帮助延伸到给予其家庭般的温暖。2005年,关工委专门成立了"给我一个家"工作团队,学校不仅每个月给"孙子""孙女"300元生活费,老教师们还从心理、学业等各方便进行全方位帮扶,除逢年过节"家人"团聚外,平时也时常邀请孩子常回"家"看看。

一、有人管有人爱,孤儿大学生有了温暖的"家"

退休教师金树德和爱人杜玉清分属满族和汉族,他们先后结对的孤儿大学生李雪梅、索朗次仁分别是朝鲜族和藏族。一次索朗次仁的手机坏了,金老师连续三天和他联系不上。焦急的他翻看了索朗次仁留的资料,欣喜地找到了拉萨市的一个联系方式,"谁知打过去对方满口说着藏语,一句也听不懂,只能挂上了电话。"点点滴滴的关怀感动着索朗次仁的心。寒假后返校,索朗次仁做的第一件事就是把自己从家乡带来的两条哈达献给了金爷爷和杜奶奶,祝他们吉祥如意。

来自吉林长春的孤儿大学生李雪梅,上大学前一直在孤儿院、福利学校长大。2007年考入江苏大学,到校不久她就多了一个温馨的"家",与她结对的杜玉清奶奶在第二天就将她隆重地介绍给家人,每逢节假日,李雪梅都会到杜奶奶家,生活中的烦心事会跟奶奶说说,学习的事情也常跟爷爷谈谈。后来,李雪梅以优异的成绩考上了研究生。工作后身在外地的她,总是隔三岔五地和奶奶打个电话、发个短信,还经常回"家"探望爷爷、奶奶。

二、与孤儿结对,孤儿大学生成为他的牵挂

孤儿大学生不仅缺乏父母之爱,在物质生活上也极其匮乏,没有依靠和保障,成长道路上步履维艰。老教师李国文连续结对了三名孤儿,两个星期甚至有时一个星期,李国文就会喊上结对的孩子来家里吃饭,交流下学习和生活情况。身为教授,李国文对孩子的学习情况特别关心,总是一次次地强调要坐在教室的第一排,要认真记笔记,要多向任课老师请教。来自偏远地区的孩子学习基础差,李国文实行赏识教育,经常鼓励他们"只要学习态度对头,学习方法得当,一定能把成绩搞好"。在李国文的关心下,三个孩子大学里都获得了奖学金。在他们毕业时,李国文还特意给每个孩子送了两本励志图书,鼓励他们"人生的路要靠自己走"。

三、点亮心灯,他们让孤儿大学生重拾"阳光"

由于成长环境的关系,许多孤儿大学生存在着一定的心理问题。除了在生活上帮扶孤儿大学生,"给我一个家"工作团队的成员们更是挖空心思让孤儿大学生重拾"阳光"。

"刚见面时,孩子和我一句话也不说,根本没法交流。"退休教师彭玉莺回忆,来自山东聊城的小雷兄妹三人相依为命,刚到学校时性格非常孤僻。为了解开孩子的心结,彭玉莺每次和小雷见面,有什么问题都用笔写在纸上,让小雷写字条回答。小字条传递的是真诚的关心和温暖,没过多久,这对"知心笔友"成了无话不谈的好友,学计算机专业的小雷学习成绩突飞猛进,以高分成为全班第一个网络工程师,性格也活泼开朗得像变了个人一样。

退休教师景顺荣和来自贵州山区的大一新生小高结对。性格开朗的景顺荣爱好广泛,喜欢打乒乓球、拉二胡,他的乐观精神让小高深受感染。"每次去景伯伯家做客,他们总是自己动手做很多面包,让我带回去和宿舍同学分享,我和同学们相处得很融洽。"小高印象深刻的是,景伯伯总是强调不要把自己孤立起来,要融入集体,要求他"班级里有聚会就去,钱不够伯伯来解决"。

给孤儿大学生当家长是义务劳动,逢年过节,很多位家长还会自掏腰包给孩子压岁钱和过节费。金树德说,"给我一个家"活动吸引了很多有爱心有责任心的老同志参加,由于每年孤儿大学生人数有所增加,很多老同志都积极申请愿意多带几个。正是在这些无私付出的老同志的共同努力下,"给我一个家"活动在江苏大学不断生根发芽、开花结果,为孤儿学生找到一个又一个"家"。

附 江苏大学"给我一个家"活动概述

江苏大学"给我一个家"活动始于 2005 年。每年,校学工处与关工委共同组织富有爱心的离退休老教师与新入学的孤儿学生结成对子,从心理、学业、经济等各方面全方位帮扶学生至其毕业。

活动开展的 11 年来,学校已经让 69 名孤儿拥有了温暖的"家",帮助他们顺利地度过了大学生活。目前,在受助孤儿大学生中,47 名同学已经毕业,其中 6 人考取研究生,41 人顺利找到工作。让结对家长们最开心的是,他们的精神状态都发生了很大变化,性格乐观开朗了很多。不少孤儿学生表示,能在江苏大学上学是他们的荣幸,他们要把爱的接力棒传递下去,在今后的工作、学习和生活中去关爱、帮助他人,回馈社会。

"给我一个家"活动受到诸多好评:2008 年 7 月 16 日,《中国教育报》整版图文报道了本活动;2010 年,《中国教育报》先后两次报道本活动;2015 年,《十载传承磨铸育人精品 关爱文化提升大学精神——江苏大学坚持开展"给我一个家"活动》获教育部高校校园文化建设优秀成果二等奖;2016 年,以"给我一个家"帮扶的学生张志勇为原型改编拍摄的微电影《青春圆梦》荣获首届全国高校网络宣传思想教育优秀作品"微作品"特等奖、江苏省"他们——我身边的资助"微电影大赛一等奖;目前,"给我一个家"工作团队正在参评江苏大学第三届"感动江大"人物评选。

江苏大学大力开展菁英人才培养

——打造"菁英学校"人才培养新载体

2007 年 5 月,团中央启动了"青年马克思主义者培养工程"。青马工程实施以来,江苏大学党委高度重视,学校团委迅速行动,2007 年 10 月,在 20 世纪 90 年代中期(1996 年)成立的"21 世纪人才学院"的办学基础上,创办了"菁英学校",作为江苏大学深入实施青马工程的重要载体。菁英学校原先设计是每期招收 50 名学员,培训期一年,主要采取辅导报告、社会实践的方式进行。为继续深化青马工程,2010 年 10 月,校团委调研起草了菁英学校培养模式改革方案,得到了学校党政的大力支持,学校制定印发了《江苏大学菁英学校培养方案》(江大校〔2010〕285 号),每期招收校级培养对象提高到 300 人,从强化青年马克思主义者培养工作与思想政治教育、学生素质提升的有机结合入手,进一步明确了培养原则,进一步规范了培养方式、教学管理,进一步完善了办学的保障机制。

创新菁英学校培养机制,主要是基于三点考虑:一是以菁英学校为载体,打造社会栋梁之才。菁英学校旨在针对大学生骨干的成长规律和实际需求,着眼于增强政治素质、提升思想境界、优化能力结构、锤炼作风品格,通过理论学习、实践锻炼、对外交流、课题研究等方式,帮助学生骨干学习和掌握马克思主义中国化的最新成果,加深对我国国情及形势政策的了解,进一步坚定跟党走中国特色社会主义道路的理想信念,成长为中国特色社会主义事业的合格建设者和可靠接班人。二是以菁英学校为载体,实现优秀学生素质再提升。我们认为,高等教育大众化背景下更需重视精英教育,高水平大学则是培养精英人才的主要场所。因此,我们更加突出精英人才培养。每期培训班的学员都是来自各学院的综合素质非常优秀的学生,通过菁英学校系统化的培养,为优秀学生的健康成长提供良好的平台,实现优秀学生知识、能力、素质的再提升。三是以菁英学校为载体,培育江大未来杰出校友。校友是学校宝贵的资源和巨大的财富,是一所大学办学实力和水平的集中体现。一所高水平大学一定是培养出了众多出类拔萃高端人才的大学。因此,学校重视对精英学生的培养,也是重视对未来杰出校友的培养。

【具体做法】

(一)明确培养原则

菁英学校针对优秀大学生的成长规律和实际需求,从增强政治素质、提升思想境界、锤炼作风品格、优化能力结构、扩展国际视野等方面着手,在全校大学生中培养一批有坚定的理想信念、能引领社会发展、能适应国际竞争的时代精英。为达到上述培养目标,学校坚持"五个结合"的培养原则:一是坚持把人才成长的一般规律与青年马克思主义者的特殊要求相结合;二是坚持组织培养与自我教育相结合;三是坚持理论框架训练与能力结构训练相结合;四是坚持组织社会实践与进行社会观察引导相结合;五是坚持培养选拔与日后的观察、举荐、使用相结合。

(二)严格教学管理

1. 学员选拔。每年 5 月从各学院选拔优秀学生进入菁英学校,培养周期为一年,至次年 6 月结束。选拔学员的条件为:三年级本科生或一年级研究生;中共党员或中共预备党员,综合素质突出的入党积极分子、优秀团员;学习成绩优良,曾获得校级二等(含二等)以上奖学金;担任学校各级团学组织的学生干部;身心健康。

2. 管理机构。菁英学校设校务委员会,主任委员由学校党委分管学生工作的副书记担任,副主任委员由学工部、团委、关工委等部门主要负责人担任,委员由组织部、宣传部、老干部部、教务处、科技处等部门主要负责人担任。校务委员会下设教务办公室(挂靠校团委),负责制定、修改学年教学计划,以及招生、管理、考勤、结业等工作。全体学员分 6 个班管理,每班 30~50 人,由校团委老师、关工委老同志分别担任班主任和指导老师,指导班长、团支书等班委做好班级日常事务。

3. 学籍管理。菁英学校为每位学员建立学籍,从所学课程、参与情况、学习态度、讨论交流发言情况、作业完成情况等方面,客观记录学员在各个培养阶段和环节的表现及成绩。培训班结束前,通过组织学员自评、小组鉴定、班主任审核等环节,形成学员鉴定表,在此基础上,由班委会形成学员学习期间的综合性评语。

(三)创新培养模式

根据菁英学校的培养目标和培养对象的特点,学员的培养主要涵盖理论学习、能力训练、社会实践、社会观察、交流研讨等方面,在培养环节上具有以下特色：

1. 模块化培养。菁英学校探索了模块化培养方式,在一个培养周期强化理论学习、素质拓展、社会实践"三大模块"的合力作用。一是理论学习模块。主要通过主干课程和主题报告的方式组织学员集中培训。每期为学员安排两门主干课程,内容涵盖思维方法论、领导行为学、社会学、公共关系学等方面。每期邀请国内外专家、学者、教授为学员开设不少于 10 次的主题报告,提升学生的理论与人文素养。二是素质拓展模块。制订了"两才"(文才、口才)训练方案、素质拓展活动方案,班主任定期指导学员训练。三是社会实践模块。暑假期间,菁英学校学员组成若干社会实践小分队,分赴全国各地开展社会实践。日常节假日期间,组织学员参与社会实践,包括赴革命传统教育基地参观学习、社区挂职、开展社会调查等。

2. 学员导师制。聘请一批政治素质过硬、管理经验丰富、专业知识深厚的在职党政领导、学科带头人、老专家、老同志,组建菁英学校导师团队,担任学员的学业导师,参与菁英学校的日常教学、课后辅导、讨论交流等活动。2010 年 10 月,学校行政专门发文,首批聘请了 138 名导师。导师通过面对面交流、飞信、QQ 等方式全面了解培养对象的思想、学习、生活等状况,对培养对象的思想态度和学习、实践成果进行全过程督导,在学习习惯养成、学业规划指导、科研能力培养等方面给予具体化指导,帮助培养对象不断完善自我。

3. 菜单式自学。在集中培训之外,菁英学校倡导学员进行自主学习,统一安排学习任务,明确学习目标和考核要求。一是列出名著学习菜单。在充分借鉴中央编印的相关理论读本、高校思想政治课教材的基础上,结合培养目标和课程设置的需要,菁英学校为学员提供 100 本经典著作目录(包括理论原著、哲学名著、文化专著、励志成才等方面),由学员选择其中 2 本,再加上自己申报的 3 本,确保每位培养对象培训期间完成 5 册以上的阅读和学习量。二是列出视频学习菜单。利用"中国大学视频公开课""中国教育在线开放资源平台"等网络资源,以及购买的优秀视频资料,为学员开列包括理论辅导报告、心理学、现代礼仪、演讲与口才、历史、科普等方面的视频菜单,供学员自学,并要求学员提交学习心得。

4. 开放式交流。针对培养对象文字写作能力、语言表达能力较弱的现状,在充分听取学员意见的基础上,我们编印了《菁英学校学员"两才"训练方案》,旨在通过训练,提高学员的口才、文才。训练分三个层面进行:小组层面开展"10 人双周开口练",小班层面开展"小班三周脱口秀",大班层面在春秋两季开展"学员论坛"。训练程序为:学员围绕确定的主题独立撰写 1000 字以上的演讲稿,在训练过程中每名学员依次脱稿演讲,演讲结束后由指导老师逐一点评。

【工作成效】

（一）学员素质得到提升

学校目前已举办了22期培训班,培训了近3000名优秀学生,邀请了百余位专家教授来校为菁英学校学员做报告,学员普遍反映增长了知识、拓宽了视野。通过社会实践、导师制、菜单式自学、"两才"训练等方式,学员的综合素质得到了明显的提升。据对已经结业的学员的调查,92.4%的学员在思维能力上有大幅度提高,90.1%的学员在团队精神上有了显著提升,94.8%的学员在表达能力上明显进步,82.9%的学员在国际视野有所增强,84.4%的学员在组织能力上有了进步,80.7%的学员在写作能力上有所提高。

（二）学校党政大力支持

菁英学校的培养模式得到了学校党政的大力支持。学校主要领导充分肯定了菁英学校创新培养模式的做法,并推动以学校名义印发了相关文件,给予资金、政策支持。学校每年划拨30万元的专项经费用于邀请专家授课、学员外出考察、学员社会实践、学员对外交流等方面工作。加强优秀学员的选拔培养力度,"三国三校"活动学生代表、国际交换生、国家、省优秀学生干部原则上从菁英学校学员中选拔。

（三）影响和促进了学风建设

菁英学校的学员都是来自各个学院的学生骨干,通过菁英学校的培训,他们进一步发挥了模范带头作用,影响和带动了大批同学追求进步、努力学习,促进了学风建设。

（四）菁英学校培养模式在全校逐步推广

各二级学院高度关注菁英学校的培养模式,部分学院在举办团校时,借鉴了菁英学校的培养方案。在调研的基础上,校团委决定逐步在各二级学院推广菁英学校培养模式,指导二级学院做好院级培养对象的培养工作。

第六篇 **06**

|人物榜样篇|

　　本篇选取了学校教师(包括德育工作者和其他管理服务人员)、学生、校友三个群体中,在品行、学术、业绩、精神、贡献或其他各方面有影响力、有代表性的优秀人物,发掘他们感动校园、感动社会的故事和闪光点,揭示他们与学校的独特文化和精神最本质的特征及联系,让他们的示范辐射效应感染和激励更多人。

中国好人：邵仲义

邵仲义,男,1932年4月出生于上海,先后肄业于上海第二医学院、北京第二外语学院俄语专修班。1951年8月参加工作,先后就职于华东工业部、北京一机部、北京农机部、河南省农机局。1981年4月调至江苏大学工作,1984年4月提任科长级,1992年9月退休。一直以来,他十分关注青年学生,尤其是贫困大学生的成长成才。2007年,他捐助50万元设立"爱生助学金"。2013年3月28日因病在家中去世,其遗体捐献给镇江市红十字会,近60万存款全部捐助贫困学生。2013年5月邵仲义入选中央宣传部、中央文明协主办的"中国好人榜"名单,同时获评第四届全国道德模范提名奖。

邵仲义同志,一生兢兢业业,克勤克俭,乐于助人。他以低调朴实的大爱帮助了数百名贫困学子,更以"裸捐"离世的义举感动了无数世人。一位平凡的老人,用实际行动勾勒出了不平凡的人生。邵仲义同志的凡人善举,体现出了爱生如子的仁爱精神、乐善好施的品德风范、克勤克俭的生活作风。他用无声的大爱写就了令人肃然起敬的感人篇章,塑造了新时期高校优秀教职工的光辉形象。

关爱学生 捐资助学

邵仲义同志乐善好施,一直默默地帮助贫困学生。他行事低调,对自己的善行从不言说。直至去世后,陆续有人前来吊唁,方才让人更多地了解了他的助学点滴。

江苏银行镇江大港支行的钟网荣说,20世纪80年代末期他在学校农业银行工作,经常去邵仲义家,那时邵仲义已经资助了四名研究生。现为江苏科技大学教师的周琨,1994年上大学时因为京剧和邵仲义结缘,经常去老人家中吃饭。大学三年级时由于学习压力大,还搬去邵仲义家中住了一个学期,"邵老师对我照顾得很周到,供吃供住,就像家人一样"。同住那段时间,邵仲义为周琨准备一天三餐,见周琨熬夜看书还经常为他准备点心。周琨介绍,那时邵仲义是随机地帮助学生,只要了解到哪个学生有困难就去资助他。

2007年,邵仲义收到了海外寄来的一笔50万元巨款。这是远在加拿大的表哥汇来的报恩款。战乱时期,邵仲义的母亲拿出陪嫁的一枚戒指资助其表哥赴香港谋生。感恩于邵仲义母亲的恩情,表哥汇给了邵仲义兄弟姐妹每人7万美元。当时,邵仲义生活并不富裕,原本可以用这笔报恩款很好地改善生活,但他却决定全部捐出来,他说:"我从小接受的家庭教育就是要乐善好施,报恩款这样用最能体现它的价值。"

在和学校相关部门联系后,邵仲义设立了"爱生助学金",专门用于资助品学兼优的贫困大学生完成学业。他一再强调,"把报恩款用在学生身上,是我最大的欣慰。我不图学生的任何回报,唯一的期望就是希望他们学有所成,将来能够回报社会和他人"。邵仲义十分低调,一直不愿意透露自己的名字,受助的200多名大学生至今不知道是何人帮助了他们。

从2007年开始,邵仲义又面对面地与贫困大学生结对,开展定向资助。几年来,他资助的学生中,两名毕业生考取了名牌大学研究生,一名孤儿大学生自立自强,被评为江苏大学"励志之星"。

乐于奉献　裸捐离世

邵仲义同志心中充满了对教育事业的热爱和贫困学生成长的关切。他生前有两个愿望,一是把遗体捐献给镇江红十字会,二是把所有存款捐给江苏大学贫困学生。邵仲义资助贫困生的费用累计超过了110万,离世时身上却仅剩24.1元。

邵仲义是在3月28日突然离世的。由于严重的高血压并发症,邵仲义身体每况愈下,腿脚疼痛得无法下楼行走。或许是感觉状态不好,他在离世前一个多星期,委托了学校帮忙办理捐献遗体的手续,退管处处长汤静霞正是他的执行人。

汤静霞说,给邵老送协议书的时候,他已经早早把章准备好放在了桌上,看到协议书他很高兴,说自己年岁大了还能贡献最后一份力量。邵仲义离世的当天,汤静霞就遵照其嘱托将遗体转交给镇江红十字会。镇江市红十字会负责人会长蒋宗宁说,邵仲义是今年镇江市第一例遗体捐献者,他的遗体将用于医学事业。

邵仲义同志虽然没有立下遗嘱,但是他生前曾经多次和家人说过,要把所有的存款留给学校的贫困学生。3月30日,邵仲义的家人从银行取出了邵仲义的全部存款,加上学校拨给的4万多元丧葬费,总计近60万元,全部交给了学校,他的家人表示，"这是邵仲义的决定，我们全家都支持他"。

克俭于家 大方行善

邵仲义同志厉行节俭，生活十分朴素。他一生未婚，孤居一人，一直租用单位50多平方米的公房。在邵仲义家中，橱柜上崭新的被子一直舍不得拆开来用，空空如也的冰箱里摆放着发霉的腌豇豆，放衣服的箱子还是邵仲义的母亲抗日战争年代遗留下的，厨房里摆放的热水瓶已经长满了锈迹。

今年年初，学校退管处曾经建议邵仲义到养老院生活，听到每个月1710元的费用后，邵仲义说了声"我再考虑考虑"，便没有了下文。由于经常和邵仲义联系，汤静霞还了解到校园里卖菜的小贩对邵仲义"很有意见"，汤静霞说，"小贩们说邵老师太抠了，喜欢挑三拣四，买个青菜都要货比三家"。

自己的生活一切从俭，邵仲义对学生总是非常大方，他无儿无女，就把学生视为自己的子女。邵仲义常常说，"资助大学生，不是要锦上添花，而要雪中送炭，把钱用到那些家庭真正贫困的孩子身上"。曾就读于江苏大学艺术学院的2007届毕业生李雷家在徐州农村，兄弟两人同时上大学，家庭经济负担很重。大一暑假，李雷在学校后门勤工助学，热心的邵仲义关心地问起了他的情况，两人熟悉后一直保持联系。2007年6月一次偶然的聊天中，邵仲义得知快要毕业的李雷还欠着5000元学费时，便一次性帮李雷还清学费、资助他参加工作。工作后李雷提出把钱还给邵仲义，邵仲义每次都善意地回绝，他说："你马上还要成家，要花钱的地方还很多。"

生前，邵仲义每两个星期就把学生喊来家里改善伙食，满满一大桌菜老人常常提前两三天就要准备。学生每月300元的资助标准，邵仲义总是悄悄地拔高到400元甚至500元，逢年过节还发给学生一些"节日补贴"。

学校安排了大学生志愿者每天到邵仲义家中服务，邵仲义经常自作主张地给志愿者们放假，让他们不要影响学习。为邵仲义最后一次志愿服务的学生罗新回忆说，元旦前一天的晚上，邵爷爷像往年一样把他们一群"小朋友"喊过去聚餐，准备了一大桌菜，事后他发现"吃剩下的菜就放在冰箱里自己慢慢吃，一个多月了还不舍得扔掉"。

"东西都旧得不能再旧了，除了电脑和电视机，家里没有一件像样的东西。"在收拾遗物时，邵仲义的家人非常感慨，"他对自己太苛刻了，却一生都在做着善事。"

积极乐观　笑对生活

邵仲义同志严于律己,善心待人,从不向单位组织提要求,即使在他生病住院期间,面对病痛造成的肢体疼痛,都默默地忍受,直到生命的结束。他留给别人的始终是一张面带微笑、和蔼可亲、慈祥仁善的面容,丝毫看不出病痛给他带来的折磨。

他待人热情诚恳,只要下楼散步,一路上都在热情地和别人打招呼,小朋友见了他,老远就会喊"胖爷爷""外国爷爷"。凡是认识他的人都评价"老邵是个好人"。

邵仲义也十分热爱生活,始终保持积极健康的生活态度。他唱得一口好京剧,做得一手好菜。尽管80多岁高龄了,却能紧跟时代步伐,他会用手机,会上网看新闻,会用QQ与学生、家人沟通交流。作为镇江市有名的京剧票友,他积极参加老年协会组织特别是京剧协会组织的活动,很多校内外的京剧爱好者都成为了他的徒弟,和他结下了深厚友谊。年轻票友顾荣伟是邵仲义的忘年交,他回忆,江大京剧票房的费用大半都是邵仲义自掏腰包,学生想掏钱,他从来不肯收。

在华东师范大学读研的刘军营受邵仲义资助四年,刘军营说,平时和大学生聊天,邵爷爷说得最多的就是——做人就要无忧无虑、积极向上。刘军营刚上大学时总喜欢不停地抱怨,在邵仲义的影响下变得开朗乐观了很多。去上海读研后,邵仲义还牵挂着他,常常打电话问他"钱够不够花?有困难的话就找爷爷"。

邵仲义离世后,手机一直放在家人身边,人走了电话铃声还是不断地响起。邵仲义的弟弟邵渊说:"每天都有六七个学生打来电话,有广州的、上海的、南京的,问邵爷爷情况怎么样。我真为哥哥感到欣慰,有这么多学生牵挂他。"每每接到这样的电话,邵渊都一一告诉学生邵爷爷走了,按照老人的嘱托,一切从俭,不办遗体告别会,不置办公墓。得知邵仲义的"裸捐"事迹后,邵仲义资助过的学生都表示"毫不意外",他们说,"邵爷爷从不和我们讲大道理,但我们都知道爷爷是个好人,一直在做些简简单单的好事"。

"生前勤俭关爱学子情深意切,身后捐躯造福人类博爱奉献。"这是邵仲义同志追思会上的一副挽联,也是他感动人生的真实写照。邵仲义同志不失为最美"爱心老人",他以凡人善举为"大爱无声"做了最好注解。这位寻常人的不凡事,传播了平凡而伟大的正能量,更以春风化雨、润物无声的姿态温暖和感动了现世人心。

第七届全国高校辅导员年度人物提名奖：刘洁

一、个人简历

刘洁，女，汉族，中共党员，1975年6月生，副教授，硕士生导师，国家心理咨询师。1998年6月起从事专职辅导员工作，现任江苏大学财经学院党委委员、学生工作办公室主任、学生党支部书记，在协助分管院领导开展学生教育管理工作的同时，承担《形势与政策》《出国留学指导》《就业指导》等课程主讲任务和校大学生流行音乐社指导任务。

二、工作情况

"每个人都有自己的天赋，但未必每个人都对自己真正了解。我们最需要的是打开心灵、释放心灵、点亮心灵，在被引导、启发、鼓励的过程中，努力实现自己的梦想。"——1998年的奥斯卡获奖影片《心灵捕手》。

江苏大学财经学院专职辅导员——刘洁，就是这样一个属于中国大学生的"心灵捕手"。在16年的专职辅导员生涯中，她充分发挥课堂正面引导作用，被誉为"讲座达人"，通过"新生攻略"等板块培养大学生媒体素养；她紧扣专业特色，打造"励志学院"等多项校内品牌创新活动；她结合工作实际，制定多项考核量化指标引导和支持学生创新创业创优，带领学生获得全省创业大赛金奖；她支持学生利用专业知识帮助百姓维权，指导成立全国首家"大学生税收维权志愿团"。在同事眼里，她是一个爱岗敬业、永不疲倦、充满活力的辅导员；在学生心里，则时刻充满着打开心灵、释放心灵、点亮心灵的渴望、慰藉与温暖。

用对话浸润心灵

互动的方式，是打开心灵的良方。在工作中，她坚持通过平等的交流对话，去平复青年学生的躁气,唤醒他们的责任意识,养浩然正气,学古今中西,树博大胸怀。

三尺讲台养正气,专业讲座点人生。她认为讲台是对学生坚持正面宣传和传递正能量的主要阵地。因此,她精心为各个年级学生准备各种类型的讲座,年均主讲60余场,内容涉及党团知识、考研留学、就业考证、心理辅导等多个方面,被学生誉为"讲座达人"。"刘老师的讲座有强大的气场,她说的话说服力强,让人不自觉地就听进去了。"研究生郭慧珺如是说。

积极应用新媒体,线上线下多互动。随着智能手机的普及,学生随时随地可以利用网络与外界进行交流。她很快就意识到新媒体的优势,探索利用新媒体开展学生教育管理工作的途径和方法。在人人网站上建立学院官方主页,指导开通微信公共账号,鼓励以班级或团支部建立集体微博,通过这些新媒体平台推送新理论、宣传正能量、发布新消息……及时便捷地与学生进行信息交流和心灵对话。

结合实际勤思考,工作推进重规范。学生工作涉及面广,不论是学风建设还是宿舍管理,不论是奖惩条例还是党团建设,不论是生涯规划还是就业指导,她立足于学院工作实际和学生健康成长,积极推进学生教育管理工作规范化。在学院层面率先制定《学业导师考核体系》《优良班风建设考核体系》和《团支部量化考核标准》等文件,取得了很好的工作效果并得到了上级的肯定。2012 年,学院团委被评为"江苏省基层团建示范点"。

用鼓励唤醒心灵

大爱无私,是拯救心灵的方舟。她在关心关爱全体学生的同时,高度关注"三困"学生,通过爱的力量温暖那些受挫的心灵,使他们在无助与彷徨时找到正确的方向。

中间群体得关心,学生特长有发挥。她发现在一个班集体中,大多数中间群体同学的质量,决定了班集体的整体风貌。因此,她善于挖掘中间群体同学身上与众不同的优势和特长。有的同学热爱文学,她就鼓励其创作投稿;有的同学擅长长跑,她就推荐其参加专项训练;有的同学喜欢创新实践,她就支持其参加课外科技活动。在学校"星光杯"大学生课外学术科技作品竞赛中,学院连年获得总成绩第一名。她倡导举办的"研究生国际交流周"管理类论坛目前拓展到医学等板块,成为学校的品牌活动。

平等尊重树自信,身残志坚成先进。几名残疾学生是她重点关注的对象,从学生入校宿舍安排到上课接送,甚至学生家长临时工作,她都尽力帮助。11 级的某同学言语表达困难和行动不方便,她多次与其他学生私下交流,引导大家尊重和帮助残疾同学;每周和家长保持密切联系,引导家长密切关注孩子的情绪变化,劝说家长要放手让孩子勇敢面对,等等。在她的鼓励下,该生成绩优秀,获得2014年"中国大学生自强之星"。

学业警告开良方,励志学校显成效。为帮助学业警告的学生顺利完成学业,她着手成立了励志学校:把积极引导与自我教育相结合,把团体辅导与个别帮扶相结合,把心理疏导和生涯规划指导相结合,通过导师和朋辈的共同努力,帮助学生走出自我迷茫,激发奋斗激情,主动掌控生活。学院卫同学,三次学业警告面临退学,她劝说其参加了励志学校,亲自陪其进行素质拓展训练,每周进行一次深度交流。该生所欠60多个学分在一年内迅速补齐,成绩绩点也从0.9上升到1.8的毕业要求。目前励志学校举措已在全校推广开来。

用梦想升华心灵

萌发一个梦想,就如同种下一颗信念的种子,种子抽芽生长,给予我们探索的希望。刘洁鼓励每位同学都勇于去实现属于自己的梦想,个性的梦,有担当的梦。昂扬的梦想,是升华心灵的翅膀。

学生骨干树榜样,服务社会成栋梁。刘洁在工作中注重学生骨干的培养,不仅要求他们学会工作,而且懂得如何真诚做人、服务他人。她的学生中涌现出了"全国三好学生"张惠、高丽丽、伏广毅、丁翠等多名江苏省委组织部选调生,在她的教育下,这些同学在校期间就能够主动服务集体,带领同学践行志愿活动,把社会观察和社会实践结合起来,树立了有责任、肯奉献、勇担当的青年形象,毕业后,又都主动扎根基层,在社会主义现代化和新农村建设中贡献着自己的力量。

实践育人融社会,志愿维权树新风。刘洁财经科班出身,深知专业学习与操作实践的关系。她所指导的金融投资协会荣获校"五星级社团",与工商银行共建"大学生金融实践中心";她组织举办的"国联杯"模拟股市大赛已连续五届,每年全省高校有千余名同学报名参赛,被评为"江苏大学十佳项目";她带领的学生团队在与工商银行举办的银行产品创意大赛中,获得镇江赛区第一名,全国总决赛中获得第五名。刘洁热衷于指导和参与大学生社会实践和志愿者服务活动,她指导学院青志协开展的"让爱破茧成蝶——关爱残障人士"活动被评为江苏省红十字会"博爱、青春"优秀志愿者服务项目;赴宜兴张渚镇五洞村开展以"低碳生活,与家同行"为主题的暑期"三下乡"社会实践活动,被《中国教育报》头版报道;"大学生送税法"活动被《人民日报》报道。学院多年荣获大学生暑期"三下乡"社会实践先进单位、江苏大学优秀青年志愿者分会;在她的大力推动下,全国首家"大学生税收维权志愿团"成立,并与镇江市地税局联合成立了镇江市首家"税收维权志愿者教育基地";学院青志委与镇江市消防支队联合成立了镇江市首支大学生消防志愿服务队——"蓝鹰"志愿服务队,刘洁指导的活动多次被《中国青年报》《检察日报》《新华日报》等报纸报道。

　　创业道路指明灯,挑战赛场显身手。刘洁长期坚守大学毕业生工作一线,在指导学生就业创业工作中积累了丰富经验。刘洁指导的团队在历届全国大学生创业计划大赛中屡获佳绩:2008年指导的学生获得第六届"挑战杯"铜奖;2010年和2012年,指导学生团队获得金奖。2012年学院的凯源创业团队参赛作品《江苏凯源水泵科技有限公司创业计划》荣获"仙林科技城·挑战杯"第七届江苏省大学生创业计划竞赛金奖。她主动推荐有创业梦想的同学入驻江苏大学大学生创业孵化基地,降低运营成本,免除租金杂税,以享受学校最大的政策支持。在她的鼓励指导下,凌云咨询公司、腾图节能科技研发中心等一批有市场竞争力的学生企业脱颖而出,闯出一片属于自己的天空。

　　刘洁重视实践和理论结合,近三年来,主持完成省级研究课题三项,市厅级科研项目五项,参与各类课题十余项,在核心以上期刊发表论文十余篇,参编专著两本,论文获得过市级和校级奖励。在她的带动下,她带领的辅导员队伍主持各类科研项目近20项,发表论文20多篇,荣获"江苏省巾帼文明岗""镇江市巾帼文明岗""江苏大学青年文明号创建单位"等多个称号。在辅导员的岗位上,刘洁用高度的责任诠释着一名普通高校辅导员的价值,用默默的行动实践着一个学生工作者朴素的理想,用真诚的关爱书写着一位老师的职业情怀。她用自己的心贴近同学,用自己的情感染同学,用自己的爱呵护同学,最终也收获了来自学生们的感恩之心,成为一个名副其实的大学生"心灵捕手"。

三、获奖情况

1. 国家级获奖

2015年,第七届全国高校辅导员年度人物提名奖

2. 省市级获奖

2014年,2013江苏高校辅导员年度人物

2011年,带领学工团队获得江苏省"巾帼文明岗"称号

2009年,江苏省大中专学生志愿者暑期"三下乡"社会实践活动先进工作者

2009年,带领学工团队获得镇江市"巾帼文明岗"称号

2007 年,镇江市暑期大学生社会实践优秀指导教师

3. 校级获奖

2014 年,江苏大学"优秀教职工记者"

2013 年,江苏大学"十佳辅导员"

2010 年,江苏大学"优秀教师"

2010 年,江苏大学"十佳辅导员"

2010 年,江苏大学"关心下一代工作先进工作者"

2009 年,江苏大学优秀共产党员

2008 年,江苏大学暑期社会实践优秀指导教师

2007 年,江苏大学青年岗位能手

2007 年,江苏大学优秀辅导员

2015 江苏高校辅导员年度人物：王丽敏

一、个人简介

王丽敏,女,汉族,1979 年 10 月出生,中共党员,大学本科。先后担任江苏大学外国语学院辅导员、团委书记、校团委组织部部长,海外教育学院副院长,负责全院的学生工作,担任 2013—2016 级中国政府奖学金生、孔子学院奖学金生、交流生辅导员,2016 年获评"2015 江苏高校辅导员年度人物"、江苏大学第三届"感动江大"人物。现为校团委书记、学生工作处副处长。

二、工作情况

功不唐捐,玉汝于成

2011 年,随着学校国际化事业的不断深入和拓展,海外教育学院独立建制。王丽敏从校学工处思政科代科长的岗位转到了海外教育学院,担任学院办公室主任兼学工办主任。面对 100 多位来自亚、非、拉等世界各国的学生,这是一个熟悉而陌生的舞台。熟悉的是做的还是学生工作,陌生的是面对不再是同宗同源的中国学生,而是来自不同国家和地区的留学生,各种不同的人文背景,教育水平,传统习惯和文化理念,表面坚强、内心脆弱,个性独立、行为懒散,思维活跃、宗教信仰多元。在学生管理工作上经验丰富的王老师,面对新情况、新问题,也一时间手足无措。改变思路,创新管理,打开工作局面,没有现成的经验,却是箭在弦上,不得不发。王老师认为,既然统一管理,面面俱到,大包大揽,凡事一刀切的路子已经走不通,何不转变学院的管理方式:以服务为主,管理为辅,以服务促管理,用管理带服务,管中有放,放中带管,收放两条线,放收两自如。形式学生选择,方向学院把握;学生唱戏,学院搭台,一张一弛,真正实现国际化水平较高的开放、包容、服务型留学生管理机构。

衣带渐宽终不悔

构想初步成型,但如何实施、如何推动、依靠谁、效果如何,王老师心里还是有些忐忑。毛主席说过,要发动群众,依靠群众。留学生的事,留学生自己最清楚。王老师决定先从了解留学生开始做起。为了迅速掌握留学生的具体情况,王老师白天在办公室处理各种事务,倾听留学生的问题咨询、反馈,及时与相关的部门、单位联系解决;晚上深入学生宿舍,与留学生交谈,倾听意见,采纳建议,化解误解,提高认同度。付出很快有了收获,一些非洲博士留学生毛遂自荐担任辅导员助理,一来缓解了辅导员严重紧缺的状况,二来他们之前都是非洲高校的老师,学生情况了解得更真实,三来留学生自我管理、自我教育、自我服务的萌芽已经孕育。留学生宿舍管理委员会也组建起来,楼栋协管、楼层长的选拔,培训的开展,与宿舍工作人员的沟通联系,王老师在实践中同留学生的配合越来越默契。2015年,留学生宿舍楼已经增加至四栋,宿舍管理委员会运行也走向正轨。为了创新沟通渠道,与时俱进,2014年,在王老师的精心组织下,学院微信公众账号应运而生,学生管理、学院宣传与微信平台完美结合,用学生喜闻乐见的沟通方式,实现了管理信息化的二次飞跃。从2014年9月推出第一条微信至今,微信平台已经发布700多条全英文资讯,成为学院服务管理留学生学习生活不可缺少的得力助手。

学生的第一要义是学习,面对基础相对薄弱的留学生,做好课后的辅导学习至关重要。通过各类活动激发、促进学生的专业学习是一个有力抓手。王老师与留学生沟通了自己的想法。2014年,医学留学生协会成立了,这是留学生自发成立的第一个协会,竞选、民主投票等环节公开、公正,协会组织医学各类专业知识竞赛,做好医学生实习和见习,将学习和实践完美结合。2014年8月,接到埃博拉疫情防控通知后,医学留学生协会发挥了重要作用,编制宣传海报、定时测量体温,做好疫区学生全方位、全天候的安抚、帮助。与老师一起严防死守,做好三个多月的监控安全过渡。2015年,国际学生运动协会、留学商科学生协会、留学工程学生协会、国际女生协会、留学生社团联合会纷纷成立,并成功组织了各项活动,引导留学生更好地在中国生活学习。2015年,学院留学生规模已达1500人,留学生的"三自管理"也渐渐深入人心。

2012年,一支中外学生共同组成的团队——牵手走世界协会组建,"中外学生互助"平台开启。中外学生在交流中,分享自己的梦想,了解和解决其他人的困难,实现语言、文化的互补。协会迅速在中外学生中产生了极大的影响力,加入协会的中外学生已达上千名。义务献血、尼泊尔地震捐资、走进孤儿院、留学生捐衣,留学生在中国学习生活的存在感、认同感和归属感与日俱增,逐步巩固。2014年7月,一位留学生参加了学校的"大眼睛"公益团队,赴安徽省六安市金寨县汤家汇镇笔架山小学开展为期一个月的爱心支教活动,图片被新华网年终栏目《他乡不是客——2014,老外的中国瞬间》报道。2015年暑假,近10位留学生和中国学生一起参与志愿者服务活动,到宿迁为留守的小学生开展多项帮教活动,受到了孩子们的欢迎和好评。

作为一个引导者、激励者、鼓动者,王老师利用自己的人脉,为留学生争取各种资源,搭建各式平台。在校内,已经连续举办了五届号称小型世博会的国际文化节,一届比一届规模大,80多个国家的异域文化、美食、服饰、节目展示,成为广大师生最为期待的年度大型活动之一,影响力不言而喻。留学生还邀请到了一些国家的大使、参赞参加活动,凸显了活动的外事影响力和国际化程度。

2012年,镇江的一家企业第一个向留学生抛出了橄榄枝,设立了2万元的奖助学金。2013年,安信伟光地板公司也被留学生感动,设立了壹佰万元的奖学金,用以资助成绩优秀、表现杰出的留学生。随着各种平台的越搭越大、越搭越广,留学生自发举办 Life Builder Conference 论坛,自办院刊 Olive,讲述留学生自己的故事,上进、阳光、团结、有爱。王老师带的两名留学生被评为江苏大学十佳青年学生。多名留学生被邀请做客镇江广播音乐频道,讲述自己国家的音乐故事。多名留学生还登上了《京江晚报》的专版。留学生的活动得到了国务院办公厅、新华社、《人民日报》《中国教育报》《中国日报》《新民晚报》海外版、中国新闻图片网、《新华日报》《扬子晚报》等各类机关和媒体的关注报道。2013年,中外学生共同组队的江苏大学团队在留动中国江苏赛区获得第一名。在中外学生交流过程中,为了提高留学生的汉语水平和培养质量,王老师呕心沥血,牺牲个人时间,既亲自辅导,又创设平台组织团辅,功夫不负有心人,2014年和2015年连续两年,海外教育学院共有五名留学生被联合国邀请参加国际论坛,使用中文演讲并接受采访,出现在联合国官方网站,为学校和国家带来极大的荣誉。

蓦然回首,已在灯火阑珊处

作为副院长,对她的工作我们只能管窥一豹,她的工作已经融入了她的生活,她的血液。一切的执着,都源于她的热爱。就像她常说的那句话:It is not a job, but career. 她说留学生带给她的惊喜,改变了她的思维方式和工作模式。请教同行、参加培训研讨、实地调研考察,她每时每刻关注的、思考的,都是如何建好自己的学工团队、如何找寻出留学生工作的规律、如何让学生更满意。王老师用勤奋与汗水、执着与创新为学校国际化发展战略的深入推进打下了坚实基础。2015 年12 月,王老师有幸参加了教育部的第一批海外教育学院院长培训团,到德国工业大学、洪堡大学、慕尼黑工业大学等世界知名高等学府学习、培训,看到了差距,却更加坚定和明确了前行的方向。她在自己的内心始终铭记,留学生工作是培养友华知华国际友人的重要力量,属国家大外交范畴,是外事工作、统战工作、隐蔽战线工作的重要组成部分,留管人员是维护、延伸国家利益的重要力量。"功不唐捐,玉汝于成",王老师总是这样激励着自己,正是这样,才让她能昂扬地,不知疲倦地,不辍前行。

三、获奖情况

2016 年 6 月 2015 江苏高校辅导员年度人物

2016 年 12 月 江苏大学第三届"感动江大"人物

2015 年 12 月 江苏省高校辅导员工作案例评选一等奖

2015 年 11 月 江苏省同乐江苏活动比赛优秀指导教师

2011—2013 年 连续三年获江苏省留学生保险工作先进个人

2013 年 11 月 学校在全国 MBBS 专业教学评估中获评全国前十(所带留学生突出表现和优良素质获得评委一致肯定)

2013 年 12 月 带领学院获得江苏省留管先进单位

2012 年 1 月 学校成为中国政府奖学金生接受院校

2010 年 5 月 镇江市优秀团干部

2007 年 9 月 镇江市大中学生暑期社会实践活动优秀工作者

2012—2013 年 连续两年获江苏大学优秀教职工记者

2010 年 6 月 江苏大学先进工作者

2010 年 5 月 江苏大学关心下一代工作先进工作者

2016 感动江大年度人物：戴立玲

用执着与爱诠释师者情怀

戴立玲,女,机械学院退休教师。她是学生眼中"最喜爱的老师";她是江苏大学首届教学名师和首届师德标兵;她在工程图学领域辛勤耕耘33年;她为留学生建立了全英语教学的课程体系;她对培养青年教师竭尽全力;她被镇江民生频道称为"教学艺术家";她被《中国教育报》"魅力人物"专题报道。她,就是我校机械学院退休教师戴立玲。戴老师的课堂,严谨又不失生动。教学艺术,贯穿了她的教学人生;她独有的人格魅力,在课堂教学的殿堂熠熠闪光,影响了一批又一批青年学子和教师。

醉心课堂,她执着教学乐此不疲

从教33年来,戴立玲先后承担过机械原理、机械设计、工程图学及其系列课程的教学工作,她从未放松过对教学理论及教学艺术的追求。执着,贯穿于她的整个教学人生。

出于对教师这个职业执着的爱,自从她登上讲台的第一天,她就没有停止过对教学法的研究。"我之所以走到今天,真的就是出于对教师这个职业、这个称号的喜爱,乐此而不疲,可以用一辈子的时间去做而不后悔。"戴立玲告诉记者。

做足课前的每一项功课是她雷打不动坚持的习惯。通过每一次认真的备课,她把自己教学研究和改革的成果,以及相关科研成果中的新观点、新理念、新知识、新技术融进教学内容,整理更新充实课件,编写打印辅导材料或讲义,作为课堂教学的指导与补充;每次课前至少提前20分钟到场准备,与学生沟通"预热"。

在教学手段方面,她还创设了新型的融多媒体课件、CAD软件、黑板、模型、展示台、大屏幕及双语教学为一体的现代化课堂教学模式。课堂上,手绘板图与电子课件交替出现,讲解与提问交替出现,中英文两种形式交替出现,课堂气氛生动活泼,不断唤起学生的注意力,启发学生的形象思维和逻辑思维的综合发挥,以此形成了自己独特的教学风格。管理学院学生邵雷花说:"在课堂上,戴老师是严谨的,但并不严厉,她把乐观的心态和快乐的情绪带到课堂上,使我们能在活泼轻松的氛围中快乐地接受我们文科学生通常感到枯燥难懂的'图学基础'课程。所以,在我们所学的课程中,戴老师的课是到课率最高的。"

多年来,她主持新创并建立的《图学基础》课程体系、网络习题集系统等多个教学改革成果屡屡获奖。在工程图学教育领域展开"大图学"理念,率先研究和创建了面向非工科专业的"图学基础"课程体系。学生们都说,戴老师从点、线、面开始,教他们学会了如何设计和描绘一个空间物体,更使他们懂得了应该如何去描绘将来的人生。他们私下里一直称她为"教学艺术家"。

无怨无悔,她因材施教坚守本真

在2016年5月18日学校"辉煌一课"的课堂上,戴立玲曾经说过:"回顾我的讲台生涯,有过多少劳累,多少困惑,多少委屈,多少失落,而一旦站在讲台上,面对着那一双双纯真无邪的眼睛,就什么都忘了,就会不知不觉地进入忘我的境界"。如何教好学生,成为她不倦的追求。

按学校规定,教师批改作业量达到三分之一或一半即可,戴立玲坚持面向全体。戴立玲主讲的课大都是量大面广的技术基础课,每学年要承担10~12个班次、2~3类专业的授课任务,仅制图习题作业,每年批改量就达300~360本,也就是30000~36000页。对此,她也是无怨无悔。她说:"每天不备好课,没改完作业,就不敢休息,甚至会放弃同学聚会、亲人来访等个人的娱乐活动。"

在授课的过程中,她更是时时刻刻用心观察每一位学生的神情状态,然后利用作业评讲、课余时间、上机辅导等时间进行有针对性的引导。现在已是机械学院大二学生的刘梦可,在大一学习工程图学期间,一度出现学习松懈的迹象,戴立玲在他作业上批注"你怎么变'笨'了"。看看没反应,第二次又留言"下课后过来找我"。与戴老师交流后,小刘说:"正是戴老师及时的挽救,才使我的学业没走下坡路。如今,我已成为一名学生干部。这一切,应该感谢戴老师不留痕迹的批评教育法。"

戴立玲教过车辆专业的一个学生,是当年高考"严重失手"的考生。他喜欢数学,可是父母偏要他选车辆专业,他说他看到那些图就头痛,更不喜欢电脑。戴立玲没有搬出说教的一套,而是利用辅导答疑的机会,结合他的爱好与他谈了几次心,并在上机时结合他的爱好,给他布置了一些与数学解析有关的练习,然后再逐渐引入工程图学的范畴,使他走出了高考的阴影,开始对"工程图学"课程发生了兴趣。他从内心感谢戴老师使他找到了自己的目标。

爱生如子,她倾心育人桃李满园

"老师应该是学生另一种意义上的父母。我亲眼目睹过我的父母是怎样对待他们的学生的,也亲身经历过我的老师是怎么对待我的,因此当我成为了一名老师后,也不知不觉地对坐在我面前的每一个学生产生一种母爱和责任。"戴立玲是这么想的,也是这么做的。

曾经就读于机械学院的石贵峰同学向记者讲述了这样一件事。2009年1月3日,距小石期末考试还有一天时间,可他突然发现还有一个知识点没搞懂。晚上8点,他试着给戴老师发了短信,表达了想让老师补课的愿望。这么晚又刮着寒风,老师会来吗? 正在小石疑惑间,"好的,就在今晚9点半吧。"戴老师来了短信。他们一直补到10点半教室关门。站在校园的寒风中,小石又把学习和前途规划的想法一股脑儿倒给戴老师听,得到了戴老师对这些计划、想法实施的谆谆指导。"身边有像妈妈一样的戴老师关爱激励着自己,我的学习更有动力了。"每每提起此事,小石都感动不已。他把这件事记在手机的记事本上,时常翻出来看看,从中汲取进步的力量。

汽车学院培优班的杜飞萍一开始学习非常优秀,但从作业上发现她的成绩有所下降后,戴老师暗自留意到,上课时她旁边常坐着一个男生,这个男生对学习不是很上心,有时还逃课。有一天女孩怯生生地来找戴老师,欲说又止。戴老师亲切地说:"我知道你遇到了每一个女孩子都要遇到的问题,我能站在一个母亲的位置上试着帮你分析分析吗?"接着,她把交朋友与谈恋爱的关系和界限、恋爱与学业的关系,晓之以理,动之以情,使她打开了心扉,倾诉了自己的迷茫和不安。经过几次谈心,使她后来理智地处理好了这个问题。不仅她自己被评为"三好学生",拿到了两次奖学金,而且还帮助那位男同学在学习上取得了很大的进步。

她只是一个教专业基础课的老师,面对的是大学一年级新生,每年也带毕业设计。学生学习上有了问题找她,对大学新的生活目标感到迷茫甚至厌学时找她,家里亲人得了重病不想继续学业了找她,有恋爱问题了找她,面临考研和就业的抉择也找她。一年又一年,她从知心大姐到知心阿姨,最后是慈祥的奶奶。一本本备课笔记,一摞摞密密麻麻登记着学生平时成绩的成绩册,一次次在学生自修室和机房的辅导答疑,一次次与学生在生活学习甚至感情上的谈心交心,她始终以自身的暖暖爱意为他们找寻开拓的天地,陪伴他们度过这一段难忘的青春岁月。

2011 年度"全国优秀共青团员":周尚飞

一、个人履历

2003—2007 年　江苏大学本科

2007—2010 年　江苏大学硕士

2006—2009 年　镇江市海特新能源科技有限责任公司总经理

2009—2010 年　江苏名通信息科技有限公司总经理

2010—2011 年　江苏大学创业联盟主席

2009—2011 年　江苏悦虎信息科技有限公司副总裁

2010 至今　江苏恺源电子商务有限公司总经理

2009 至今　镇江市信息化协会理事

二、主要事迹

出身寒门不气馁　自强不息显自信

和电视剧《奋斗》中的人物相比,1984 年出生的周尚飞少了几分光鲜亮丽,少了些许轰轰烈烈,没有繁华大都市的背景,没有浪漫的小资情调,更没有一个从天而降的超级富爸,但是就是这样一个冷静理智的男人的奋斗创业故事在广大青年中显得更加真实,更加值得借鉴学习。

出生在苏北农村的周尚飞自小就是个独立的孩子。由于家离学校远,上小学时周尚飞就已经住校,生活完全自理,学习更是不需要父母多半点的操心。很多农村的孩子会因为自卑而很避讳自己的家庭,但是,周尚飞却很喜欢他那个充满了爱与乐的大家庭。真诚待人,宽容体谅的性格是这个家庭给予他的莫大的财富。

2003 年考入江苏大学,来自苏北农村的他第一次来到了概念中的大城市,很激动、很兴奋,外面的世界远比他想的要美得多。正是这么美好的世界让他感觉到了压力,在这个环境下怎么生存,怎样才能适应这个环境,不太富裕的家庭给的就是那么一点生活费,他该怎么办? 这个问题一度让他感觉迷茫。但是,从来就比较要强好胜的周尚飞并没有因此而害怕,他给了自己明确的定位,要通过大学四年,通过自己的努力去适应这个环境,通过这个平台来实现自己的梦想。

初生牛犊不怕虎　创业基础初形成

进入大学,周尚飞就加入学生干部队伍,从学生科协干事做到了主席,在做学生干部期间,学校给了他无数锻炼的机会,校团委的老师们对他的每一个想法都会正面的去指导、支持,让他有足够的空间去施展才华,通过四年的努力,创新了数十项大型活动,策划的活动近百次,很多活动的组织在学校引起了强烈的反应,得到了学校各级领导的肯定以及同学们的支持。毕业于江苏大学创新创业学校的他感受颇为深刻,"创业论坛"等一系列的鼓励创业的活动和政府及学校推出很多支持大学生创业的政策,让周尚飞有了很深的感触,就是在这里让他认识了后来的合作伙伴。

2006 年,周尚飞作为队长组建了一支除他以外都是硕士学历以上的高素质队伍代表学校参加全国以及江苏省的"挑战杯"创业计划竞赛,虽然在全国只取得了铜奖,但是,这次参加比赛的经历让他们终生受益。在筹备过程中,周尚飞懂得了公司的组织架构,明白了什么叫风投,学会了如何去分析市场,对公司的虚拟管理也让他在后来的创业过程中受益颇深。

创业起步何等难　历尽艰辛小有成

2006 年年底,周尚飞再也无法抑制自己通过创业实现自己的梦想了,创业的想法让他对自己的人生有了明确的定位,但是想创业,谈何容易,要钱,没有;项目,没有。什么都没有的他凭着一股热情找到了两个合作伙伴,经过商量,确定了一个还不成熟的创业项目。他们去找学校领导,通过他们再找政府,前前后后跑了几个月的时间,在这过程中,每一位老师、每一位政府职员,给予他们的无私帮助和最耐心的指导让他们心中充满温暖,周尚飞看到了希望,觉得没有不可能。2006 年 11 月,在学校领导、市领导以及镇江新区领导的帮助和支持下,他的第一个公司在新区创业园成立——镇江海特新能源。专门从事新能源技术开发、生产和服务,为秸秆综合利用事业在江苏掀起了新的高潮做出了很大的贡献。他们边研发边找投资人,2007 年年初,常州金坛的一位村书记找到他们,表达了他们对这个项目浓厚的兴趣,该村有能力支持这个项目。带着美好的憧憬,他们在金坛的一个村里开起了属于他们自己的制造加工厂,在这里一待就是一年多,在这过程中不断的改进产品,取得了很多技术上的突破,但是由于缺乏管理经验,他们也为此付出了沉重的代价,一年之中,30多万元的资金由于决策的失误基本化为乌有,还欠下了近10万元的高利贷。在厂里,他们为了节省成本,减少投入,最大限度地控制生活费,能敞开吃一顿肉的机会少之又少。为了省钱,周尚飞挤出时间为10多个人烧了一年的饭,这样的处境对一个没毕业的大学生来说所带来的压力是一般人无法承受的。在农村,夏日的蚊子就像刽子手一样,每天晚上都会为了和蚊子较量耗去很多精力,慢慢地、他们对蚊子有了"免疫力",不管怎么叮,都能睡得着,因为实在太累!夏天35℃的高温非常多,为了能更好更快地完成一些实验,在需要太阳晒干材料的情况下,中午(最高温度36℃),周尚飞将浑身泼湿钻进一个高2米、直径1.2米的铁皮桶里面做实验,那种行为被当地人称作"自杀"。

2008年,在巨大亏损的情况下,他们回到了镇江,调整管理思路,但是由于年纪轻,社会阅历不够,他们盲目地将不成熟的产品投向市场,这种不成熟让他们在两个月内直接亏损16万多元,害怕了,这个项目能不能成功,他们开始产生了疑虑!2008年5月,一件雪上加霜的事情发生了,公司三个合伙人之一提出离开公司,30多万元的债务从此落在了他们剩余的两个人身上。带着一份对事业的责任,周尚飞和仅剩的一个合伙人马不停蹄地继续奔波,那段时间,平均每个月要往返镇江、扬州百趟。不是因为那些债务,而是不愿意自己辛辛苦苦两年多的努力,换来的竟是这样的结果!凭着不服输的心态,过了不久,转机出现了,2008年7月1日,江苏省省委常委黄莉新副省长亲自带队视察他们公司以及试点推广的情况,在黄莉新副省长以及省市校各级领导的关心和支持下,他们的产品进入全省推广。三年的探索、三年的创新、三年的实践,终于探索出了一条新的解决秸秆问题的出路,周尚飞收获的除了人生的第一桶金外,还有同龄人没有的阅历和经验!此时上千万的投资让他们望而却步,在市领导的协助下,找到了丹阳的沃得集团合作,使得他们的努力没有白费,他们的项目受到了老百姓、政府的认可和欢迎。

责任在肩不敢卸 创业奋斗永不止

有了第一桶金以及沃得集团对项目的完全接手后,周尚飞开始考虑二次创业,通过整合资源,很快他们找到了一个在国外发展很成熟在国内还刚刚起步的商机,国内很多中小企业的信息化比较落后,网络营销还未被普遍接受,这是一个很好的机会。在京口区领导的支持下,2009年3月,第二个公司在京口软件园成立——江苏名通信息科技。公司定位为要做一个专为互联网用户提供解决方案的供应商，长期专注于互联网整合营销及网络深度应用技术的研发与运营。一群年轻人，为了共同的理想，带着激情聚到了一起，不分昼夜的工作，夜里两三点，他们还经常在一起探讨，有了几年的企业运营经验，避免了很多弯路，对公司管理有着新的认识，他们得心应手，很快公司进入正轨，2009 年公司销售已经达到 1000 多万，公司员工 70 多人，本科以上达到 70% 以上，公司发展非常迅速，短短一年时间，从人员、销售都发生了数倍的变化，谨慎审视市场，分析前景，扩大规模，为更多的大学生就业尽绵薄之力。

2009 年年底，公司在原有业务稳定发展的基础上开始考虑开发属于自己的产品，综合国内形势，他们在国内首先提出了"区域化 SNS 电子商务"的概念，做出了详细的商业计划，凭借公司的技术实力，很容易地融到了一大笔资金的投入。2010 年年初，恺源电子商务有限公司正式成立，专业从事"区域化 SNS 电子商务"的研究、开发与运营，目前这套模式已经开始进行试点运营，运营数据受到了地方政府的高度重视，镇江市商务局领导决定将整个镇江市的电子商务发展整体方案交由他们公司来做。

为了能在创业路上走得更远、更好，2011 年始，周尚飞放弃了其他一切职务，担任江苏恺源电子商务有限公司总经理，开始专心从事电子商务与区域化便民服务体系的研究与建设，公司先后投资建设了"玩购网"（区域化网络超市）、"够爱网"（保暖产品销售平台）、"祺旺电商"、"镇江市网购中心"等项目，目前公司的年销售已超过 5000 万元。

饮水思源感恩心　创业联盟助他人

没有付出，就没有回报；没有放弃，就没有得到。在这几年的创业过程中，周尚飞吃到了很多同龄人甚至一些人一辈子也没机会吃到的苦，顶着 36℃的太阳，钻进铁皮桶进行试验；大雪封路，骑自行车行走 30 多公里去做试点；彻夜未眠，为了得能出一个理想的实验数据；身背 20 多万欠款时，生活已经失去保障；两年多没有真正地休息过一个完整的星期天；看着别人假期回家，自己又何尝不想；学业基本处于荒废，勉强考上研究生……总而言之，天道酬勤！

获得了成功的周尚飞，没有忘记母校也不能忘记。谈及母校，他表达最多的就是感恩。周尚飞代表公司向江苏大学见习基地捐赠 60 余台电脑，并向母校团委捐赠三台电脑，总价值 20 余万元。这几年，周尚飞还多次向贫困地区的中小学学生捐赠图书、学习用品、生活用品等。

现在的他身上已经没有了学生气，作为一个有着梦想的青年，周尚飞不想只去追求自己的成功，那样的成功就失去了人生的意义。通过与学校党委、团委的沟通落实，由他们公司在师资、硬件等方面投入过百万元来建设"江苏大学创新创业学校"，希望通过他们的努力，让更多的学弟学妹在毕业走上社会之前就能有实践实习的机会，培养他们的就业能力，提升他们的就业素质，让他们在离开校园之前提前面对社会、面对他们将在工作中遇到的各种情况。周尚飞以发起人的身份开始组建"江苏大学创业联盟"，在校领导的支持与肯定下，他担任第一任联盟主席，通过创业联盟对有创业想法或开始创业的同学进行一系列的指导与支持，最大限度地帮助他们解决困难，让他们少走弯路，让他们的梦想得以实现。

创业格言：人生的最终价值在于觉醒和思考的能力，而不只在于生存。人生是各种不同的变故、循环不已的痛苦和欢乐组成的。那种永远不变的蓝天只存在于心灵之间，向现实的人生去要求未免是奢侈的。勤劳远比黄金可贵。

三、获奖情况

1. 2012 年全国优秀共青团员　参加党中央建团 90 周年庆典，受到胡锦涛总书记以及所有中央常委的接见并合影

2. "挑战杯"第五届全国创业计划竞赛铜奖

3. 第一届全国节能环保竞赛二等奖

4. 2009、2010 年连续两年全国大学生年度人物百名入围

5. "新东方"全国自强之星

6. 江苏省优秀社团干部

7. "挑战杯"第四届江苏省创业计划竞赛二等奖

8. 江苏省优秀大学生典型

9. 镇江市"劳动模范"

10. 申请专利 4 件；发表论文 3 篇；主持或参与省市各级项目 800 多万元

2016 年度"中国大学生自强之星"：郭丽娜

"丽"经磨难读懂生命，"娜"样芬芳致敬青春

一、个人简历

郭丽娜，女，汉族，1992 年 10 月出生，共青团员，江苏大学食品学院食品质量与安全专业学生。2011 年入学，2013 年 8 月罹患白血病休学，2015 年 9 月复学。她学习刻苦，表现优异，执着坚强，敢于追梦，以高分通过江苏大学 2017 年研究生初试，获评校第三届"感动江大"人物提名奖、2016 年江苏省大学生年度人物、中国大学生自强之星、"第十二届中国大学生年度人物"提名奖。

二、主要事迹

1. 校园里热情活泼的公益达人

2011 年 9 月，刚刚步入大学的郭丽娜参加了多个学生组织，畅意书写青春。在食品学院青志协，她常随学长学姐去社区做义工，教给老人辨别食品质量好坏的办法，也常去中小学做志愿者，用所学技艺帮助小朋友制作美食。在校学生会文艺部，她参与策划组织了"江大排行榜"歌手大赛、"江大星期六"周末灯光球场晚会等校园知名活动，为校园学子奉送了多场"娱乐大餐"。两年里，郭丽娜组织了"校园交通绿色行""同一片蓝天，同一样明天""爱粮·节粮·惜粮"等公益活动。

复学后，她不忘公益，身体力行参加学校活动，录制了《看见大市口》电视节目，策划了"长点心，谨防诈骗"活动，举行"感恩生命，珍惜时间"讲座，鼓励学弟

学妹们珍惜时光,活出生命的价值,用自强奋进诠释无悔的青春。这些活动被《新华日报》《江苏工人报》等媒体转载,在学校内外受到广泛关注。拥有乐观开朗性格和执着上进品质的她,受到周围老师和同学们的一致好评。

2. 病房中与病魔顽强斗争的"战士"

2013 年 8 月底,打算返校的郭丽娜高兴地与母亲购置新学期的用品,但在试衣时发现身上莫名布满了血点。厄运常常在不经意间降临。在内蒙古医科大学附属医院检查后,血液科主任告诉她患上了白血病,只能活两个月。磨难如骤雨般袭来,骨穿、化疗、抽骨髓……每一次的治疗,都让她的生命在鬼门关前徘徊。她常常夜里疼醒,望着路灯投射到房顶的泛黄灯光,感叹生命脆弱。一张又一张的病危通知书宣告着她与死神之间的拉锯。

"病区里不时有人永远走了……但是我相信自己能好。我能挺下去!"郭丽娜一遍遍地安慰自己和家人。谁也不曾想到,这位柔弱的女孩与急性 B 淋巴细胞白血病足足抗争了两年。命运喜欢眷顾顽强的人,两年过去了,这个与病魔顽强斗争的勇敢战士,坚强地活了下来,打破了医生的预言,创造了生命的奇迹。

3. 逆境下再次华丽起航的"水手"

苦难是人生真正的试金石。与死神的擦肩而过让郭丽娜懂得人生的意义和价值。学校、学院、老师及同学的爱心接力,让她内心深处坚定了完成学业的信心,触发了她对校园生活的深深眷恋。休学的两年里,她身体非常虚弱,但求学的意愿却越来越强烈。她说:"在医院的时候,校园的一草一木让我魂牵梦萦,似乎呼唤我赶快回来!"

在郭丽娜的坚持下,母亲陪她回到了心心念念的校园。处在康复期的身体经常出现飞蚊症、皮肤炎等排异症状,提醒她病魔尚未远去。求学的意志战胜了身体的痛苦。她认真完成老师布置的作业,找课件自学落下的课程,向同学请教不会的问题。书香和草药味常常混合在一起,成为她复学生活的调味剂。复学第一学期结束,成绩全部通过。第二学期,尽管肺部感染,但学习劲头不减,成绩排到了专业 57 人中的第 15 名! 在生命波谲云诡的大海上,这位勇敢的水手再次起航!

4. 希冀上不忘初心矢志攀登的"背包客"

活着,就应该点亮人生。读研深造正是埋藏在她心底的灯光。这束灯光曾一度消逝,但此刻逐渐明亮。几经考虑,郭丽娜选择报考江苏大学的研究生。对她而言,读研不仅是一场考试,更是增强本领、感恩母校、回报社会的一颗初心。郭丽娜把希望、顽强还有信心打包背在身上,像矢志攀登的背包客一样,不停前行。

尽管长时间复习使她双眼干燥酸痛，手指常常被冻得通红僵硬，但是她永记初心，无怨无悔。台灯下的埋头苦学记录了她努力的痕迹。"老师，考研成绩出来了，我的分数是 364 分！"她按捺不住激动的心情，急切地把这条信息发给关心自己的老师。高分是她用默默坚持、不懈奋斗浇灌出的花朵。

郭丽娜如凤凰般涅槃重生的事迹在师生间口耳相传。戴着口罩、背着书包的她往返于宿舍、教室、食堂，自信而淡然。她曾任学院青年志愿者协会部长，先后荣获校三等奖学金、校优秀青年志愿者、院优秀共青团干部等荣誉，用自己的坚毅品格为身边的大学生撑起了一个伟岸"标杆"。目前，"向郭丽娜同学学习"的热潮，正在学院、学校形成，她的事迹鞭策同学们不忘使命，拼搏奋进。"她从不以康复病人为借口，放松学习"，这是同学们对她作得最多的评价。这种学习的毅力和逐梦的劲头，潜移默化地影响着周围的同学。两年来，郭丽娜所在学院"低头族"少了，"游戏族"不见了，"比学赶帮超"氛围日渐浓厚，平均学分绩点和考研率在全校理工科学院中名列前茅。

"珍惜活着的时间，让生命变得更有价值"是郭丽娜对生命深层的感悟。她用坚强和自信展现了生命的可贵和梦想的力量，启示浮躁或迷惘的人们：感恩生命，珍惜时间，不忘初心，继续前进！

三、省级以上奖励

2017 年 1 月，中国大学生自强之星

2017 年 5 月，"第十二届中国大学生年度人物"提名奖

2014 年度"江苏省大学生年度人物":佘梅溪

十年如一日,执笔至凌晨

佘梅溪,女,1994 年 10 月,儿童文学作家,现为江苏大学大三学生。9 岁发表第一篇作品,16 岁即成为江苏省作家协会最年轻的会员,先后在全国各类报刊上发表小说、散文、论文、杂谈等作品 70 多篇,部分作品发表后被报刊转载。著有长篇小说《七彩神蝶》《一颗心的流浪》《树精灵》《蓝色森林》,累计创作 100 多万字,作品在各地新华书店和网络书店上架销售,受到广大读者一致好评。长篇社会小说《调干生启示录》和长篇童话小说《单眼皮女巫亚巧巧》两部作品将在近期出版上架。2010 年 10 月作为作家代表出席江苏省作协作家创作大会,2011 年 5 月作为青年作家代表出席第四届江苏省青年作家创作大会。先后荣获全国少年作家杯、中山文学奖等各类文学奖项 10 余项次。在大学期间,也先后荣获校优秀学生干部、三好学生、最佳学生辩手、大学生职业规划大赛一等奖等荣誉称号。2013 年 12 月成功入选"江苏好青年"百人榜最善创新奖,2014 年 1 月荣获中国大学生自强之星提名奖,2015 年 5 月获评"2014 江苏省大学生年度人物"。

作为 90 后的青年作家,佘梅溪涉猎面广泛,思维活跃,想象力丰富,具有较强的组织能力和良好的语言表达能力。佘梅溪的创作涉及小说、散文、杂谈和理论性的学术论文,作品见于各类文学刊物和理论性较强的大学学报。为此,《中国教育报》《扬子晚报》《现代快报》《金陵晚报》《镇江日报》以及人民网、教育网、光明网、中国江苏网、腾讯网、凤凰网、中国新闻网、新华网、中国台湾网等多家媒体对其进行采访报道。

持之以恒追梦人

小学三年级,佘梅溪发表了人生中的第一篇文章,那种糖果般的喜悦让她印象深刻。小学毕业那年,在不断努力下,佘梅溪的第一部长篇小说《七彩神蝶》不但顺利付梓,还荣获了2010年全国中山图书奖。初次出手的"大部头"小说,便有如此斩获,更增强了她追寻文学梦的信心。

十年磨一剑,扮演着"写手"与学生双重身份的佘梅溪,充分利用自己手中的每一秒时间,熬夜写作更是家常便饭,最苦的时候曾经持续一个多月写作至凌晨。

其实,对她而言荣誉和奖项并不是最重要的,而是这样一则无意中看到的信息:一位浙江的小学生在自我介绍中,说最喜欢的童话是郑渊洁的《皮皮鲁和鲁西西》和佘梅溪的《树精灵》,这使她感受到了前所未有的喜悦与责任。

经过不懈努力,2013年8月第四部长篇小说《蓝色森林》在全国新华书店上架,而第五部长篇小说《单眼皮女巫亚巧巧》也已完成初稿。进入大学后,佘梅溪的创作不再拘泥于现有的儿童文学,其创作触角已延伸到社会领域和理论探讨,即将出版与读者见面的《调干生启示录》是一部长篇社会情感小说,在对社会腐败现象描述的同时,侧重于对现行社会腐败运行方式的揭秘,对社会腐败原因的揭露,并对其进行了深层次的思考。近期发表的学术性论文《童话与现实的交织和对立》以及《大学生课外阅读的调查与建议》则是对现实状况的探讨和研究。

全面发展能担当

佘梅溪同学不但是文学的"追梦人",还是全面发展能担当的"多面手",在现实世界她同样书写着自己的精彩。

佘梅溪担任班级的团支部书记,学习成绩优良,对未来发展有思考、有定位,曾获校第四届大学生职业规划大赛一等奖。她工作起来有条不紊,注意团结其他班委一道搞好工作,使得所在班级入选校2013年度"先进班集体"。她也因此被评为校"优秀团干部"。2014年,佘梅溪凭着综合测评第一名的优异成绩获得了校"优秀三好学生"的称号,并获得了年度奖学金。

除此之外,佘梅溪还是院大学生辩论队队员。投入辩论赛的时候,她不再是温文尔雅的"文学才女",而变得伶牙俐齿、激情昂扬。她积极参与破题、立论、撰写辩词和院内演练,曾获得校2012年、2013年大学生辩论赛"最佳辩手"称号。

　　文学和文学以外的天空同样辽阔,放飞别样的梦想,才会收获丰富、充实和多彩的人生。佘梅溪就是这样一个持之以恒的文学"追梦人",一个全面发展的"多面手"。她正憧憬着那一天——"愿手持不懈追梦这面神奇的三棱镜,为这个世界折射出美丽的彩虹"。

江苏省首届"青年双创英才":马正军

寻找节能改造的春天

一、个人简历

马正军,江苏大学流体中心 2010 级研究生,2012 年获镇江市《寻找创业英雄》大型电视励志活动总冠军,获 10 万元创业扶持资金和五年免租金商铺;其创业项目获评 2012 年江苏省第一届创新创业成果交流会最具潜力项目;2013 年退出校内大学生创业孵化基地,入选南京市 321 高层次人才项目,获得政府 130 万元创业资金扶持,并入驻南京市创业园;2016 年 6 月获评江苏省首届"青年双创英才"。

二、创业事迹

"专于流体输送,精于水泵节能",马正军把这两句话印在了自己的名片上。他知道,因为在母校江苏大学的学习和创业实践,才让自己有了这样的底气。这位全国"挑战杯"创业计划大赛金奖获得者,如今作为领军型科技创业人才被引进到南京,获得了南京"321 创业人才计划"130 万元创业启动资金的支持。2011 年他在学校时注册成立的腾图节能科技研发中心,也变成了南京腾图节能科技有限公司。

江苏大学致力于打造一座创业教育的金字塔,马正军是江苏大学"135 塔式"创业教育模式的受惠者。"塔基"培养,要让 100% 大学生接受创新创业素质教育;"塔身"培养,要对 30% 左右具有创业意愿诉求的大学生实施创新创业培训,使其具备创新创业技能；"塔尖"培养，要创造条件让 5% 左右具有创业实战诉求的大学生能够自主创业。

2011 年，马正军把"腾图"的目标定为研发水泵节能新技术，为用泵企业提供节能方案。当年他们就为徐州一家小型化工企业循环水系统提供了节能方案，改造后整体节电率在 33% 以上，一年为企业节省电费 4.5 万元。"企业进行节能改造是零投资零风险。"马正军说，腾图采用的是从国外引进的 EMC（合同能源管理）商业模式，客户不需要付任何费用，节能改造的所有费用均由腾图承担，节能改造完成后，双方按照合同约定与客户分享节能收益。

以水泵节能改造的创业计划参加"挑战杯"竞赛，马正军拿到了全国金奖。除了技术研发之外，市场调研、资金预算、筹资融资、财务管理、市场营销，所有的环节，他都必须亲力亲为。正是这些实践，提升了马正军的科研能力、合作能力、处理问题能力、表达与沟通能力。

07

第七篇

制度建设篇

　　本篇汇集了学校高举中国特色社会主义伟大旗帜推进校园文化建设过程中的相关文件、实施方案和规定,展示了我校在大学生思政政治教育、社会主义核心价值观引领、校园文化氛围营造、学生成长成才等方面的保障措施,有效促进校风、学风的形成,进一步营造创新创业、国际化的校园氛围,为把学校建成高水平有特色国际化研究型大学做出重要贡献。

关于"大学生思想政治教育质量提升工程"的实施意见

为深入贯彻党的十八大精神,认真落实《关于进一步加强和改进新形势下高校宣传思想工作的意见》(中办发〔2014〕59号)及国家、江苏省中长期教育改革和发展规划纲要,紧密围绕我校第三次党代会提出的发展战略目标,进一步提升大学生思想政治教育工作水平,切实增强思想政治教育工作针对性、实效性,现就我校深入实施"大学生思想政治教育质量提升工程"提出如下意见。

一、指导思想与总体思路

1.指导思想。高举中国特色社会主义伟大旗帜,贯彻落实党的十八大和习近平总书记系列重要讲话精神,以立德树人为根本任务,将中国梦作为共同时代理想,将社会主义核心价值观作为价值取向标准,强化思想引领,不断创新思想政治教育工作理念,以理念创新带动方法创新和措施创新,开展差异化、多样化的思想政治教育,在针对性上下功夫,按照"贴近学生、贴近生活、贴近实际"的要求,在实效性上求突破,着力培养德智体美全面发展的社会主义建设者和接班人。

2.总体思路。将思想政治教育融入人才培养全过程,坚持教育、管理、服务整体推进,发挥教书育人、管理育人、服务育人、环境育人整体效能,形成大学生思想政治教育工作长效机制,着力培养"创新创业人才、卓越人才、精英人才、国际化人才"必备的核心素养和关键能力,开创研究型大学学生工作新局面。

二、主要任务和措施

1.思想引领质量提升计划。深入开展中国特色社会主义和中国梦宣传教育,培育和践行社会主义核心价值观,推动社会主义核心价值观进教材、进课堂、进头脑。按照新的高等学校思想政治理论课建设标准,进一步加强思想政治理论课建设,规范组织管理、教学管理、队伍管理和学科建设,充分发挥其主渠道、主阵地作用。凝练具有我校特色的大学生核心素养体系,增强大学生思想政治教育的针对性。进一步深化"五个文明"建设,教育引导学生养成良好的生活学习习惯。创新教育活动方式和载体,不断扩大活动的辐射面,提高参与率。以提升党员发展质量为目标加强学生党建工作,充分发挥党团组织在大学生思想政治教育中的重要作用,突出学生党员和学生骨干的示范带头作用。

2.成长导航质量提升计划。推进"江苏大学菁英学院"建设,打造精英教育平台,培养高素质的精英人才。加强职业规划教育和指导,帮助学生树立成才目标。深入实施学业规划工程,提升学业规划质量。完善学业导师制度,加强学业导师考核,增强学业指导工作成效。加强素质教育中心建设,推动素质类课程教学改革,拓展、完善素质类培训项目,促进学生综合素质提升。

3.学生国际化质量提升计划。完善学生国际化工作体制机制,形成推动学生国际化水平提升的合力。加强与境外高水平大学的联系,积极开拓长期合作办学项目,着力提高为期三个月以上海外学习交流学生的比例。优化短期海外交流项目,稳步提升三个月以下短期海外交流项目质量。大力推进研究生国际化工作,大幅增加研究生海外学习交流的数量。以出国类外语考试为导向推进外语课程教学改革,提升学生海外学习交流能力。充分利用留学生资源,积极开展中外文化学术交流活动,营造校园国际化氛围。

4.大学生创新创业能力提升计划。成立"江苏大学创新创业学院",加强创新创业类课程开发与教材建设,完善创新创业教育体系。全力打造校内外大学生科技作品竞赛项目,加强科研立项管理,规范创新学分认定办法,完善创新创业训练体系。加快"大学生就业创业工作站""创业孵化基地"和"大学生创业基金"建设,完善创新创业实践体系。加强实践教学管理,建设好"全国高校实践育人创新创业基地",拓宽创新创业能力培养渠道。加强创新创业理论研究,形成具有我校特色的大学生创新创业人才培养模式。

5.大学生心理素质提升计划。大力推进学院心理辅导站建设,完善校院两级心理健康教育服务体系。全面推行学生宿舍心理信息员制度,构建"校—院—班—舍"四级工作网络,完善心理健康教育工作体系。推进心理健康教育信息化建设,拓展新媒体工作平台,扩大心理健康教育的影响力。加强心理健康教育活动载体建设,强化"四季引领",浓郁心理健康教育文化氛围。完善学习困难学生心理帮扶机制,进一步延伸心理健康教育的触角。

6.大学生人文素养提升计划。加强传统文化教育,构建第一、第二课堂有机结合的中华优秀传统文化教育渠道,开展情趣高雅、丰富多彩的主题教育活动,提升大学生传统文化素养。加强网络文化阵地建设,建好网络建设、网络监管、网络评论三支骨干队伍,加强网络安全管理,营造健康和谐的网络文化氛围。大力加强优良校风、学风、教风建设,总结凝练和大力弘扬"江大精神",着力形成并不断强化江大人独有的精神特质和行为规范。进一步完善和加强与学校精神文化相匹配的文化景观、文化设施、文化阵地和品牌形象建设,全面提升学校环境文化的功能和品位,进一步增强校园文化环境的人文底蕴和教育功能。

7. 管理服务质量提升计划。立足满意服务与科学管理,统筹建设"学工互联"数字化工作平台,提升学生工作信息化水平。立足规范管理与依法管理,推进学生工作法治化建设,提升学生工作法治化水平。立足优质服务与精细化管理,推动学生事务"一站式"服务中心建设,提高学生管理服务效能。立足趋同化管理,完善留学生管理模式。大力实施"就业质量提升工程",加强就业指导和服务,着力提升就业质量。做细做实学生资助工作,进一步强化资助育人功能,着力提升资助工作绩效。

8. 辅导员职业能力提升计划。进一步完善辅导员选配聘用机制,严格按照师生比不低于1:200比例设置一线专职辅导员岗位,提供基本人员保障。坚持和完善岗位职级聘任制和职务晋升机制,进一步稳定工作队伍。根据《高等学校辅导员职业能力标准》,进一步优化培养培训机制和考核评价机制,提升辅导员职业发展能力。打通辅导员校内岗位交流渠道,积极推动辅导员校内轮岗交流,努力开拓辅导员海外顶岗实习和进修渠道,促使辅导员拓宽视野,拓展思路。

三、实施保障和工作要求

1. 加强组织领导,提供制度保障。大学生思想政治教育工作是一项系统性的工作,大学生思想政治教育质量工程的顺利实施需要党委的统一领导和各部门以及全校师生的共同努力。各相关单位要结合工作实际,围绕工程的主要任务,制订具体实施方案,形成相关制度,采取有效措施,提升工作质量。学校层面着力构建思想政治教育长效机制,在具体计划的实施过程中,积极推行项目化的运作模式,凝练一些重点项目给予必要的支持。

2. 加强测评考核,推动工作落实。大学生思想政治教育质量提升是一个长期的过程,要把测评和考核作为持续推动工作的动力。首先要对照《全国大学生思想政治教育工作测评体系》,定期对我校大学生思想政治教育工作整体状况进行自评,以评促建。同时结合质量提升工程各项任务要求,完善对各学院学生工作的考核评价指标体系,并将质量提升工程相关任务的落实情况纳入各相关部门的工作考核,激励全校上下共同推进工程实施。

3. 加强调查研究,实现持续提升。学生的全面发展是大学生思想政治教育质量提升的终极目标,也是大学生思想政治教育工作求真务实的核心体现。要持续开展大学生思想状况滚动调查和学生发展状况分析,以此检验思想政治教育工作效果,研判学生的思想动态和成长成才需要,及时改进工作方式方法,实现大学生思想政治教育质量的持续提升。

中共江苏大学委员会

2015 年 11 月 6 日

关于加强网络舆情管理和网络文明传播
工作的实施意见

为进一步加强和完善我校网络舆情管理和网络文明传播工作,不断提高网络舆论引导水平和应对突发事件的能力,大兴网络文明之风,积极营造有利于学校事业快速发展的网络环境,根据中央网络安全和信息化领导小组办公室、教育部、省教育厅有关文件精神,结合我校实际,提出如下实施意见。

一、总体要求

(一)网络舆情管理和网络文明传播工作要认真贯彻落实中央关于加强网络宣传、提高舆论引导能力的重要精神,以加强网络舆情引导、网络文明传播制度建设为根本,以队伍建设和技术建设为支撑,以适时适度引导为手段,以掌控网络话语权为核心,努力营造良性互动、清朗向上的网络环境。

(二)网络舆情管理工作主要包括网络舆情的监测、分析研判、控制和引导等。网络文明传播工作主要包括构建和完善校园网和网络媒体管理制度,建设向上向善的网络文化氛围,推动正面、积极、鼓劲的网络舆论的形成。本意见的适用范围包括:网站、论坛、博客、微博、微信、手机等网络媒介。

(三)加强网络舆情管理和网络文明传播工作的原则是:

1.归口管理、分工合作。在学校党委的领导下开展网络舆情管理和网络文明传播工作,实行统一管理、分工负责;网络舆情管理和网络文明传播工作所涉及的二级单位须密切配合,协同高效地调查处置相关问题,构建网络文明传播环境,努力打好网络宣传工作主动仗。

2.以人为本、公开透明。要充分尊重师生员工和社会公众的知情权和监督权,真实、准确、有效发布信息,主动答疑释惑、澄清事实、说明情况,切实增强网络舆情管理和网络文明传播工作的针对性、有效性。

3.科学引导、及时处置。要遵循网络传播规律和青年大学生思想特点,积极创作发布体现社会主义核心价值观导向的网络新闻、网络评论、网络作品,弘扬网络正能量;客观准确地分析师生员工等关心关注的热点敏感问题,及时发现和应对处置各种虚假信息、有害信息。

二、组织协调

(一)成立江苏大学网络舆情管理和网络文明传播工作领导小组(以下简称"领导小组")。领导小组组长由分管校领导担任,成员由党委办公室、校长办公室、党委宣传部、人事处、学生工作处、保卫处、工会、团委、信息化中心等部门的相关负责人担任。领导小组下设办公室,挂靠党委宣传部,党委宣传部部长任办公室主任。

(二)领导小组在党委的统一领导下开展工作,是学校网络舆情管理和网络文明传播工作的决策和指挥机构,负责全校网络舆情管理和网络文明传播工作的组织、指导、协调,研究和解决网络舆情管理和网络文明传播工作方面的重大问题。其具体职责主要包括:

1.认真学习、深入贯彻落实国家和上级有关部门关于网络舆情管理和网络文明传播的有关法律法规精神。

2.研究制定学校网络舆情管理和网络文明传播工作具体实施办法。

3.负责重要网络舆情的认定,决定启动或终止重要网络舆情处置程序。根据需要,研究制定统一官方回复口径。

4.负责指导各单位开展网络舆情管理和网络文明传播工作。

5.规划建设网络舆情监测智能系统,提高网络舆情管理和网络文明传播工作效能。

(三)江苏大学网络舆情管理和网络文明传播工作办公室是学校网络舆情管理和网络文明传播工作的具体办事机构。其主要职责包括:

1.负责网络舆情的甄别工作。根据网络舆情本身性质及其传播程度,判定一般舆情和重要舆情。

2.负责建立健全校园网络舆情信息员工作队伍,落实网络舆情应对联席会议制度,组织网络舆情信息员的学习培训工作。

3.负责做好一般网络舆情的应对;牵头负责重要网络舆情的应对;根据领导小组要求,统一发布学校官方信息。

(四)各单位需明确本单位负责网络舆情管理和网络文明传播工作的分管领

导,并指定人员担任网络舆情信息员。信息员承担本单位的日常舆情监测、上报和参与舆情处置工作。

三、主要措施

(一)对于监测到的网络舆情,各单位需及时上报党委宣传部,同时根据统一安排部署,妥善地处理,尽可能将问题解决在本单位。重要舆情处置包括以下要求:

1. 重要舆情一经认定,由领导小组启动重要舆情处置程序。领导小组办公室及时召集相关责任单位负责人召开会议,协商、统一官方信息发布口径和内容。

2. 对外口径或新闻通稿需经领导小组讨论同意或请示学校主要领导审批后,方可统一对外发布。未经学校同意,任何部门和个人不得以任何方式对外发布相关信息。

3. 根据需要,经领导小组批准,党委宣传部具体通过召开新闻发布会、提供新闻通稿、接受媒体采访、发布官方回复等方式进行应对,及时向社会发布有关信息。

4. 党委宣传部和网络舆情所涉及的单位要安排专人持续跟踪舆情的进展,对其发展态势、传播程度和预期后果进行实时分析、跟进研判、评估影响、拟定对策,并及时将情况报领导小组。

5. 校外媒体如需对网络舆情所涉及的事件进行采访,由党委宣传部统一受理。对于校外媒体的失实报道或负面报道,党委宣传部和有关责任单位要采取措施,纠正不实报道内容,消除负面影响。

6. 网络舆情如涉及外交、民族、宗教、国家安全事件和可能造成重大社会影响的事件,未经学校上级主管部门同意,学校不得接受校外媒体采访。

(二)师生员工、离退休人员应该积极主动地传播网络文明,不得查阅、复制或传播下列信息:

1. 煽动抗拒、破坏宪法和国家法律、法规的言论。

2. 煽动分裂国家、破坏国家统一和民族团结、否定四项基本原则的言论。

3. 捏造或者歪曲事实,散布扰乱校园和社会秩序的言论。

4. 侮辱他人或者捏造事实诽谤他人的言论。

5. 宣扬封建迷信、淫秽、色情、暴力、凶杀、恐怖活动等的言论。

6. 损害学校声誉、形象的不实言论,有悖社会主义核心价值观和自身身份的不良言论。

（三）树立预防意识。各单位应加强师生遵守网络传播的相关法律法规教育，坚持"预防为主、防患未然"的方针，以"内聚人心、外树形象"为准则，严格遵守学校宣传规定，防止各种有害信息传播，争做网络文明的传播者、建设者。

（四）加强责任意识。各单位应加强责任意识，建立健全网络舆情询查、预判预警、信息上报、协同处置等制度，建好网络舆情监控、网络文化建设、网络评论员等队伍，积极助推网络正能量。

（五）强化阵地意识。做好本单位网站和新媒体的建设管理和监控工作，强化服务、引导功能，及时传递正面主流声音。除党委宣传部外，各二级单位官方微博微信等新媒体不得单独使用"江苏大学"名称，必须注明本单位名称。

中共江苏大学委员会

2016 年 4 月 13 日

江苏大学大学生心理健康教育工作暂行规定

第一章　总　则

第一条　为加强大学生心理健康教育,培养大学生良好的心理素质,促进学校心理健康教育工作的规范化、专业化和科学化,根据教育部办公厅 2011 年颁布的《普通高等学生心理健康教育工作基本建设标准(试行)》和江苏省教育厅《关于进一步加强江苏省大学生心理健康教育工作的若干意见》(苏教学〔2011〕8 号)的有关精神,结合我校实际,制定本规定。

第二条　大学生心理健康教育是学校思想政治教育工作的重要组成部分,是实施大学生素质教育的重要措施,是促进大学生全面发展、提高人才培养质量的重要途径和手段,全校各有关单位和全体教职员工均应重视并积极支持该项工作。

第三条　大学生心理健康教育的主要任务是:根据大学生的心理特点,普及心理保健知识,传授心理调适方法,提高大学生的心理承受能力,有效预防大学生心理问题的发生;对有心理问题的大学生提供心理咨询与辅导,化解大学生的心理困扰;对患有心理疾病的大学生,按照规定的程序及时转介到精神卫生医疗部门进行诊治;对可能发生心理危机行为的大学生,要做好前期识别和及时干预工作,尽一切可能阻止心理危机事件的发生;一旦发生心理危机事件,能够快速做出反应,按照有关心理危机干预预案,做好心理稳定工作。

第四条　大学生心理健康教育工作要以心理学、教育学和医学为理论基础,坚持心理健康教育与思想政治教育、普及教育与个别咨询、课堂教学与课外辅导、教师教育与自我教育、解决心理问题与解决实际问题相结合的基本原则,培养大学生良好心理品质和健全人格,促进大学生思想道德素质、科学文化素质和身心协调发展。

第二章　组织机构建设

第五条　将大学生心理健康教育纳入学校人才培养体系,成立大学生心理健康教育工作领导小组,由分管学生工作的校领导任组长,成员由党办、校办、宣传部、关工委、校团委、人事处、教务处、研究生院、学生处、财务处、保卫处、后勤处、后勤管理集团、职工医院等部门负责人组成。领导小组下设办公室、工作组和专家督导组,办公室设在学生工作处(心理健康教育中心)。

第六条　学校心理健康教育工作领导小组的职责是:审定心理健康教育工作规划和有关规章制度,统筹领导学校的心理健康教育工作,研究决定心理健康教育工作中的重大问题,为开展心理健康教育提供必要的人员配备、经费支持、场地建设和咨询设备等工作条件,确保学校心理健康教育工作的顺利开展。

第七条　加强学校心理健康教育工作体系建设,建立健全学校、学院、班级三级心理健康教育工作网络。学校设立专职从事大学生心理健康教育工作的直属单位——心理健康教育中心(挂靠学生工作处),具体负责组织和协调全校心理健康教育和咨询工作。各学院要有分管领导负责心理健康教育工作,并安排一名有心理健康教育工作经验的专职辅导员负责具体落实心理健康教育工作。在学生班级或党团支部设立心理委员,协助辅导员和学业导师开展心理健康教育工作。

第八条　建立健全学校心理健康教育工作管理及考核评价体系。结合我校大学生心理健康教育工作的发展进程和实际需要,逐步建立并不断完善心理健康教育的工作制度和管理制度。将大学生心理健康教育列为学校学生工作考核的重要内容和学生工作干部的工作职责范围,并纳入学校学生工作考评体系进行考核评估,在相关管理制度中予以明确和细化,与学院的评奖、评优工作挂钩。

第三章　心理健康教育队伍建设

第九条　着力建设以专职教师为骨干,专兼结合、相对稳定、素质较高的大学生心理健康教育和心理咨询工作队伍。学校的心理健康教育中心按省教育厅规定的1:3000～1:4000比例要求,配备具有教育学、心理学、医学专业背景的专职教师。在全校范围内选配具有相关专业背景、心理健康并乐于从事此项工作的教师任兼职教师,所有专兼职教师须取得相关国家心理咨询师职业资格证书。

第十条　加强学校心理健康教育师资队伍管理,并将其纳入学校整体教师队伍建设工作中。从事大学生心理健康教育及心理咨询的专职教师,应具有从事大学生心理健康教育的相关学历和专业资质。专职教师的专业技术职务评聘纳入大学生思想政治教育教师队伍序列。

第十一条　开展心理健康教育专兼职教师队伍的专业培训,将心理健康教育的培训计划纳入学校师资培训计划和年度经费预算。保证心理健康教育专职教师每年接受一定学时的专业培训,或参加至少两次省级以上主管部门或心理学专业学术团体召开的学术会议。心理中心专职教师每年至少接受两次以上专业督导,维护自身心理健康,防止职业枯竭。定期安排从事心理咨询的教师接受专业督导,以培养其高尚的职业道德、精湛的业务能力和健康的心理素质。

第十二条 开展学生心理学骨干队伍的心理学培训。根据学校实际情况和心理委员工作需要,制订学校班级心理委员培训方案,利用理论讲授、成长小组及团体辅导等多种形式,对班级心理委员及朋辈心理咨询员进行心理健康教育专业知识和基本技能培训,不断提高他们从事心理健康教育工作所必备的理论水平和知识技能。对全部出勤并考试合格的心理委员,颁发江苏大学心理委员培训证书。

第十三条 强化大学生心理健康教育的全员参与意识,学校所有教职员工都负有教育引导学生心理健康成长的责任。校关工委应积极组织有学生管理经验的退休教师,参与"关爱谈心屋"的工作,为有需要的大学生提供心理健康服务。将心理健康教育内容纳入新进教师岗前培训课程体系,定期为辅导员组织心理健康教育相关专题培训,对社区宿舍管理员等后勤服务人员开展相关心理学常识的培训。

第四章 心理咨询与教育活动

第十四条 强化大学生心理咨询相关制度建设。遵循心理咨询的伦理道德规范,健全大学生心理咨询的预约、接待、反馈、督导制度,保证心理咨询工作按规定有效运行。做好心理咨询的记录与整理,以及大学生心理咨询档案管理及保密工作。定期开展大学生心理咨询个案研讨与督导活动,不断提高心理咨询的专业水平和咨询效果。

第十五条 面向广大学生开展多种形式的心理咨询服务。心理健康教育中心要按专业要求和学生需要开设心理咨询室,鼓励有条件的学院设立本学院的心理咨询室,积极探索建立社区心理访谈室的有效途径和方法,为来访的学生提供认真、耐心、科学的心理咨询服务。同时开设电话咨询、书信咨询、网络咨询及朋辈心理咨询服务。

第十六条 定期开展大学生团体心理辅导活动。针对不同学生群体的需求,特别是针对心理学骨干学生的工作需要,通过开展心理游戏活动及同感共情系列团体心理训练,促进参与的同学探索自己的生命,优化心理素质,提升助人技能,发挥朋辈辅导功能,使他们成为学校心理健康的护卫士。

第十七条　利用专题活动开展心理健康教育活动。举办以"3·20心理健康教育周""5·25心理健康教育月"和"12·1健康教育月"为核心的主题教育,通过现场心理咨询、心理影片展播、心理游戏广场、心理教育园地、素质拓展训练等丰富多彩的校园心理活动,不断创新心理健康教育活动形式,积极营造良好的心理健康教育氛围。

第十八条　充分利用学校广播、电视、网络、橱窗、报纸、板报等宣传媒介,广泛开展心理健康宣传教育普及活动。通过加强校园文化建设,增强学生自我心理保健意识,促进其全面发展和健康成长。利用心理中心主办《心灵驿站》网站的教育资源,营造积极、健康、高雅的心理氛围,陶冶学生高尚的情操,提高广大学生的兴趣,增强学生相互关怀与支持的意识。

第十九条　发挥心理学学生骨干在心理健康教育中的主体作用。积极关注和支持大学生心理社团的组织与建设,有效指导大学生心理社团的宣传教育活动,发挥优秀学生群体的互助功能及桥梁与纽带作用,调动大学生自我认识、自我教育、自我成长的积极性和主动性,面向广大同学开展心理健康教育宣传普及活动。

第五章　心理危机预防与干预

第二十条　开展心理健康状况普查,做好心理危机早期识别和干预。每年新生入学以后,都要组织全面的心理健康状况普查,并在此基础上建立学生心理健康档案。对心理普查中筛出可能存在严重心理问题的学生,进行逐一排查和主动心理干预。对于曾经有过自杀经历、有严重心理疾病的学生,以及患精神疾病学生康复期状况建立跟踪和干预档案,将所有可能出现的问题消除在萌芽状态。

第二十一条　建立健全大学生心理危机干预工作预案,明确工作流程及相关部门的职责。在各学院、心理中心、职工医院、精神疾病医疗机构之间建立有效的心理危机转介机制。对有严重心理问题的学生,应及时指导学生到精神疾病医疗机构就诊和治疗。对有严重心理危机的学生,应及时通知其法定监护人,协助监护人做好监控工作,并及时将学生按有关规定转介给精神疾病医疗机构进行处理。

第二十二条　积极开展生命教育和励志教育,提高大学生对心理危机事件的认识和应对能力。一旦发生心理危机事件,要按照有关规定做好大学生心理危机事件的善后工作,重视对心理危机事件当事人及其相关人员提供支持性心理辅导,最大限度地减少心理危机事件的负面影响,不断提升广大师生对心理危机事件的应对及处理能力。

第六章 心理教学与科研工作

第二十三条 加强大学生心理健康教育教学和课程体系建设。将大学生心理健康教育纳入实施大学生素质教育的教学计划中,开设大学生心理健康教育的选修课程,给予相应的学分,保证学生在校期间普遍接受心理健康课程教育。不断改进教学方法,通过案例教学、体验活动、行为训练等形式提高教学效果和教学质量。定期举办大学生心理健康教育专题讲座和专题报告,帮助学生解决学习生活、人际交往、情感恋爱、就业择业、人格发展等方面所面临的困惑和问题。

第二十四条 加强大学生心理健康教育的科学研究工作。鼓励和支持我校专兼职心理健康教育教师,结合目前大学生心理健康教育工作实际,积极参与大学生心理健康教育的科技立项、调查研究及国内外学术交流活动。通过开展大学生心理健康教育的理论探索和实践研究,增强心理健康教育和心理咨询的针对性和实效性,提升我校大学生心理健康教育工作的层次与水平。

第七章 心理健康教育工作条件建设

第二十五条 加强对心理健康教育工作专项经费支持。对心理健康教育工作实行经费单列,学校财务部门按教育部及省教育厅规定的每年生均15元标准纳入学校经费预算,支持学校大学生心理健康教育工作的建设与开展,确保心理健康教育机构的正常运转和特殊心理健康教育工作的需要。

第二十六条 加强心理健康教育和咨询场地建设。根据大学生心理健康教育工作的特点和学校心理健康教育的实际要求,设立布局合理的办公室、预约等候室、心理咨询室、团体辅导室,并配以心理测量室、心理宣泄室、沙盘治疗室、生物反馈治疗室及催眠放松治疗室等心理诊疗场所,以保证满足学生接受心理咨询和心理辅导的需求。

第二十七条 逐步改善学校心理健康教育和心理咨询工作条件。按照分步建设的原则,逐步为心理健康教育中心添置必要的心理咨询设备和器材、常用心理测量工具、统计分析软件和心理健康类书籍等心理健康教育产品,不断优化心理健康教育手段,提高心理咨询与心理辅导工作水平。

第八章 附 则

第二十八条 本规定由学生工作处(心理健康教育中心)负责解释。

第二十九条 本规定自发布之日起施行。

江苏大学

2012 年 5 月 31 日

江苏大学大学生学风建设实施方案

学风是大学精神的集中体现,优良学风是提高教育教学质量的根本保证,关系到学生的成人成才,关系到学校的事业发展。为进一步加强大学生学风建设,结合我校实际,制订本方案。

一、总体思路

将学风建设作为研究型大学建设一项重要的基础性工作进行整体规划,将学风建设融入教育、管理、服务各项工作之中。以教风带学风,以管理促学风,以服务助学风,以环境育学风,增强广大教师教书育人、为人师表意识,强化职能部门服务育人、管理育人理念,不断优化育人机制,形成齐抓共管、全员育人的良好局面。着重教育引导学生树立远大理想、明确学习目的、端正学习态度,形成积极进取、潜心学习的良好风气,努力培养"创新创业人才、卓越人才、精英人才和国际化人才"。

二、角色定位和要求

(一)学生的主体作用

学生作为学风建设的主体,要确立自身的发展方向,明确学习目标,增强学习的内动力;要树立乐于学习、勤于学习、善于学习、终身学习的观念,增强学习的主动性、积极性;要把主要精力投入到学习中,养成良好的学习习惯。学生的主体作用还表现在学生的"自我教育、自我管理、自我服务"中,学生"三自"组织和学生骨干在学风建设方面要积极发挥作用。

(二)任课教师的主导作用

教风直接影响学风,任课教师在学生的学风建设中起着主导作用。广大教师要不断加强师德修养,规范职业行为,真正做到为人师表,教书育人;要潜心学术,致力于教学改革,遵循讲台纪律,加强课堂管理,努力提高课堂教学质量;要全方位地提升自己的专业素养,满足大学生对新知识的强烈渴求;要在自己的职业活动中体现出关爱与责任,全面关心学生成人成才。

（三）导师的引导作用

研究生导师是研究生培养环节的全程指导者,同时作为研究生思想政治教育的第一责任人,也是研究生学术道德和学风建设的关键引领者。本科生学业导师是大学生学业规划和专业学习的指导者,同时负责引导学生明确学习目标,端正学习态度。无论是研究生导师还是本科生学业导师,都要加强对学生的教育和指导,真正成为学生学业上的导师,引导学生树立良好的学风。

（四）辅导员的指导作用

辅导员作为学生思想政治教育、日常管理和成长服务工作的组织者、实施者,要成为大学生学风建设的指导者,帮助学生树立正确的世界观、人生观、价值观,充分激发学生的成才欲望和学习上的主动性、积极性,在职责范围内为学生全面健康成长提供必要的服务,还要成为联系教师和学生的纽带,积极推动学风建设。

三、主要途径和任务

（一）加强大学生思想政治教育,激发学习动力

针对学生学习目的不明确、学习动力不足、学习积极性不高等问题,开展行之有效的思想政治工作,切实解除学生深层次的思想困惑,引导学生树立正确的人生理想和积极进取的人生态度,形成正确的世界观、人生观、价值观,为培养优良学风提供精神动力。注重围绕学风建设丰富思想政治教育内容,创新思想政治教育方法,特别要利用好新媒体,拓展网络思想政治教育渠道,积极营造有利于学风建设的网络环境。

（二）加强师德建设和教学管理,以教风带学风

以师德师风和课堂教学为切入点,突出发挥教师在学风建设中的主导作用。一方面在全校教职工中抓好职业道德教育,教育广大教师按照师德建设的基本要求,教书育人、爱岗敬业、为人师表、诲人不倦,努力提高个人的师德修养。另一方面加强教学改革,强化教学管理,健全和完善教学工作规章制度,规范教师的教学行为,进一步明确教师是课堂纪律的第一责任人,要求教师认真备好课,上好课,充分调动学生认真听课的学习积极性,同时加强课堂管理,维护好课堂纪律。坚持和完善领导听课制度、教学督导制度、教研室教学观摩与评课制度,充分发挥关

工委老同志在教学指导和学风引导中的作用,并吸收学生参与教学管理,实现师生互动,教学相长。

(三)加强职业规划教育和指导,实行目标导引

第一课堂和第二课堂联动,结合专业思想教育,广泛开展职业生涯规划教育和指导,帮助学生确立职业发展目标,激发学生成才欲望,增强其学习积极性、主动性。结合职业规划,继续深入实施学业规划工程,加强学业规划指导。进一步完善学业导师制,强化个性指导,引导学生明确个人发展目标,指导学生合理安排学业。针对学生就业、创业、考研、出国等不同的目标需求,分别通过加强就业创业工作、考研动员指导、学生国际化教育等,有针对性地指导学生根据不同的目标定位,着力提升自身综合素质和核心竞争力。完善学习困难学生指导帮扶机制,丰富学业警告学生"励志素质拓展训练营"活动内容,帮助他们重塑信心,重树目标,重新唤起对学习的兴趣。

(四)加强考风考纪和学术道德教育,匡正学习风气

坚持将考风考纪教育贯穿学风建设全过程。把考风考纪教育与诚信道德教育结合起来,深入开展"诚信考试,杜绝作弊"主题教育活动,引导学生自觉遵守考试纪律。加强考试管理,进一步规范处理程序,及时严肃处理学生考试违纪事件,努力杜绝考试作弊。大力开展研究生科学道德与学风建设宣讲教育活动,引导研究生坚守学术诚信,摒弃学术不端行为,努力成为优良学术道德的践行者和良好学术风气的维护者。

(五)加强日常管理,规范学习行为

进一步完善学生教育管理规章制度,规范学生日常行为。发挥班级在日常管理中的作用,加强优良班风建设,完善先进班集体建设指标体系,加大对班级学风建设的考核力度。坚持和完善学生早操制度,鼓励学生开展晨读活动。坚持和完善晚自习制度,严格晚自修管理。加强宿舍行为管理,完善宿舍评优制度,鼓励创建学习型宿舍。继续加强对教学楼和学生宿舍网络的限时管理,促进学生养成良好的学习、生活习惯。坚持和完善学工、教务学风联合督查制度,加强课堂文明督察。每年开展"学风建设月"主题教育活动,集中开展学风建设的宣传教育。

(六)提升校园文化活动品位,浓郁学习氛围

各级团学组织要坚持以学风建设主导校园文化活动,坚持"以崇高理想塑造学生、以高尚精神鼓舞学生、以高品位文化陶冶学生、以精品活动引导学生"。以课程竞赛、科研立项、科技作品竞赛、学术论文大赛等课外科技活动激发学生对专

业学习的兴趣,培养创新能力。以"读书节"、读书交流会等活动激发学生课外阅读的兴趣,扩展知识面。以文体活动丰富学生的课余生活,营造积极向上的校园氛围,使广大学生在潜移默化中陶冶情操、增长知识、锻炼能力、提高素质。

四、实施保障

(一)完善工作机制

把学风建设作为一项系统工程,构建学校统一领导,相关部门和各学院齐抓共管、全校师生共同参与的工作机制,形成学风建设的合力。教务处、研究生院主要负责教学改革和教学管理,抓好教风,协同开展师德建设;学工处主要负责对学生的教育引导和行为管理;团委主要负责组织校园文化活动,营造积极向上的氛围;宣传部主要负责师德建设,同时围绕学风建设加强舆论引导;工会主要负责"三育人"活动的开展,协同开展师德建设和教风建设;信息化中心主要负责网络管理;各学院作为学风建设的直接责任单位,全面负责本单位的学风建设工作;各学生班级要按照"校先进班集体指标体系"要求,加强学风建设工作。

(二)加强监督和考核

建立校、院、班三级监督机制,实行过程管理,开展经常性的教风、学风督查,完善督查通报制度,及时把握动态,实行跟踪管理。加强对学风建设工作和效果的考核,具体包括:将教风、学风建设有关指标纳入学院工作的考评体系;把学风建设作为评估学院学生工作的重要内容;将班级学风建设的开展情况与学院的团学工作考评相结合;把优良学风作为先进班集体考核的主要条件;将课堂教学效果评价及课堂纪律情况列入教师工作业绩考核;探索制定学生学风纪实考评办法,将考评结果纳入学生综合素质评价体系。

江苏大学

2015 年 11 月 4 日

江苏大学关于进一步推进创新创业
教育工作的实施意见

为深入贯彻《国务院办公厅关于深化高等学校创新创业教育改革的实施意见》(国办发〔2015〕36 号)和《江苏省人民政府办公厅关于印发江苏省深化高等学校创新创业教育改革的实施方案的通知》(苏政办发〔2015〕137 号)精神,进一步深化创新创业教育改革,提升创新创业教育水平,特制定本实施意见。本实施意见适用于本科生、研究生及海外留学生。

一、指导思想

积极响应国家创新驱动的发展战略,勇于承担创新创业的时代使命,坚持以提高人才培养质量作为创新创业教育改革的出发点和落脚点,坚持以创新创业教育改革作为高等教育改革突破口。以立德树人为根本要求,以推进素质教育为核心内涵,以创新培养机制为改革主题,加强顶层设计,构建完善体系,面向全体、分类施教,结合专业、整合资源,强化实践、优化帮扶,切实提高人才培养质量,为创建高水平、有特色、国际化研究型大学提供强有力的支撑。

二、总体目标

通过"十三五"期间的不懈努力,专业教育、创新创业教育、国际化教育深度融合的人才培养机制全面形成,融文化引领、课程教学、实验实训、项目孵化、基地建设、政策保障为一体的创新创业教育体系全面完善,教师创新创业人才培养意识和创新创业教育教学水平显著提高,学生创新精神、创业意识、自主学习和创新创业能力显著增强,学校在创新创业教育方面形成的特色和优势更加彰显。

三、主要任务

(一)完善创新创业人才培养体系

结合学校办学定位、人才培养目标和创新创业教育内在要求,确立以第一课堂为主体,第二、第三课堂有效补充的创新创业人才培养体系。进一步完善和优化课程体系,将创新精神、创业意识和创新创业能力作为基本要求纳入人才培养计划和相关课程教学大纲,挖掘和充实各类课程的创新创业教育资源,在专业课程教学中更多地融入创新创业教育思想观念、原则方法和精神指向。

进一步提高创新创业教育专项学分要求,将创新创业教育更加规范地纳入学分管理系统。各专业在确定与公布培养方案时,均应明确专项学分的具体获取途径和相关要求。

(二)加强创新创业教育课程建设

各专业在新版本科培养计划中要将创新创业教育作为一项十分重要的内容来设计和设置。要面向全体学生开发开设结合专业特色的学科前沿、研究方法、创业基础、就业创业指导等方面的必修课和选修课,纳入学分管理,建设依次递进、有机衔接、科学合理的创新创业教育专门课程群。

在已有优势和特色的基础上,进一步加大创新创业精品课程与精品教材建设力度,进一步加快创新创业教育优质课程信息化建设,推出若干门具有我校特色的创新创业类慕课、视频公开课等在线开放课程,同时引入一批优质慕课和视频公开课等线上课程,建立在线开放课程学习认证和学分认定制度。建设并逐步完善基础与专业、选修与必修、理论与实践、课内与课外、线上与线下、校内与校外相结合的创新创业教育课程体系。

(三)强化创新创业实践能力培养

全校各教学实验中心和科研实验室按照《江苏大学实验室向本科生开放管理办法》的要求,落实实验室向本科生开放制度。科研实验室要在每学期开学后前两周向本科生发布开放实验项目,包括由教师科研项目转化的实验项目,利用大型精密仪器设备资源开设、开发且适合于本科生的训练项目等。鼓励本科生进入开放实验室,根据自己的兴趣和特长,结合各级各类大学生创新创业项目,进行创新性、探索性实验。通过公共实验教学平台、专业实验平台和产学研平台三类平台有机链接起专业研究生培养全过程,为研究生实践能力培养提供因材施教、分类指导、个性化发展空间,培养研究生独立进行探索性研究的科研创新能力,强化专业学位研究生知识应用和职业素养教育,培养研究生的创业精神。

"十三五"期间,学校继续加大对工程训练中心、专业实验室和虚拟仿真实验室等实践教学基地的建设与考核力度,机电总厂、工程训练中心和管理与创业综合实验中心等实验实训中心要开辟专门区域服务于创新创业教育第一课堂的实践教学平台。同时,依托创新创业学院,进一步挖掘机电总厂、工业中心、镇江工程技术研究院等教育资源共建创客工厂、众创空间、大学生科创园和留学生创业园等平台,建设好校内外各级创新创业孵化器,按照人才培养规律和创业发展规律,打造"实训区→预孵器→孵化器→加速器→产业区"全链型孵化载体群,层级式助推大学生开展创新创业实践活动。

"十三五"期间,要全面建成国家、省、校、院四级大学生创新创业训练计划实施体系,力争使每一名大学生在校期间至少参与一项大学生创新创业训练计划。学校建立定期公布国家级、省级、校级创新创业竞赛目录的工作机制,引导学生更加积极地投入"挑战杯"大学生课外学术科技作品竞赛、"互联网+"大学生创新创业竞赛及各类科技创新、创意设计、创业计划等专题竞赛。鼓励学院自主创办符合学科专业特点的校、院两级各类创新创业竞赛,做到以赛促教、以赛促学。依托国家级品牌赛事活动,立足校本化品牌训练项目,将创新创业融入整个教学和科研管理体系,以由面及点、立体覆盖的方式保证训练的普及度和成果的显示度。

"十三五"期间,要持续加强研究生校外实践基地建设,努力营造可持续发展的专业学位研究生实践教育环境。建立产学研合作与人才培养的校内联动机制,将企业需求和人才培养有机融合,发挥高校对企业研发平台建设、技术开发创新等智力支持,发挥企业对高校实践型、应用型、工程型、技能型专业学位研究生培养不可替代的实训平台、实践基地作用,有效形成校企合作工作合力,为专业学位研究生开展创新创业教育、推进创新创业实践提供广阔空间。

(四)提升教师创新创业教学水平

学校在实施创新创业教育过程中,坚持重点打造"两支"专业化的创新创业教育团队,一支在各专业中,以培养学生专业创新能力为主要任务,另一支主要在管理学院,面向不同专业,不同层次学生,以培养创业基本知识和基本理论,指导创业实践为主要任务。学校借助"江苏大学教师教学发展中心"平台,健全教师创新创业教育培训机制,鼓励聘请各行业优秀人才参与学校的创新创业教育。更多地引入社会师资,建立以校内教师组成的学术型创新创业教师队伍为主,以企业家、行业专业人才组成的实战型创业导师队伍为辅的创新创业指导教师队伍,形成配备齐全的创新创业导师库。

在教师培养和师资管理过程中,学校要逐步实现教师创新创业教育水平提升及考核工作"三纳入",即纳入青年教师助理教学制,纳入教师专业技术职务评聘标准,纳入教师绩效考核指标体系。明确教师创新创业教育职责,提高教师创新创业教育的意识和能力。创造条件使广大教师将创新创业教育与专业教育、素质教育紧密融合成为一种教学自觉。

(五)完善学生创新创业服务功能

学校为每位学生建立创新创业档案,记录并量化评价学生开展创新创业活动情况。对创新创业成效、成绩突出,获取较多创新创业学分的学生,可将创新创业学分转换替代公共选修或专业选修学分。学校进一步完善弹性学制,允许学生调整学业进程、保留学籍休学创新创业,并为其提供应有的便利和条件。

学校建设校院两级联动的创业服务中心,做到"机构、人员、场地、经费"四位统筹,对自主创业学生实行持续帮扶、全程指导、一站式服务。结合学校学科特点和学生需求,与创新创业教育机构合作,引入优质培训项目,为学生提供创新创业专项集训或个性咨询服务。实时提供国家政策、市场动向等信息,并做好创业项目对接、知识产权交易、公司成立注册、创业政策兑现(就业创业证)等服务。学校邀请具有良好合作基础的企业来校设立天使基金,为在校学生的创业项目定期举行融资对接活动;邀请合作基础好、行业知名度高的风投机构来校设立创投基金,为毕业校友的创业项目定期举行投融资对接活动。

(六)浓郁创新创业活动文化氛围

教务处、学工处、团委、研究生院、海外教育学院等部门密切配合,系统化设置全校大学生创新创业活动规划。学校定期举办"创新创业活动交流展示周",着重打造"奇思妙想舞台""创新讲坛""创业沙龙""大创项目展示""创业路演及分享""创新创业嘉年华"等活动,分类、分层开展"创新创业竞赛""优秀创新创业项目评选与表彰"等活动,各学院可根据自身状况确定举办"创新创业活动交流展示周"的具体方案,促进学生开展创新创业活动交流。学校要一方面通过制度化遴选"十佳创业团队""十佳创业之星"等活动选树学生创新创业成功典型,另一方面通过力争成为全省、全国创新创业典型等契机加大对创新创业教育改革相关工作的宣传力度,丰富宣传形式,树立学生创新创业成功典型,及时总结推广创新创业教育的好经验、好做法,努力营造敢为人先、敢冒风险、宽容失败的创新创业文化氛围。

四、保障措施

(一)完善机制

落实创新创业教育主体责任,在创新创业教育工作领导小组的指导和协调下开展创新创业教育,强化科学决策,优化顶层设计,合理资源配置,加强部门协同。建立教务部门为主导、研究生院、创新创业学院和海外教育学院等其他院系为主体的创新创业教学体系,构建教务处、学工处、团委、研究生院等职能部门和院系协同的创新创业训练与实践体系,健全学工、科研部门、大学科技园等单位协同的就业创业指导服务体系和创新创业孵化体系。充分发挥院系、专业在学生创新创业教育中的主体和引导作用,形成教务处牵头,学生处、团委、研究生院、海外教育学院等部门齐抓共管,各类学生培养单位积极参与的创新创业教育工作机制。

(二)加大投入

"十三五"期间,学校进一步加大工程训练中心、机电总厂、大学生创业孵化基地等校级创新创业实践基地的建设力度,加大各教学实验中心、科研实验室、虚拟仿真实验室、创业实验室对创新创业教育的支撑力度。学校积极为创新创业学院提供工作经费、培养场地等资源的支持,为其学生实施创新创业实习实训机会、实践孵化场地等方面的倾斜,努力将创新创业学院打造为我校大学生创新创业教育与实践的新亮点。加强"全国高校实践育人创新创业基地""江苏省大学生创业教育示范校""江苏省大学生创业示范基地"建设,力争在"十三五"期间,校工程训练中心、各实验中心创新实验室、大学生创业孵化基地等实施创新创业教育的场地、资源条件达到全国领先、省内一流水平。

(三)强化落实

充分发挥院系、专业在学生创新创业教育中的主体和引导作用,各学院须设立"大学生创新创业教育工作组",由学院主要负责人任组长,分管院领导任副组长。院工作组负责本单位创新创业具体工作的组织开展、创新创业学分的实施与认定等。各基层院系和专业、有关职能部门等要了解本单位应在创新创业教育中承担的职责,制订具体工作方案,明确责任分工,强化工作落实。

江苏大学

2016 年 4 月 13 日

江苏大学关于进一步推进国际化工作的实施意见

学校第三次党代会开启了"高水平、有特色、国际化研究型大学建设"新征程。为充分发挥国际化在推动研究型大学建设中的重要作用,经学校研究,就进一步推进学校国际化工作提出如下实施意见。

一、指导思想

深入贯彻落实国家和江苏省中长期教育改革和发展规划纲要精神,紧紧围绕学校第三次党代会确定的"高水平、有特色、国际化研究型大学"建设目标,坚持把国际化作为研究型大学建设的重要战略,以提高国际化办学质量为主题,以培养高水平国际化人才为中心,以提升学校国际学术影响力为关键,进一步解放思想、创新举措、扩大开放,为学校研究型大学的战略转型提供强有力的动力支撑和路径引领。

二、主要目标

(一)战略目标

实施国际化战略,深化教育教学改革,扩大开放,拓展国际科研合作,完善国际化工作体制机制,加强管理服务和保障体系建设,实现"三个提升"的战略目标:

1. 提升国际化人才培养质量。围绕高素质创新型人才培养,拓展学生的全球化视野,培养学生的国际交际能力,提高学生的综合素质,着力培养一批复合型、高层次、国际化优秀人才。扩大来华留学生规模,加大留学研究生培养力度。

2. 提升师资队伍国际化水平。建设和造就具有国际视野、熟悉国际规则、掌握多元文化、国际学术界有影响的"高端、青年、国际化"师资队伍,改善师资学缘结构,丰富教师海外经历,显著增强教师国际交际能力和国际竞争力。

3. 提升学校国际学术影响力。扩大对外开放,建立高水平国际科技合作平台,提升国际科研合作水平,不断提高学校的国际知名度。

（二）具体目标

到 2020 年,增加建立全面交流的国际高水平大学（QS 排名全球前 200）合作伙伴关系 5 所。获批国家"外专千人计划"和江苏省"外专百人计划"3~5 名,加大教师海外培养和海外优秀人才引进力度,每年派出 60~80 名中青年骨干教师赴海外访学、合作科研,引进 50 名左右海外博士,具有 1 年以上海外经历的教师比例30%以上。建设国际科技合作平台（研究中心、联合实验室等）5~6 个。承办国际高水平学术会议 20 次。每年邀请国际知名专家学者来校访问、讲学 200场次以上。在校本科生中具有海外学习经历的比例超过 5%,硕士研究生中具有海外学习经历的比例超过 10%,博士研究生中具有海外学习经历的比例超过30%。来华留学生的规模达 2000 人,学历生的比例超过 70%,来华留学研究生达到在校生的 5%。再建 6~8 个本科国际化专业。全英文授课课程由外籍教师授课的比例达到 30%。成立"语言文化中心"。新增孔子学院 1 个,孔子课堂 2 个。力争创办中外合作办学机构和海外分校。

三、重点任务

以项目为抓手,充分发挥优势学科、重点学科、重点实验室、品牌专业、特色专业的优势,扎实推进国际化进程。

（一）双边或多边科研合作交流项目

鼓励围绕各级各类基金项目优先资助领域,结合我校迫切需要发展的学科和重点研究领域,以优势学科、重点学科和重点实验室为依托,开展与海外高水平大学和科研院所的双边或多边国际合作,争取承担或参加国际框架和国际组织的科研项目,培育和建立国际合作研究平台,学校将设立专项基金提供经费支持,项目经费主要用于交流访问、合作项目洽谈,每年资助 2~3 项,每项 5 万元。

（二）本科生、研究生中外合作办学项目

鼓励学院（研究机构）根据国家中外合作办学的有关规定,结合学科和专业特色,研究借鉴世界一流大学的培养方案,积极与境外教育机构联系,寻求合作机遇,申报中外合作办学项目（机构）。对最终通过学校中外合作办学工作领导小组审核并上报省教育厅的项目,学校给予 5000 元的申报奖励;对于申报成功的中外合作办学项目,一经招生,学校根据合作院校情况再给予一定奖励;对招生的项目,学校从学生缴纳的学费差额（中外合作办学项目学生学费与普通学生学费之差)中提取15%,作为中外合作办学项目运行的专业建设经费,由项目所在单位管理使用,其中奖福基金不超过40%。学校每年遴选2~3项通过省教育厅上报教育部。中外合作办学项目获得教育部批准,视同省部级项目立项,学校给予3万元的项目运作经费,通过教育部组织的专家评估,视同省部级项目结题。

（三）本科生、研究生中外联合培养（双学位）项目

鼓励学院（研究机构）结合学科和专业特色,深入研究国外大学的培养方案,积极与境外教育机构联系,探讨开展本科生、研究生联合培养（双学位）的可行性,组织论证,积极申报中外联合培养项目。对通过校中外合作办学工作领导小组审核的项目,一旦有学生参与,学校给予2000元/项的项目申报奖励。

（四）承办高水平国际会议

鼓励和支持学院（研究机构）、学科承办国际学术会议,提高学科的学术水平,逐渐形成体现学校特色和具有持续影响力的国际会议,提升学校的国际影响力。学校每年重点资助4~5项高水平国际学术会议,每项资助3万~5万元。

（五）中青年骨干教师境外培训项目

鼓励教师和科研人员申报国家、省政府留学基金,学校设立境外培训基金,将我校"访名校、拜名师"师资培养计划进一步深化为"访世界名校、拜世界名师",努力提高我校教师的学术水平和参与国际竞争的能力。

（六）聘请长、短期外籍专家项目

鼓励学院（研究机构）申报国家、省外国专家局聘请外籍专家项目（含国家外专千人计划和江苏省外专百人计划）,学校设立外籍专家基金。每年聘请50位以上外籍专家（不含语言外籍教师）为本科生或研究生开设专业基础课和专业课,指导研究生和青年教师开展科学研究,解决科研关键难点,联合申报国际科技合作项目,参与学科和专业建设等。在优势学科领域着力构建5~6个相对稳定的国际化研究团队。

（七）在校大学生海外学习项目

鼓励在校学生参加国家留学基金委公派研究生项目、优秀本科生国际交流项目、省际交流项目、校级交流项目、省政府奖学金文化交流项目,到境外友好学校（或经过学校认证的教育机构）进行一段时间的交流学习。学习计划、课程经过专业学院审核,教务处或研究生院批准,获得的学分学校予以认可,并在评奖评优、保研等工作中,在同等条件下予以优先对待。利用已建立的合作关系,鼓励学生到境外进行实习、实践（含暑期带薪实习、专业实习、社会调研、游学等）,实习、实

践计划经过学院认证和审核、教务处或研究生院批准,可以代替培养方案中的相关内容。鼓励学生参加国际学术会议,鼓励毕业生到境外教育机构深造,提倡学院(研究机构)组织语言培训,为学生到境外进一步深造奠定良好的基础。每年设立 500 万元学生留学交流基金,重点资助品学兼优的学生赴海外学习(含学术交流)。

(八)全英文授课精品课程与国际化专业建设项目

全英语授课课程建设有利于开展与海外高校的学分互认、学位互授,推进专业的国际化进程;有利于加强不同文化背景学生的交流,营造多元文化交流的校园氛围。重点学科、优势学科、品牌、特色专业每年要重点建设 1~2 门全英语授课课程。为提高英语授课课程的教学质量,学校设立全英语授课精品课程和国际化专业建设基金 100 万元,每年建设 10~15 门英语授课精品课程,课程的建设费用 5 万元/课程,本科国际化专业的建设费用为 10 万元/专业,研究生国际化专业的建设费用为 3 万元/一级学科。省级精品课程视同省级教改课题。

(九)来华留学生教育项目

1. 在国际化专业建设基础上,鼓励和支持学院(研究机构)申报成建制来华留学生本科教育项目,鼓励开展来华留学生本科(2+2)或(3+2)、来华留学研究生(1.5+1.5)或(1+2)等模式的合作办学项目,大力拓展来华留学研究生教育。学校设立相应的项目建设费,本科为 20000 元/专业,研究生为 8000 元/一级学科。为扩大来华留学生的规模,鼓励全校师生参与招生宣传工作,一般按学费(学历生按一年学费)的 10% 作为招生工作费用;对新开拓生源国、新增项目,按学费(学历生按一年学费)的 20% 作为招生工作费用。项目留学生学费的 40%~75% 划入学院(研究机构),其中奖福不得超过 40%,鼓励教师参与来华留学生教学与管理。

2. 鼓励学院(研究机构)利用各种资源,申报特色明显的来华留学生短期交流项目,学校留学生工作领导小组予以审核。项目教学经费全部划入项目实施单位,用于教学相关工作;学校协助安排参加项目的来华留学生生活及文化考察。

四、保障措施

(一)组织保障

充分发挥学院(研究机构)和相关部门以及广大教师的积极性,建立学校统筹部署、学院(研究机构)推进、部门协同、全员参与的国际化工作格局。

（二）体制和机制保障

在校党委、校行政的领导下,校外事工作委员会负责规划、制定学校国际化工作的相关制度和政策,将国际化工作纳入单位的年度工作目标。有关职能部门及学院(研究机构)主要负责人是各单位国际化推进工作的第一责任人,负责制定并组织实施各单位国际化工作推进计划,并把国际化工作列入年度工作目标。继续推进国际化工作例会制度,加强"大外事"工作格局,各单位可指定国际化协管领导,设立专(兼)职外事秘书岗位。对于国际合作与交流工作达到一定体量的单位,可以设立国际化工作办公室。

（三）资源和经费保障

学校将整合各方资源,设立"国际化发展专项经费",专款专用,保障各类国际合作与交流项目的实施,并进行定期评估;对国际交流活跃、合作深入且有示范效应的单位和个人,学校予以表彰和奖励。

（四）管理和服务保障

今后一段时期,学校将着力提升国际化管理服务水平和支撑能力。适应国际化办学需要,提升管理人员国际化素质,完善国际化管理服务体系。

（五）校园氛围保障

加强英文宣传媒介建设,进一步推进校、院两级高水平英文网站建设;编写系列英文宣传资料,加强与境外媒体合作,有效提升学校的海外知名度。积极举办暑期国际课程、国际文化节等校园国际文化交流活动。吸收一流大学的教师和学生到学校进行各种形式交流访问,加大留学生同本土学生间的交流融合。

江苏大学

2016 年 4 月 13 日

江苏大学关于培育和践行社会主义核心
价值观的实施意见

　　培育和践行社会主义核心价值观是推进中国特色社会主义伟大事业、实现中华民族伟大复兴中国梦的战略任务，是凝魂聚气、强基固本的基础工程。广大青年学生是祖国的未来、民族的希望，大学阶段也是价值观形成的关键时期。为贯彻落实团中央《共青团中央关于在广大青少年中深入开展社会主义核心价值观宣传教育和实践活动的通知》、团省委《关于贯彻中共中央办公厅〈关于培育和践行社会主义核心价值观的意见〉的实施意见的通知》和校党委《江苏大学关于培育和践行社会主义核心价值观的实施意见》精神，校团委决定在全校青年中深入开展培育和践行社会主义核心价值观活动并提出如下实施意见：

一、指导思想

　　高举中国特色社会主义伟大旗帜，以邓小平理论、"三个代表"重要思想、科学发展观为指导，深入贯彻学习党的十八大、十八届三中全会、习近平总书记系列讲话、省第十二次党代会和江苏大学第三次党代会精神，牢牢把握立德树人的根本任务，以"我的中国梦"主题教育实践活动为统揽，围绕社会主义核心价值观"三个倡导"的基本内容，紧密结合我校共青团工作实际，使社会主义核心价值观在全校青年中内化于心、外化于行，努力落细、落小、落实，扩大覆盖面和影响力，实现社会主义核心价值观"入耳、入脑、入心"，不断增强活动时代感和时效性。

二、工作内容

（一）强化宣传，感知社会主义核心价值观

1. 搭建宣传平台，集中开展社会主义核心价值观主题宣传月活动

以新生入学为契机，集中在 9 月开展"核心价值观主题宣传月"活动。一是加

强宣传。以立体化宣传模式,让广大青年学生知晓、熟记社会主义核心价值观的24个字的基本内容。通过喷绘展板、悬挂横幅、张贴标语等线下宣传;在微博、微信、手机报、PU平台等新媒体平台中开设专栏,进行线上宣传。切实将培育和践行社会主义核心价值观工作贯穿于广大学生学习生活的方方面面。二是注重教育。以复合式教育方式,让广大青年学生深刻理解、切实体会社会主义核心价值观的内涵。通过专题报告、党团课、经验分享会、主题党团日等构建"学习平台";通过"读书节""青年演绎综艺秀,全校共创文明风"社会主义核心观教育专场演出、高雅艺术进校园等打造"文化平台";通过"辩论赛、青年江大说、法律庭辩赛"等创建"思辨平台"。通过这些平台复合式穿插,让广大青年学生深刻理解、切实体会社会主义核心价值观的内涵。

2. 鼓励青年原创,开发社会主义核心价值观教育文化产品

倡导贴近青年和青年原创,向青年学生有计划、有针对性地提供包含社会主义核心价值观教育主题,又能贴近青年的文化产品和活动内容。积极编创和传播内涵丰富、形式时尚的手绘本、文章、微视频、微电影等网络文化作品,利用新媒体平台传播分享,开展"青言社会主义核心价值观"和"核心价值观文化创意大赛"等活动,让社会主义核心价值观在青年学生中蔚然成风。

3. 强化典型示范,以优秀典型做好带头示范

积极开展好"与信仰对话""奋斗的青春最美丽""杰出青年进校园""我的青春故事报告会"等系列分享会活动,组织优秀青年典型为青年学生讲述自身的奋斗经历、谈自己的人生感悟、解青年的成长困惑。广泛开展践行社会主义核心价值观的先进个人寻访、优秀集体创建等活动,广泛宣传和深入学习"全国道德模范"、"大学生年度人物"、"大学生自强之星"、"身边好青年"、"十佳青年学生"等先进典型,形成"校园好故事"、"校园好声音"。引导广大青年崇尚先进、学习先进、赶超先进,努力形成广大青年践行社会主义核心价值观的群体效应。

(二)强化机制,助力社会主义核心价值观

1. 建立健全培育和践行社会主义核心价值观的长效机制

培育和践行社会主义核心价值观是一项长期战略任务,必须常抓不懈。要把培育和践行社会主义核心价值观纳入各学院共青团工作的总体规划,落实到共青团工作的各个环节,覆盖到所有学生。要在开展思想引领和成长服务的各项工作中,体现培育和践行社会主义核心价值观的内容和要求;要创新工作方式和工作载体,制度化、长期化地开展形式多样的社会主义核心价值观教育活动;要推动培育和践行社会主义核心价值观的活动与培养学生核心素养相结合,健全服务学校

中心工作、与各部门加强协作配合的机制。

2. 加强团干部的能力和作风建设

建立专职团干部中心组学习制度,持续开展团干部"学理论·强党性·铸信仰"活动,不断提升专职团干部做好培育和践行社会主义核心价值观工作的能力。各二级团组织要组织成立学生团干部中心学习组,定期组织团干部的理论研讨和集中学习。通过学校和学院共同努力,引导团干部牢固树立大局意识、组织意识、责任意识,以实际行动和人格力量在培育和践行社会主义核心价值观工作中发挥示范引领作用。

3. 加强服务性团组织的建设

深入开展"青春邀约走基层·服务青年听转办"活动,各团干部要与青年学生面对面地开展思想交流、增进理解和共识。要结合各类青年群体的实际情况、各条线的工作特点,进一步找准工作的突破口和创新点,进一步优化团组织设置,进一步完善服务性团组织网络,进一步扩大团组织的有效覆盖,进一步提升服务青年的工作能力和工作活力,在有为有效的服务中宣传社会主义核心价值观。要进一步推进"团内推优"工作,把社会主义核心价值观的要求融入党建带团建的各项工作之中。

(三)强化实践,践行社会主义核心价值观

1. 深入开展"我为核心价值观代言"活动

积极利用各种新媒体平台,继续深入开展"我为核心价值观代言"活动,结合国庆节等政治性节日,元旦等国际性节日,端午、中秋等中华传统节日以及"九一八""一二·九"等重大事件、重要人物纪念日和教师节等,集中组织动员团员青年学生结合自身经历和体会,通过文字、图片、视频、动漫、微电影等多种方式表达对社会主义核心价值观的理解感悟,并通过微博、微信、网站、手机报等平台广泛发布,传播青春正能量,营造网络清朗空间。同时,围绕"我为核心价值观代言"主题,组织开展"我来代言"风采展示、优秀代言人分享交流等面对面的线下活动,将"我为核心价值观代言"环节有机融入校园各类活动中去,成为学生校园生活的新风尚。

2. 深入实践"三纵四横五协同"团建项目化体系

充分利用"三纵四横五协同"团建项目化体系搭建平台,丰富活动体系,采取项目试点、结对共建、示范观摩等实施方式,努力将团建项目化体系运用到实际工作中,运用到团学活动的实践中去,在纵向活动中充分发挥基层团支部的作用,在横向活动中充分发挥二级团组织在活动中的指导作用,通过各级团组织和学生组织的协调配合,促使"三纵四横五协同"团建项目化更加有效地实施。

3. 广泛开展践行社会主义核心价值观主题社会实践和志愿公益活动

充分发挥实践育人优势,组织团员青年学生走进学校周边社区和群众中,围绕扶贫济困、应急救援、大型活动、环境保护等方面,围绕空巢老人、留守妇女儿童、残疾人等群体,开展各种志愿服务活动;组建大学生讲师团,开展以宣讲和践行社会主义核心价值观为主题的专项行动,组织学生深入广大社会基层开展宣讲教育、社会调查、文艺演出、公益服务等活动,在实践中引领社会文明新风;着力建立一批大学生社会主义核心价值观实践基地。同时,加强"青年志愿者"品牌的推广,做好大学生志愿服务西部计划和苏北计划工作,开展好关爱农民工子女、助残"阳光行动"等志愿服务活动,积极组织申报省百优志愿服务"小薇奖"、公益项目创投大赛等省级项目评选,引导青年在服务社会中彰显正能量,为践行社会主义核心价值观注入青春活力。

4. 全面开展高雅艺术与传统文化教育活动

深入开展"金秋江大"新生服务文化节活动,营造良好校园文化氛围,利用各种有利平台,如:各高校艺术团巡演、艺术剧院演出进校园、省大学生艺术展演等,合力推进高雅艺术进校园,同时要求广大青年坚守中华文化立场,深入开展传统文化学习教育活动,通过国学知识竞赛、辩论赛、戏曲比赛、书法篆刻大赛等形式推进传统文化学习活动,使大学生在潜移默化中领会高雅艺术、学习传统文化,促进广大青年学生形成正确的价值观。

三、工作要求

1. 加强组织领导,形成工作合力

各级团组织要充分认识培育和践行社会主义核心价值观的重要现实意义和深远历史意义,加强组织领导,各级团组织要在校党委的统一领导,校团委的指导下紧密配合、分工协作,充分调动广大基层团组织和团干部的积极性、主动性和创造性,努力实现工作整体优化和全程优化,形成共同推进培育和践行社会主义核心价值观的良好局面。

2. 注重广泛动员,提升宣传力度

各级团组织要结合自身实际,面向所有青年学生开展社会主义核心价值观教育,工作和活动设计中要面向基层,注重参与性和互动性,广泛动员每一个团支部、学生组织都参与进来。同时各级团组织要加强宣传策划,发挥好团属媒体的作用,整合好社会媒体的资源,推广好的经验和典型,充分展现我校青年学生践行社会主义核心价值观的良好精神面貌,大力营造良好校园氛围,努力形成正确舆论导向。

3. 掌握工作方法,提升工作实效

各级团组织要坚持联系实际,注重分层分类,针对不同年级、不同类别学生群体,结合不同的目标和侧重点,增强工作的针对性和实效性。要坚持以人为本,尊重青年学生主体地位和成长需求,把引导青年和服务青年有机结合起来,促进青年健康成长和全面发展。

4. 及时提高总结,坚持长效推进

各级团组织要将培育和践行社会主义核心价值观活动作为一项长期性、系统性的工作任务,要着力把握重点难点,突出特色特点,结合学校共青团重点工作创新试点实施,注重把握规律,及时总结经验,注重完善机制;要集中力量,特别是发挥好各学院学科、专业和理论研究的优势,深入研究培育和践行社会主义核心价值观的科学内涵、基本要素和实践途径,为工作深化创新提供理论支撑。

中共江苏大学委员会

2014 年 7 月 8 日

江苏大学校园文化环境管理规定

第一章　总　则

第一条　为进一步加强校园文化建设,规范校园文化活动秩序,强化校园文化设施、文化市场和各类宣传阵地的管理,营造和谐校园文化环境,促进校园文化活动文明、规范和有序,根据上级有关文件精神,结合学校事业发展需要和内涵建设实际,制定本规定。

第二条　校园文化环境建设必须按照学校精神文明建设的总体要求,坚持正确的政治方向,符合国家有关政策规定和公认的社会道德准则,积极培育社会主义核心价值观,传载大学精神,文明和谐、积极向上、健康高雅,给人以有益的教育和影响。

第三条　本规定所指校园文化环境管理的对象包括:校园基础文化设施(各类标识牌、宣传栏、阅报栏、张贴栏、人文景观等)、校园文化宣传物(校园媒体、各类宣传册、宣传标牌、海报、广告等)、校园文化市场(影视录像放映、卡拉 OK 歌舞厅、文艺演出、书画展览、音像制品和书刊出售与出租、纪念品、文字印制等)、校园文化活动(非经营性的文化沙龙、晚会、出版刊物、各类讲座、培训等)。

第四条　校园文化环境管理工作主管部门是党委宣传部,学校党办、校办及保卫处、后勤处、学工处等相关部门协助管理,负责校园文化环境的执法与维护工作。学生生活区域由学工处按照规定统一管理。全校各部门、各单位及其他在校活动的外单位和个人均须遵守本规定。

第二章　校园基础文化设施管理

第五条　校名标准字体、校标、校徽等学校重要标识的使用与管理由校办和宣传部共同管理。各单位使用学校标识制作牌匾、宣传栏(展板)、印刷品等宣传物须经宣传部审定。

第六条　学校各单位在公共区域设置各类牌匾标识(包括楼栋内外指示牌、

分布图等标识系统),须经宣传部审定,其内容形式力求简洁明了,协调美观,与学校总体风格保持一致。室外牌匾悬挂位置须与宣传部、后勤处共同商定。

第七条 任何单位和个人不得在学校公共场所擅自设置宣传栏、阅报栏、路牌、霓虹灯、电子显示屏、橱窗、灯箱、横幅、广告牌及张贴广告,布置彩旗、彩条、气球、灯笼等。需要设置的单位,应向宣传部提出申请,经宣传部会同有关部门研究批准后,按照统一要求在指定地点设置,并按照"谁主办谁负责"的原则,活动结束后予以撤除。

第八条 校园基础文化设施的建设要体现校园人文精神,符合学校整体规划及相关标准要求。校园文化基础设施本着"谁建设、谁主管、谁负责"的原则管理。责任部门要定期更新内容,维护维修。

第九条 校园人文景观的总体规划、布局设计及其建设和管理由宣传部、国有资产管理处、后勤处等相关部门协调负责,后勤处具体负责人文景观建设和后期维护工作。校园人文景观的建设应从学校实际出发,依据总体规划设计方案分步推进实施。

第三章 校园文化宣传物管理

第十条 校园文化宣传必须坚持宣传党的路线、方针、政策,宣传学校在教学、科研、管理、社会服务等诸方面所取得的成就。

第十一条 校园媒体必须把握正确的舆论导向和正面宣传为主的方略,坚持团结稳定、为人民服务、为社会主义服务、为学校改革发展服务的方向,充分发挥贴近师生员工、贴近生活、贴近实际的优势,不断丰富内容,提高质量。校园媒体主要包括校报、广播、网络、电视、微博、微信等传播媒体。校内媒体由宣传部统一规划、协调、指导、审核和备案,按照"谁主办,谁负责"的原则,由主办单位具体负责管理。

第十二条 校园内所有横幅、宣传标牌、海报等必须内容健康、文字规范,并严格按照指定位置悬挂、张贴。所有公共区域悬挂横幅须报经宣传部审批(申请宣准字号),并在指定时间和地点悬挂。各部门、各单位发布的通知、布告等须落款并加盖公章,否则有关部门有权予以清理。校内重大活动标语或其他重要信息发布,须经宣传部审核方可在公共区域电子显示屏上播放。

第十三条 除学校统一安排的重大活动可以在校大门设置宣传标牌外,各部门、各单位组织的活动原则上只在会议场地、所在单位、招待场所设置宣传标语。会场宣传物(包括会标、标牌等)以及公共体育场馆内的赛事活动宣传物等,由各单位主管领导负责把关,活动结束后须及时清理。

第十四条　严禁任何单位和个人在校园建筑物的门、墙、路牌、路灯杆、橱窗等公共设施上设置、张贴任何宣传品。任何单位和个人不得占用、拆除、遮盖、损坏室外宣传物及其设施。未经许可擅自设置不符合学校要求的宣传物或未按期撤除者,将由保卫处拆除,并对经办单位予以处罚。禁止校外单位和个人未经批准,在校园内及校大门附近悬挂、张贴各类横幅和宣传品等。

第四章　校园文化市场管理

第十五条　利用学校场地、设施进行的一切经营性文化活动必须经过审批。校园文化经营活动的审批程序是:经营者在开办前到宣传部申请,说明经营活动的内容、时间、地点等相关情况,由宣传部签署意见后,到保卫处办理《校园经营许可证》。短期(一周之内)文化经营活动由宣传部直接审批,长期性的文化经营活动由宣传部会同有关部门审核后报学校领导审批。对于商业赞助性、冠名性的校园文化活动,责任部门必须严格把关。严禁以开展校园文化活动为名向学生兜售商品。

第十六条　校园文化市场经营单位和个人必须坚持为社会主义校园文化服务的方向,严格执行知识产权保护法,以及国家、省、市有关音像放映、出版物发行的规定,传播有益于提高大学生素质、有益于学校发展和社会进步的科技文化知识。任何单位和个人不得从事危害公共利益的活动,严禁播放和出售盗版光盘及内容涉及反动、淫秽、封建迷信的录像带、出版物及数字媒体等,一经发现将坚决予以取缔,情节严重者,送交司法机关处理。

第十七条　各类书店、书亭、报摊的设置,必须严格履行审批手续。所销售的书、报、杂志,必须是国家正式出版部门出版的内容健康的出版物,严禁销售、出租各种禁书及政治倾向有问题、格调低下的出版物。禁止在校园内随意设摊销售书、报、杂志和其他文化消费品。

第十八条　电影、录像等媒体的放映应严格履行许可证制度,严禁无证放映。放映活动应以丰富师生员工业余文化生活为目的,放映时间原则上在双休日及节假日。要严格审片制度,放映的影片应为国家电影音像出版发行部门许可公映的影片。歌舞厅、卡拉OK厅必须加强管理,确保氛围文明高雅、环境整洁卫生。切实落实消防及其他安全措施,保证人身安全。

第十九条　学校有关职能部门在校园文化市场管理中的职责是:宣传部负责对校园文化市场经营活动的日常管理和检查监督工作,对违规违约的经营者,取消其文化经营资格;保卫处负责对获准进入校园从事文化经营活动的承包者以及从业人员进行身份确认、注册登记、办理《校园经营许可证》,并对其安全保卫工作进行监督管理,对违反学校综合治安条例者,予以处罚直至取消其经营资格;后勤处负责对在校园公共场所开展经营活动的环境卫生工作进行监督和管理;国有资产管理处、审计处和财务处负责根据省、市有关文件规定,核定场地租赁费、设备折旧费及水、电、暖收费标准,由财务处统一收取;国有资产管理处对学校国有资产使用情况进行检查监督,保证学校设备完好无损。

第二十条　利用学校文化设施开展文化经营活动的,不得影响学校正常的教学、科研和管理活动。

第五章　校园文化活动管理

第二十一条　学校各部门、各单位组织开展校园文化活动,开办前要报批。涉及政治、安全、保密等方面内容的,须经有关部门审核同意后由宣传部批准。按计划组织开展的日常校园文化活动,由相关主管部门审批,并报宣传部备案。团委、学生会、学生社团在校园公共区域开展宣传活动,由学工处、团委负责管理,必要时须经宣传部审批备案。校外单位在我校开展宣传活动须经宣传部审批,并办理相关手续。

第二十二条　校园文化活动内容要积极向上,有利于活跃师生业余文化生活和大学生健康成长。校园内严禁举行宗教和封建迷信活动。

第二十三条　校内各单位出版的非正式刊物、在网络及新媒体发布的内容,以及板报、墙报、宣传栏等内容须经所在单位党组织审查。出版非正式刊物及在学校官网发布的内容,须报校宣传部批准后方可发布。

第二十四条　依据有关文件精神,校内编印的刊物、资料除经新闻出版部门批准,取得出版印刷资格的以外,都不具有内部出版权限。作为校内情况通报、信息交流的各类简报、通讯,不得冠以"××报""××刊"或"杂志"等字样,负责编辑的有关机构不得称"杂志社""编辑部"。

第二十五条　随着网络及新媒体技术的不断完善,各部门、各单位原则上不应再以纸质形式印刷供校内交流的各类简报、通讯。确需印刷的,由所在单位、部门审查同意后,报学校批准方可编印,同时应确定一名分管领导作为第一责任人负责对简报、通讯的内容、质量进行把关。准印的简报、通讯须在封面显著位置印出"内部资料,免费交流"的字样,并严格限于校内交流,不得征订、发行、出售,不得刊登广告或进行其他任何涉及经济利益的活动。

第二十六条　学校及校园内各出版、印刷、文印单位对承接的出版、印刷、文印业务要严格把好内容关,发现问题坚决拒印,并及时向有关部门反映。

第二十七条　加强对校园计算机网络的管理,严禁任何集体或个人利用计算机网络复制、发布、传播各种反动、迷信、淫秽信息和音像制品。加强校内各电脑机房管理,严禁利用计算机开展违反国家法律、学校规定和其他有悖社会公德的活动。

第二十八条　加强校内人文社科类讲座、报告会的管理,严格审核讲座人、报告人身份及讲座、报告的内容,并在活动举办前报宣传部备案确认,严禁错误观点和言论在校园传播。

第二十九条　组织校园文化活动在使用公共文化设施时,应当遵守公共秩序,爱护公共文化设施,不得损坏校园公共文化设施。组织文化活动的部门、单位或个人要采取切实措施,保证文化活动场所的秩序和安全,防止各类事故的发生。

第六章　附　则

第三十条　校内宣传所使用的文字,应严格按照国家有关语言文字使用的规定,使用学校重要标识应符合学校视觉(标识)系统相关管理要求执行,对不符合规定要求的应及时予以更正或清除。

第三十一条　坚持"谁主管,谁负责"的原则,对违反上述规定并造成不良影响的有关部门、单位,除追究直接责任人的责任外,还要追究该部门、单位负责人的责任。凡被通报批评的单位和个人,将取消其年度评选先进单位和年终评优资格。

第三十二条　校内各单位和全校师生员工应共同维护好校园文化环境,发现任何单位和个人违反本规定,应立即制止并及时向学校和宣传主管部门举报。

第三十三条　本规定自 2016 年 4 月 13 日起施行,由宣传部负责解释。学校相关规定与本规定不符的,以本规定为准。

中共江苏大学委员会

2016 年 4 月 13 日

江苏大学学业导师管理办法

第一章 总则

第一条 为进一步完善学业导师制建设,充分发挥专业教师在大学生学业发展过程中的指导作用,推进"创新创业人才、卓越人才、精英人才、国际化人才"培养,根据学校实际,制定本办法。

第二条 本办法所称的学业导师是指受聘后对本科生的学业规划、专业学习、创新能力培养负有指导责任的教师。

第二章 任职条件

第三条 学业导师须具备以下条件:

(一)热爱教育事业,具有良好的职业道德,有较强的工作责任心,为人师表,关心学生成长成才。

(二)熟悉专业的培养目标、教学计划、课程设置,熟悉专业的社会需求和学校教育管理的有关规定。

(三)拥有较高的专业水平和合理的知识结构,有较丰富的教学经验和一定的科研能力,具有较强的专业指导能力。

(四)须具备副高及以上职称或博士学位(含在读)或副处级以上职务。

第四条 一线专职辅导员不得兼任学业导师。

第三章 职责与要求

第五条 学业导师的主要职责有:

(一)做好学生的专业思想教育。围绕专业培养目标、教学计划、课程设置以及就业去向等内容对学生进行教育,帮助学生了解相关专业的培养规格和要求,增强专业自信心,培养专业学习兴趣。

(二)指导学生制订和实施学业规划。根据学生的学习基础、学科偏好和个性特点,有针对性地指导学生选择专业发展目标、制订中长期学习计划,帮助学生确立出国留学、考研、就业或创业的发展目标。指导和督促学生实施学业规划,落实学习计划。

(三)指导学生专业学习。指导学生选课,帮助学生完善符合自身特点的较完整的专业知识和技能结构体系;介绍专业方面的最新动态、学科理论和实务的新变化;指导学生见习、实习。

(四)指导学生开展科研。指导学生参与科研立项、创新训练、学科竞赛等科技活动;将自己主持或参与的课题介绍给学生,让学有余力的学生参与课题研究。

(五)指导学习困难学生。帮助学习困难学生分析存在的问题,指导其不断改进;做好受到学业警告学生的转化工作,帮助其制订课程重修计划,提供必要的学业帮扶。

(六)引导学生树立良好学风。帮助学生培养良好的学习习惯,端正学习态度,指导学生掌握科学的学习方法。

(七)了解学生学习状况和思想动态,积极与辅导员沟通交流,共同做好教育引导工作。

第六条　学业导师指导工作采取集中与分散相结合的方式进行。每学期集中指导不少于1次,分散指导根据具体情况实施,每位学生每学期"一对一"指导不少于1次。学业导师指导后须在学生学业规划书中作相应记载。平时要通过面谈及电话、邮件、短信等方式,加强对学生学习的过程指导。

第四章　遴选与聘任

第七条　学业导师采用个人自荐和学院指派相结合的方式确定。学业导师选聘工作由学院组织进行,聘任结果报学生工作处备案。

第八条　学业导师可以从本学院专任教师中选聘,也可以从其他学院、科研机构、机关等相关人员中选聘。跨单位选聘者,须经其所在单位同意。

第九条　学生学业导师的配备采取学生选择或组织委派的方式进行。学校鼓励实行学业导师和学生的"双向选择"。

第十条　学校实施全程导师制。学业导师负责学生大学期间的全程学习指导,聘任后原则上不予调整。确有特殊情况需要调整的须提交书面申请,由学院审定,学院须将调整后的名单报学生工作处备案。

第十一条　学业导师可跨年级指导学生,指导的每一年级学生不超过10人。学院也可以自然班级为单位选聘学业导师。

第五章　管理与考核

第十二条　学业导师按学年考核,每年9月底前完成。考核工作由各学院根据学校学业导师考核相关要求组织实施,考核结果报学生工作处备案。考核等级分为优秀、合格和不合格,其中优秀比例不高于15%,不合格比例由学院根据实际情况自行确定。

第十三条 学校对工作表现突出、成效显著的学业导师给予表彰,授予"优秀学业导师"称号。"优秀学业导师"由学生工作处从学院考核为优秀的名单中复评产生。有以下三种情形之一者,当学年不能参评"优秀学业导师":

(一)学年指导的学生总数不足5人;

(二)指导的学生受到学业警告;

(三)指导的学生由于违反学习和考试相关规定受记过及以上处分。

第十四条 学校将担任学业导师经历作为专任教师晋升高级职称的必要条件之一。符合导师资格的教师都有义务承担本科生学业指导工作,受学院指派后不履行学业导师义务的教师,年度考核不得为优秀。被评为"优秀学业导师"的教师,在岗位评聘、职称评审时,同等条件下予以优先考虑。学业导师工作考核不合格的,当年人事考核不得为优秀,并取消学业导师资格,职称评审延迟一年,二年内不得申请公派出国或校外进修。

第十五条 学校每年9月按照每生每学年100元的标准下拨专项经费至学院,纳入学院学生工作专项经费专款专用,由学院根据考核结果进行分配。考核结果为优秀的按每生每学年120元发放,考核结果为合格的按每生每学年90元发放,考核结果为不合格者予以停放。分配方案报学生工作处备案。经费结余部分用于学业导师日常管理工作和相关活动。

第六章 附 则

第十六条 学业导师的选聘、日常管理和考核工作均由各学院学工条线负责。各学院要从本单位的专业特点、师资力量、学生状况等实际情况出发,制定学业导师管理实施细则,抓好具体落实。

第十七条 京江学院、海外教育学院可根据本办法另行制定学业导师管理办法。

第十八条 本办法由学生工作处负责解释。

第十九条 本办法自发布之日起施行。《江苏大学学业导师管理条例》(江大校〔2012〕184号)同时废止。

江苏大学

2015年11月4日

第八篇

08

育人环境篇

　　本篇介绍了学校在不同历史时期校址的变迁,重点记录了校址初建时期全校师生发扬自力更生、艰苦奋斗的精神,投身校园基本建设项目、开创事业的宝贵记忆;描绘了基础课楼、三江楼、校史馆、励志亭等校园标注性建筑,围绕着这些标志性建筑,讲述了发生在其中的难忘故事;记录了汝山、五棵松、玉带河、梦溪十景、寿丘山、古树等特色人文景观,抒发了全校师生热爱江大、热爱母校、爱校如家的真挚情感。整洁美观、宁静有序、积极向上校园育人环境的营造,对生活工作在其中的师生起到了正能量的引导作用。

校址变迁:艰苦奋斗立业之本

(一)柳营生活*

　　1960 年,时值三年自然灾害,生活极端困难,南京农业机械学院就筹备、诞生于这一时期,它担负着培养中国农机高级人才的重任。这是一个暂时没有校址的大学,夏末初秋,院领导一面忙于运筹建院的大事和选校址,一面又筹划着新生入学事宜。上无片瓦遮风挡雨,下无立足之地,招生岂能纸上谈兵? 在上级领导的关心和支持下,首届机械制造工艺及设备专业 128 名新生被安排到了南京东郊的柳营。

　　那一届以南京农业机械学院名义招收的新生共有 278 名,分别录取到农业机械设计制造、汽车与拖拉机、机械制造工艺及设备 3 个专业,其中农机、汽车和拖拉机专业的 150 名新生被安排在南京工学院内学习生活,其余 128 名新生则被安排在柳营的临时院部。虽然拥有新生的人数不算多,但它却是一所新生的农机高等学府,为我校将来的发展打下了第一根桩基。

　　9 月下旬,秋高气爽,南京东郊柳营当时江苏省农科院柳营农中师资训练班校址的几栋平房,迎来了这 128 名新生。学生、教师都被安排在柳营的这几栋平房里,厨房是用芦席临时搭建的棚子,吃饭定量,喝的是酱油汤,每人每月供应二两猪肉。有的同学饿了,就嚼几块咸菜或几根胡萝卜充饥,由于营养不良,不少师生患上了浮肿病。没有饭厅就在露天用餐,颇似军队的野营生活,有的同学风趣地称之为"秋高气爽月亮明,露天用餐似野僧",初秋尚可坚持,进入深秋,热死腾腾

---

　　* 本文作者:丛堃滋。

的饭菜瞬间变得冰冷,实在难以下咽,特别是大城市来的同学,对比非常敏感,但他们都毫无怨言。教室是简陋的平房,教师有的分散住在市区,新来的住在旅馆,少数住在临时院部,他们克服交通和生活上的种种不便,早出晚归,从不迟到。如此艰苦的生活和学习条件,更激发了学生的学习热情,当时学习气氛浓厚,纪律良好,靠的是一个共同信念——振兴我国的农业事业,尽快把农业搞上去。

为加强师生教学和生活管理,院党委决定在柳营新生驻地设立临时院部,这是院本部派出的临时机构,同时组建了党支部。临时院部没有专门的办事机构,仅有一枚"南京农业机械学院临时院部"的公章,由支部负责管理使用,凡对外联系事宜均以临时院部的名义,其他事宜概由支部负责。支部由书记、组织、宣传、劳动委员4人组成,包括行政人员在内,总计10余人。就是这班人马,遵照党委的指示,在十分困难的情况下,师生干群团结一心,克服了一个又一个前进中的困难,使教学、生活逐渐步入了正常的轨道。

1960年底,进入隆冬季节,困难越来越多,在南京工学院的支持下,临时院部的师生告别了柳营的生活,搬到该校实验室的平房里,在那里开始了新的工作和学习,在柳营的"野营式生活"也就此画上了一个句号。

(二)抬土种树建学校*

艰苦奋斗是无形的精神财富,回顾我校校本部的创业史,催人奋进,信心倍增,可以说它是一本艰苦奋斗的"教科书"。

在镇江农业机械学院(全书为行文方便,有时简称镇江农机学院)早期基建过程中,所有的抬土、平地和种树任务几乎都是由师生人力完成的。

1961年9月,学校迎来迁入新址后的第一届252名新生,来自五湖四海的年轻人怀着满腔热情来到学校,到了才知道在这里学习和生活的艰苦。因处于初建时期,偌大的校园只有一栋马蹄形的基础课楼和几栋简易的平房。宿舍没有玻璃,下雨的时候靠窗的同学要搬移床铺;没有卫生间,每个宿舍发一个木桶,一大早由值日的同学负责抬出倒掉;没有自来水,同学们从老远的井里用脸盆端水回基础课楼……生活很苦,但所有的师生都不叫苦,他们清楚幸福需要双手去创造,当时,从院领导到每一位任课教师和在校学生都投入了火热的劳动之中。

---

* 本文作者:李红艳。

劳动是历练人生的课堂。1961 年进校工作、参加和见证了建校劳动的黄东山老师回想当年记忆犹新。当时学校没有运动场地,学生都是在黄泥地上进行体育活动,1961 年学校决定开工建设第一块田径场(现校本部东山操场所在地)。学校地处丘陵地带,"三山两洼"地形,田径场这块土地本来是一块生长水草的沼泽洼地,北高南低,相差近 2 米,于是师生一起开始了基建的最初工作——抬土平地。学校购置了铁锹、竹杠、箩筐等工具,劳动全部是靠人力手工操作。每周轮到哪个班劳动,就由该班的劳动委员带队集中到仓库门前,先讲劳动内容,然后分配劳动任务。1961 年 9 月新学期开学,教学工作进入正轨,国庆节一过,抬土平地工作就开始了。

那时,同学们组织纪律性很强,大家争先恐后,抢着干活,出现了许多感人的情景。刚开始,一些来自上海等大城市从没做过农活的孩子,一天下来肩膀就磨破了,但他们不叫一声苦,主动由抬土改挖土;挖土时间久了胳膊酸,就又改回抬土。有的女同学肩膀受不了,第二天就带上夜里睡觉的小枕头放在肩膀上继续抬。当时参加过劳动的老师们回忆,即使是冬天,很多人还穿着背心干活,有时背心湿得都能拧下水来。遇上天气热,烈日当头,汗衫上都结出盐巴。尽管如此,从院长、教师到学生,没有一个人抱怨,大家边劳动边交流,越干干劲越足,个个生龙活虎,你争我赶。

抬土现场,学生们还成立了啦啦队,"加油!""加油!"的吆喝声不绝于耳,常常还会有同学唱歌给大家助兴。在劳动中涌现出的优秀班级和个人,会在学生宿舍楼(现校本部留学生公寓)前面一个不到 2 平方米的黑板上进行表扬,除此再无任何报酬。师生们回忆当年,一致反映:艰苦的生活和劳动环境没有挫伤大家的积极性,反而让大家更加坚毅、团结。劳动造就了那一代人吃苦耐劳的品质,培养了彼此间的深厚友谊。

田径场抬土平地的劳动持续了两年时间,同时进行建设的还有学生宿舍楼、教师宿舍楼(现校本部二区 1、2、3 栋)、基础课实验楼(现理学院后楼)等,师生们的劳动加快了基建工程的进度,也为学校节省了一大笔开支。

罗兰说:"世间一切美味佳肴都没有劳动结出的果实更甜美。"1963 年冬,学校第一个标准田径场建成。1961 级学生谢福祺(后留校任教)回忆:"丘陵变操场,同学们别提多激动了,虽然还是煤渣跑道,但对于当时文娱活动单一的同学们来说,简直是个惊喜。天刚蒙蒙亮,同学们就早早来到操场上,跑步、踢球、锻炼,我们太珍惜这样的锻炼机会了,自己双手建设出来的,就更加感情深。"

当时师生劳动的内容还有一项就是种树。1961 年冬开始,师生抬土方的同时也开始挖坑植树。现在校本部中门林荫道上茂盛的法国梧桐、东山操场四周的银杏、杨树以及校园里的许多大树都是当年种植的。

几十年过去了，当年参加劳动、建设学校的老师们都已白发苍苍，很多学生已经成为各行各业的中坚力量。1961级的校友再相聚母校，伴着老师漫步在校园里，古朴发黄的老建筑、郁郁葱葱的大树以及难以磨灭的青春记忆——师生共同劳动，建设学校的场景一下子全都涌现在眼前，不禁令人热泪盈眶……

（三）挑灯夜战运砖盖楼房*

原镇江师范专科学校（全书为行文方便，有时简称镇江师专）创建之初沿用了原丹徒县委的用房和镇江合作干校的校舍，既少又旧，且平房居多，不符合新高校的教学、行政和生活之需。不久，上级批准拨款建一座教学大楼，学生听到这个消息都很高兴，关注着新大学第一个基建项目的进展。原丹徒县委和合作干校两个机构分别位于劳动路（现中山西路）的南、北两侧。新建的教学大楼就规划在路北原合作干校内，在一片开阔地北边的一座小山丘上。

那时，基建经费十分有限，必须千方百计节约工程款，降低造价。于是学校号召学生们参加建校义务劳动，自己动手，建设美好校园。正好学生们也想为学校建设贡献一份力量，大家除了继续修筑校内道路，植树、栽花种草搞绿化外，又增添了为盖教学大楼运砖的任务。大卡车从远处的砖瓦厂运来砖头，晚上车多砖头多而卸砖工人少，学生们分工协作，有帮着卸砖的，有用绳索、箩筐将砖头抬到指定地段的。近处的砖瓦厂离学校不远，砖头不必用卡车运，有一个班级就足够应付，大量的搬运任务主要在傍晚以后。在施工现场的开阔地上，卡车进进出出，轮番上阵的众多班级的学生两人搭档，多抬快跑，一路哼着劳动号子。场地四周挂着大功率的电灯和探照灯，场面热火朝天。在挑灯夜战的运砖工地上，总能看到校团委书记钱树伟老师的身影，他年轻、活跃、中等身材、非常结实，给人的印象是说干就干、雷厉风行。他一面和学生一起运砖，一面指挥调度。偌大的劳动场面，汽车的喇叭声、劳动号子声，都盖不住他的大嗓门儿，他不断为学生加油鼓劲，又不断提醒学生注意安全、量力而行。

经过大半年时间，教学大楼拔地而起，主楼三层，东西两头各有一个二层楼的

---

* 本文作者：李红艳。

耳房。全校所有班级都搬进了大楼里宽敞明亮的新教室,各科办公室、实验室、图书馆也搬入了新大楼。同学们的心情特别舒畅,不仅因为学习条件有了改善,更由于大家曾经为此洒下辛勤的汗水。

我们在新教学大楼里上课不足一个学期,毕业前夕,要拍毕业集体照,我们班就选在大楼前合影。适巧大楼东边有两门部队停放的大炮,高高扬起的炮筒也进入了镜头,大家开心地议论,认为寓意很好:"我们是师专的首届毕业生,照片上的大炮预示着我们要为师专打响第一炮!"

原来的师专校园如今是镇江宾馆的所在。当年我们挑灯夜战运砖建造的教学大楼就安详地坐落在宾馆主楼的后面,我久久地注视着它历经半个世纪风雨的身姿,它见证着我们一段回味不尽的青春岁月。

标志建筑(一)基础课楼

蜗居在基础课楼的日子 *

衣食住行中的"住"的问题从古至今一直是人们关注的焦点,唐代著名诗人杜甫就曾写下"安得广厦千万间,大庇天下寒士俱欢颜"的名句。20 世纪 60 年代初我与爱人毕业后被分配到镇江农业机械学院工作,一个学期的时间,200 多位师生蜗居在尚未完工的基础课楼,在那小小的方寸之地边工作、边教学、边生活。虽然距今已逾半个世纪,但往日蜗居的种种经历和乐趣至今仍历历在目。还记得报到那天是 1961 年 9 月 11 日,我们买了每人一元两角的火车票带着行李从南京来到镇江,按分配通知找到位于苏北路(现长江路)的镇江农机学院招待所。板凳还没坐热,我们就被安排上了一辆大卡车,大卡车在坡连坡、弯接弯的沙石镇澄路(现学府路)上飞驶,一路滚滚沙尘将我们送到后官庄建筑工地,这里就是新生的镇江农机学院所在地。

报道地点是现在江苏大学校本部一区一座平房中仅十几平方米的简陋的办公室,接待的领导是教务处长翁家昌先生。我们被分配的住处分别是:男教职工宿舍在尚未完工的基础课教学楼 205 室,女教职工宿舍是 304 室。当年 10 月招收的农机、汽拖、机制、内燃机、铸造(后改为排灌)5 个专业的 224 名新生也被安排住进了基础课楼,女同学和女教师住一室,双层床上铺安排女生住,下铺则是女教师。当时,学校的教学办公室、教室、宿舍蜗居在刚刚封顶的三层基础课楼里,后楼的图书馆、卫生所也都在基础课楼"安过家"。真正是"一楼多用"。

---

* 本文作者:李光久。

当时的教学和生活条件十分艰苦,大家都记得陈云阁书记常常说的话:"苦、苦、苦,比不过红军长征两万五。"基础课楼外体工程虽基本完成,但内部安装仍在继续施工,我在讲台上讲课,工人在安装窗户上的玻璃,两人各干各的活儿,互不干扰。记得有一次,负责摇上下课铃的小孙睡过了头,大家迟迟听不到下课铃声,下课一问缘由,大家哄然大笑。师生们经常一起参加义务劳动,吃的是井水,走的是泥巴路。没有自来水,卫生间不能使用,晚上在宿舍放一只尿桶。每天早起,值日生的任务就是倒尿桶。秋日里,大家早上洗漱都是在玉带河边进行。那时的玉带河曲曲弯弯从田野中穿过,河水清澈见底,可以细数水中的游鱼。当时大家有一个共同的信念:一切都会好起来的。今天的江苏大学校园楼宇林立,车水马龙,往昔那玉带河水清清、春风甜甜、秋月明亮的生态环境已只能在梦中回味。

20 世纪末,为了建造现在的三江楼,基课楼已被拆毁,了无踪迹,这成为不少师生心中的一大遗憾。那栋不高的红色小楼将永远静静地停驻在大家的记忆中。因为它承载了我们那一代人太多的青春印记,大家在小小的"蜗居"里认真工作,勤奋学习,处处洋溢着团结友爱、勤学上进的气氛琅琅的读书声和室外鸟鸣声交织在一起,真可谓"风景这边独好"。

标志建筑（二）三江楼

放歌一号楼*

啊，金秋！啊，丰收！在丰收的金秋，我镇日凝眸，仰望着我们的一号楼。

劳工神圣啊，我亲爱的兄弟！铁铸的肌肉，伟岸的身躯。铁臂移山，汗珠砸地。拔山凌空，高楼兀立。这巍峨的大厦啊，分明是伟岸的大丈夫，分明是我亲爱的劳工兄弟！

垂柳婀娜，临池里妆；乔松笔立，国之栋梁；古樟垂盖，丹桂飘香。升阶拾级，入我殿堂。莘莘学子，负笈江东，志存高远，情系父兄。虚心向学，涵泳古今中外；诚意求知，沉潜文理医工。切磋琢磨，博学求真。小叩大鸣，金玉其音。不辞"人之患"，但为孺子牛。教授醋陈兴国策，醒狮怒吼鬼神愁。

衣裾飘舞，长发飞扬。登高楼之巅，踌躇顾望。天空地阔，山迢递兮水苍茫。校园如画，玉琢红妆。大江拥"江大"，朝宗太平洋。豪杰闻鸡舞，淘沙有大浪。逆水可行舟，努力莫彷徨。

第一江山一号楼，英才辈出第一流。虎啸风生奔四化，龙腾电闪惊五洲。

在这丰收的金秋，我镇日凝眸，仰望我亲爱的一号楼！

注：一号楼后更名为三江楼。

---

* 本文作者：笪远毅。

标志建筑(三)校史馆

参观校史馆随想*

十年前,江苏大学、东南大学等几所高校在南京共同庆祝办校100周年,共同追测校史到1902年张之洞等创办的三江师范学堂。今年是江苏大学传承办校110周年、组建11周年。校史馆经过两年多的筹备,于10月正式对外开放。我已退休多年,关于学校发生的事知之甚少,有此机会,何不去参观参观。

一进展区,我就迫不及待地先看"三江学堂"。这里有课桌长凳,先生在课堂讲课,真的是学堂。摆放着钳工锻工用的各种工具,诸如锤子、锉刀、老虎钳等,说明当时的学生不仅是学书本知识,还学生产操作技能。在学堂里,有一副对联吸引我的眼球,于是驻足欣赏:"学而不厌参圣道,诲人不倦传仁风。"是呀,千学万学学做真人,千教万教教人求真。只有经过勤奋学习,才能知情达理,才能获得渊博知识。教育工作者的使命,就是"视教育若生命、学校若家庭、学生若弟子",才能称上"万世师表"。前人的教诲,后人要传承。

当参观到"镇江农业机械学院"展区时,那幅五棵松前、玉带河北岸校门的黑白照片,勾起我对这所学校的回忆。我们共同度过那三年经济困难艰苦的岁月,共同经历那十年"文化大革命"浩劫的年代。如今,镇江农机学校这校名已成历史名词,但是她给我们留下了一颗闪闪发光的星星,它就是1978年国务院公布的第一批全国88所重点高校之一,至今仍是江苏大学对外宣传的名片。

从三江学堂起,100多年的变迁,名校经过变换、衍生、组建,到江苏大学,足有

---

* 本文作者:杨光元。

15 个之多,但是前 14 个的规模,都无法同今天的江大相比拟:3000 亩面积的校园,4 万余名在校学生。江苏大学成立时,时任江苏省长季允石为其题词,寄以厚望:"新起点,新征程,新辉煌"。

二、三楼的展厅里展出的产品、模型、图表、图片、奖章、奖状,真是琳琅满目,目不暇接,眼花缭乱。所展出的展品,仅"国"字号的项目、名单,不知有多少。诸如,国家重点学科,国家级实验教学示范中心,国家级人才培养创新实验区,国家级科技成果奖,国家级教学成果奖,全国优秀教师,国家杰出青年科学基金获得者等,数不胜数。如不来亲眼目睹,哪知江大教学、科研成果如此辉煌。

标志建筑(四)励志亭

励志亭记[*]

1977年恢复高考,意义重大。历经十年浩劫,阴霾初散,百废待兴,人才奇缺,亟须作育。当年12月,因文革停考而无缘继续深造的十二届570多万考生同场应试。我们有幸与27万上榜考生同行,使命般地登上了破冰的航船。

特殊年代使我们成为特殊的群体:来自各行各业,既有应届少年,亦有年过而立已为人父母的"老三届"。我们深知自己所担负的历史重任,格外珍惜来之不易的学习机会,追求知识如渴如饥。苦战精神是我们终生的财富和动力。

恩师无私相授,学子寒窗苦读,教学相长,幼木成林。我们凭借从母校获得的知识与技能,不断追求进取,无私奉献于各行各业,亲身参与了改革开放的伟大事业;在见证中华民族腾飞的同时,我们也收获了丰硕的人生。

时光流逝,岁月如梭,人生代谢,能有几时? 俊杰英才,磨难自勉,励志成才,精神不灭。毕业30周年,重回母校,欢聚之日,回首往事,能不感慨系之? 特捐建此亭,名以励志,期与后来无穷届之校友共勉。

---

[*] 本文作者:杨建宁;赵德安。

人文景观(一)汝山

历史风云话汝山——江苏大学校本部人文史迹漫记*

江苏大学是一座高等学府,她不仅在学科设置、人才配备和物质条件方面具有很强的优势和潜力,而且学校所在的镇江市是揽胜东南、驰名全国的历史文化名城。朱方古邑、京口江山,一向被誉为"天下第一江山"(梁武帝语)、"江南第一州"(元代朝鲜诗人李齐贤语)。古代曾为渐西镇海军府,现代也做过江苏省会。学校命名江苏大学,自是名实相符。

校本部所在地汝山位于镇江城东京岘山和古丹徒县城(今名丹徒镇)之间,是秦始皇最后一次东巡的驰道所经,秦始皇命令穿着赭色囚衣的三千刑徒开凿这段驰道成功,因而将原名谷阳的县治改称丹徒,旧有城池在北江(长江)之滨,早已坍没江中,后才移设于今丹徒镇。这座古丹徒县治一直存在到唐代初年方才合并于西面的京口,即今天的镇江城区。

汝山之名早见于六朝人山谦之著《南徐州记》,一名女山(古代女、汝同音)。汝山虽是宁镇江山脉尾闾的一座江滨小山(高仅110多山米,面积约0.4平方公里),然而"山不在高,有仙则名",它以三国时期名人孙策的行猎适刺事件而名垂史册。东汉末年群雄割据,孙坚父子崛起江东。孙坚死后,其长子孙策年轻有为,英勇善战,人称"孙郎",在其舅父丹阳太守吴景的支持下占领吴郡(今苏州),杀了原吴郡太守许贡,兵锋直达长江南岸。有一次孙策本人为筹集军粮暂驻丹徒县城。那时候这一带地方尚未完全开辟,森林覆盖,野兽出没。孙策喜爱打猎,一日

---

* 本文作者:王骧。

只带少数随从出城行猎,为追赶一只大鹿独骑行至汝山附近,突遇埋伏道旁的三个伪装成军士的刺客,自称是为许贡报仇。孙策猝不及防,竟为毒箭射中面庞。孙策立即拔箭引弓射杀此人。因伤重返回吴郡疗治,终于毒发而亡,年仅二十六岁,临终前将军国大权交与其弟孙权继承。孙权虽更年轻,但稳健胜过乃兄,团结张昭、周瑜、鲁肃等一班英豪人物,平定江东各地,建立了京口铁瓮城,奠定了吴国的基础。

汝山第二次显名是在南宋末年出了位民族英雄陆秀夫。《京口山水志·汝山》记:"宋陆忠烈公秀夫宅在山下"(现已不存)。陆秀夫祖籍盐城,而他本人是在丹徒成长。他自幼接受本地阵家湾(今汝山乡政府所在)的名塾师孟逢大、孟逢原兄弟俩的良好教育熏陶,品学兼优,后应科举考试,与本科状元文天祥同榜。陆与文一样始终忠于南宋王朝,坚持抵抗蒙元异族统治,他在宋元崖山大海战宋方失败后,背负幼帝赵昺蹈海而死,同时跳海殉国者10余万人,宁为玉碎,不为瓦全,可谓惊天地而泣鬼神。当日陆有另一个儿子恰巧不在难中,日后回到汝祖宅,所以丹徒一带至今仍有陆秀夫后裔绵延不绝。"

明末遗民诗人谈允谦有诗咏赞汝山下的万寿寺说:"近看京岘朝云出,遥听焦严鹤夜鸣。陆相门前新海涨,宗丞墓上左松生。"(宗泽墓在京岘山,与陆秀夫故居相近),这些都表明了今江苏大学汝山校本部,邻近的风景名区之佳美和文化土壤之深厚。

人文景观(二)五棵松

五棵松的情怀 *

当你迈进江大的校门,穿过梧桐大道,走在江大的"金水桥"上,一组五棵苍劲的松树矗立在面前,使你忍不住驻足仔细端详一番。

她没有长在黄山悬崖峭壁上的松树那样奇特并闻名于国内外。

她不像高原的石松,苍凉而傲岸,峥嵘而森严,凝重而坦荡。

她也没有故宫里那株在一个小瓦盆已经生长了 300 年的老松树那样历史久远。

她更没有李白笔下蜀道的松树"连峰去天不盈尺,枯松倒挂倚绝壁"那样的意境。她只是几棵极普通可也并不失高大、挺拔之风范的雪松,但是,她却是我们江大校园的历史见证。

在国家困难的时期,一群年轻的拓荒者扛着测绘的标杆,成天奔波于东山、西山之间,硬是在这曾经是野狼出没的荒山老岭里踏出了一条条山道。渴了,舀一杯玉带河里的水;饿了,拾一把山柴做饭。风餐露宿,废寝忘食,任劳任怨,无私奉献。

拓荒者在精心规划的时候没有忘记,要亲手栽种五棵松,不仅作为拓荒的纪念,也作为学校发展的见证。

于是在校园的醒目之处出现了经过精心挑选的五棵树。从此,五棵松作为学校发展的见证人,记下了学校发展的点点滴滴……

---

*　本文作者:凌山。

是她，听见了打桩机的第声轰鸣，不久，教学、实验、宿舍等大楼拔地而起，一组在当时来讲还算是十分现代的建筑群出现在镇江的东郊。

是她，迎来了第一批人类灵魂的工程师，他们听从党的召唤，离开繁华的闹市，离开自己的亲人，打着背包来到了这里，他们要在这里为人民的教育事业鞠躬尽瘁并享受"桃李满天下"的喜悦。

是她，亲眼看见第一届如饥似渴的求知者来到了这知识的殿堂。琅琅的读书声打破了这千年沉睡的山野。

同样是她，记忆着学校在那"史无前例"的年代里饱尝的艰辛。

但更使她自豪的是，改革开放20多年来学校翻天覆地的变化：从一个一般性的工科院校发展为多科性的工科院校，在高校体制进行大变革的洪流中，学校又紧跟时代的脉搏，三校合并组建了江苏大学，从而使学校综合实力处于全国百强高校的行列之中。

五棵松感到无比的欣慰。是啊！三校合并，给学校的发展安上了腾飞的翅膀。

仅两年来，学校的发展是任何时候都难以比拟的：讲堂群的投入使用、科技馆的落成、高标准体育馆的对外开放、玉带河的整治、校前区的绿化、炒货场职工公寓的竣工、一栋栋新的学生宿舍出现在西山、江滨医院成建制地并入学校、1200亩新校区的规划的完成以及东、西运动场的相继完工，还有那学科、科研建设骄人的成果……一件件、一桩桩，令人振奋，催人奋进。

五棵松从来没有今天这样喜悦，因为经过江大几代人的辛勤劳作，她身边的环境更美了，一个美丽的公园化的校园将出现在镇江的东郊。五棵松从来没有今天这样高兴，因为校本部、中山校区、梦溪校区、北固校区、江滨医院五地校园文化的逐渐融合，使江大人的精神面貌焕然一新，师生员工空前的团结，心往处想，劲往一处使，一个生气勃勃的江大展现在世人的面前。

如今，五棵松不仅成为学校发展的见证人，她更是江大五地结合的象征。为了使她能傲然挺拔地矗立在校园里，江大人给予了太多的呵护和关爱。辛勤的园丁为她修剪、浇灌。无情的风雨摧毁了她们的一员，江大人立即补栽上，以始终保持她那完美无缺的整体形象。五棵松与江大人息息相关，不是吗？

盛夏，她为来往的学子遮阳。雨天，她撑着"大伞"为大家挡雨。她还成为学子们开展一些活动的集中、出发地点。在广告栏里，你经常会看到这样的消息："××班的同学请注意，×月×日早晨6点钟，请大家在五棵松集中……不见不散。"当新生来到学校，总会和他的家人在五棵松下摄影留念，五棵松会再三嘱咐，

"现在你已经成为江大的一员,在这里要为祖国而学"。

当老生毕业离开学校,也会来到五棵松下与之告别,五棵松会发出美好的祝福,"不管你们走到哪里都要为江大争光"。

在学校第一次党代会召开之际,五棵松又向江大人发出了最良好的祝愿:相信江大人在党委的领导下,一定会将学校建设成为一所"以工为主、理工医教结合、科学与人文交融、多学科协调发展,综合实力处于全国省属院校前列并具有一定国际知名度的教学研究型、开放式的综合性大学"。

就是五棵松的情怀!

人文景观（三）玉带河

玉带河遐思 *

玉带河，多么美丽动人的名字！一条小河流水潺潺，那般蜿蜒曲折，那般闪亮飘逸，象玉带一样的镶嵌在绿色的大地上，或许你在桂林，富春江某处曾见过、流连过，但我要告诉你：玉带河在我们的校园里流过。

让我们把脑海中存储的画面倒回到 20 世纪 60 年代初，站在校本部建成不久的基础课楼顶向南巡视，玉带河从西边的京岘山和汝山源头一路逶迤向东飘来，斗折蛇行地在当时不大的校园内流过，过不远转了一个九十度的大弯，穿过王龙桥，汇聚于南边古老的大运河。初夏时节，河两岸阡陌纵横，南风吹来，郁郁葱葱的禾苗似绿色的天鹅绒在飘动。河畔数株垂柳，柳丝随风摇曳，如同临水正在梳妆的少女。这边高高的枫树杨树，枝叶葱茏，树上缀满了一串串似爆仗的果实，近旁一座石拱小桥横枕在玉带河上，恰似一座绝佳的盆景小品。当你闲暇时信步于河畔小径，看到水草在河中缓缓地舞动时，才察觉清澈的河水在静静地流淌，偶尔还可看到河中一群游鱼，"皆若空游无所依，日光下澈，影布石上，怡然不动，俶尔远逝，往来翕忽，似与游者相乐"（柳宗元《小会石潭记》语）。倏忽，一只翠鸟从岸边草丛中鸣叫着像箭一般向远方飞去，这才划破了由禾苗，树木和水草组成的宁静。每年汛期，大雨滂沱之后，玉带河河水随之猛涨，水流呈汹涌状也会漫过河的堤岸，一时淹没一些低洼的农田。那只不过是玉带河发了一次小小的脾气，不几日又会恢复她美丽宁静的容颜。自然造化的王带河，总长也不过三四千米，弯弯

---

* 本文作者：李光久。

曲曲一直默默灌溉着到两岸的土地,直到迎来了在她身边崛起的一座高等学府。

不知从什么时候起,农田改造把玉带河给裁直了,再也不见到她那婀娜多姿的曲线;原来建校初期,曾有过污水处理的管道规划,现在的江堤旁仍可见到它的遗存,也不知道什么缘故,污水处理的管道被废除了,玉带河忍辱变成了全校污水汇积的渠道,一片狼藉,而玉带河的源头,又被一些建筑彻底阻断。玉带河成了死水一泓。

玉带河啊,多少人在为你扼腕叹息,叹惜你今日的蓬头垢面;又有多少人在将你期盼,期盼你有朝一日重现芳颜。

闪闪发亮的江苏大学校牌挂起来了,创建江苏省乃至全国一流大学的新征程已经开始。一号楼的设计蓝图为玉带河带来了希望的曙光!你看,一号楼通往校门的甬道上,五棵松葱茏苍翠,玉带河的清流做圆环状点缀其间,宛如一条玉带缠绕在江苏大学校园里。再喜看丹徒水闸的重建,古老的运河又会新生,玉带河又可以从南边古运河里获取源源不断的清流。再过三五年,玉带河将会崭露新颜。到那时,当我们徜徉在玉带河边,一定能见到,春有柳绿桃红,夏有浓荫鸟鸣,秋有枫红菊黄,冬有玉琢冰清。

人文景观(四)梦溪十景

梦溪校区十景游*

那是一个仲秋时节的清晨,天空湛蓝,蓝得明净透亮,阳光发出柔和的光辉,澄清又缥缈。江苏大学梦溪校区古色古香的琉璃瓦校门楼,在朝阳的映照下,透出绿宝石般的光,仿佛闪亮的绿灯,欢迎着每一位师生及来宾的光临。

我和朋友迈入校园向右拐,沿着环溪路往北走,首先扑入眼帘的是一块矗立于宣传橱窗之间的"校园记"碑。此碑的底座,相传为唐代画圣吴道子手笔的孔子圣象碑之底座。人事变迁,梦溪沧桑,这尊石碑仿佛在向人们叙述着校园变迁的历史。

再向北,过"思稼"门,便来到了浴室"寄奴泉"下,传说这儿曾是"寄奴古井"原址。刘裕为南宋开国皇帝,他出身贫苦,幼年丧母,托养于姊母,故乳名寄奴。刘裕居寿丘山麓,其宅旁有井,甚便饮用,后人称为寄奴并。

继续往北,食堂左拐上台阶、经钢炉房右转弯,便踏上了幽深的寿丘东路。路西边是一面爬满藤蔓的陡蜡石驳山体、山坡下一排浓密的柏树和黄一直往前延续,引导我们走到路尽头。再登上台阶,便进入了盘山小道。但见青砖铺地,葡萄架、石栏、石桌、石凳、石笋以及翠竹、草坪,将校园后山精心早画成了一道人见人爱的幽幽风光带。信步走在环山道上、一幅悠悠岁月图便浮现眼前。我们即下的这块膏腴之地,就是镇江域内三山之一的寿丘山(另二山为日精山和月华山)。因为此处为刘裕青少年时代傭耕织履的生活所在,故称帝后赐名为"寿丘"。

---

* 本文作者:周润生。

在寿丘山上，有两幢女生宿舍楼特别引人注目，这就是"文心斋"和"文宗斋"。这是为纪念刘勰"文心雕龙"，"文宗斋里铸文心"鼓励学生勤奋好学而特命其名的。

由工会楼沿着桃李路往南，便来到了图书馆花园"兰畹"。园内繁茂的树木花草簇拥着一方造型奇特的自然太湖石。有人说它像个学者，也有人说它像个神仙。据史书记载，爱国诗人陆游在乾道六年（1170）六月二十二日曾登览此处。

在这尊自然的抽象雕塑前方，便是沈括座像。但见这位老者右手执书卷，左手握化石，神情专注，神采飘逸。再向南穿竹丛、过假山，经长廊，便至存中亭（沈括字存中）。这是一座临岩而筑的六角亭，是为纪念我国古代著名的科学家、政治家沈括而建造的。

从存中亭左转往南，便是一条古朴的砖石"求是"路。当我们路过美术系书画"两宜"院时，阵阵金桂、米兰香沁人肺腑，让人陶醉。进入院内，但见西府海棠树下"万仞宫墙"楷体大字断碑嵌在南墙角，这该是古代文庙留下的遗物吧。

在"两宜"院的对面是男生宿舍楼"藏耜斋"。1600多年前，这儿曾是"金戈铁马，气吞万里如虎"的刘裕之故宅。《舆地志》云："（丹徒官）在城南，宋武帝躬耕丹徒，乃受命，耨耜之具颇有存者，皆命藏之以留于后。"为莫忘这一典故，牢记劳动本色，故以"藏耜"命名。

出"藏耜斋"往下，向西，一座小巧玲珑的"以升亭"显得分外秀气夺目，这是学校为纪念我国工程泰斗，桥梁专家——茅以升，特在其故居南侧建斯亭。

过理化楼往南，穿紫藤架步下台阶，再顺着缠满爬山虎藤蔓的操场石驳伟岸往东，便见一排粉墙黛瓦的二层楼房静卧眼前，相传这儿便是"梦溪"的遗址。据地方志载：沈括在30岁时，曾梦见一风景秀美之地，数年后沈括来此观其地，不禁又惊又喜，觉得宛然是"梦中所见之地"，于是弃浔阳之居，筑室于京口之陲，将门前一条小河命名为"梦溪"，将庭院取其名曰"梦溪园"。他晚年在此潜心撰著八年，完成了举世闻名的不朽著作《梦溪笔谈》。

盈盈秋水，柔柔秋日，茫茫秋野，浓浓秋色，"扶桑正值秋光好"。游罢校园十景虽已临近傍晚，但我们依然兴致不减，难以舍去。望着梦溪楼前那片被秋日金辉染成紫光红晕的夹竹桃花，我们无不由衷地赞叹道：好一座钟灵毓秀寿丘山，好一处景如画梦溪园。

人文景观（五）寿丘山

寿丘山的记忆[*]

镇江城东有一座寿丘山，说它是山实在有点儿夸大，它其实只是一个方圆50来亩、20米高的大土墩。就这么个土墩，古往今来却是个非常有名的地方。据宋《嘉定镇江志》记载，这里曾是南朝宋武帝刘裕的京口故宅地，"金戈铁马气吞万里如虎"的刘寄奴故居似乎应该有点帝王之气。从唐宋到明代，寿丘山一度又成为香烟缭绕、梵呗不绝的一处佛门庄严宝地。明嘉靖元年，寺庙迁至城东的焦石山，原址则建成规制齐全的儒学，成了镇江最著名的孔门圣殿，因此寿丘山一度又称县学山。此后400余年，这里书声琅琅、弦歌绕梁，一直是万千学子求学的圣地。20世纪30年代，寿丘山上办起了江苏省立镇江民众教育馆，此后的80年间，山坡上的学校历尽江苏省立镇江师范学校镇江地区第一师范学校、南京师范学院镇江分院、镇江师范专科学校，直至成为现在的江苏大学梦溪校区。

1977年恢复高考，我们62名学生作为南京师范学院镇江分院录取的首届学生，于1978年1月报到，在寿丘山上开始了我们的大学生活。我是挑着一根小扁担，一头行李，一头小书箱，自己挑着去报到的。说给现在的学生听，真是有隔世之感。当时学校的校舍破旧不堪，"文革"的创伤历历在目。大门口临街唯一有点漂亮的大楼却是市外贸公司的，也是"文革"中被占据土地后建造的，直至90年代才被学校"赎回"。宿舍在山坡下的小红楼，8个人一间，条件十分简陋。食堂在山坡南的一个大破殿里，10多张破败的方台子，8个人一桌，站着吃饭。教室在山

---

[*] 本文作者：王巍一。

顶上,两幢苏式的老教学楼,楼南是10多间小平房,作为学校的图书馆。周末的娱乐活动是在教学楼前空地上放个桌子,桌子上放一把椅子,椅子上一台18寸的电视机,几十个人围拥着,看得津津有味。再有就是到校外军区礼堂看电影之类。

求学生活是极其艰苦的,然而学生的刻苦精神却是感人的,用"刻苦"两个字实在还不足以表达。除了认真听课、与老师们探讨之外,学生们利用课余时间看书写作,收集资料,做索引卡片,练字,数学班的同学做习题,几乎到了废寝忘食的地步。教室里只要不熄灯总是坐着满满的在学习的学生。熄灯后,便到处都是被值班老师赶来赶去、偷着看书的学生。和现在高三学生的紧张状况有得一比,不过那时是自觉的,学生们十分珍惜来之不易的求学机会。我们班有10多位高中老三届的学生,他们的共同之处是大多当过民办教师,课余,他们收集各种教学资料做成索引卡片,真是精致漂亮。金坛的汤才春同学做的笔记有厚厚的几大本,后来,他成为金坛华罗庚中学首屈一指的初中语文名师。那个年代学生中没有打牌、搓麻将之类的事却有不少棋类爱好者。我和黄志浩同学是象棋对手,水平相当,平时也舍不得花时间下棋,总在学期结束离校前相约杀个一整天,如今黄志浩已是江南大学的教授,不知棋艺是否见长。学校没有操场,但同学都想方设法坚持体育锻炼。每天天刚蒙蒙亮,一队队的学生都会跑出校门,从东门广场到船院校门口,一路长跑,我们戏称之为"跑街"。学校也有各种运动队,我就是校乒乓队成员,教练徐鲁清老师亦师亦兄,和我们亲如兄弟。如今,每年的江苏省高校校长杯乒乓球比赛,我也算一名主力队员,去年还得了冠军。现在想来,学生时代打下的任何基础,对人的一生确实很重要。

学校虽然简陋,却拥有一批师德高尚、学有专攻的教师。其中中文系有钱瑷之、周仲器教授,数学有缪铨生、吴顺堂教授,物理系有刘昌年教授,化学系有麦维馨教授,英语系有赵溥霖教授,历史系有郭孝义教授等。他们可能算不得大家,可师德在我们学生的心目中却是楷模。当时中文系教师团队的教学风格各有特色:钱瑷之老师博学厚重;周仲器老师激情洋溢;石复生老师风趣幽默;笪远毅老师旁征博引;祝诚老师博闻强记;蒋文野老师诙谐轻松;郭孝义老师自信渊博……而今一代名师都已年迈,其中有的已经作古。当时,视学生如儿女的总支书记孙慧老师也疾病缠身。我爱他们!我亲爱的老师们,他们是我永远的老师,师恩浩荡,铭记终生。

1977级中文一班是一个团结友爱的大集体,学生的年龄差距近一代人:最大的33岁,最小的只有17岁,已有子女的学生有10多个。最有趣的是丹阳的孙林森同学,他来上一年级,而当年他的龙凤胎儿女正好上小学一年级。学校还有师生同堂上大学的。这批大年龄同学抛家别子来求学,家庭经济普遍比较困难。除了学校给予一定的帮助外,同学间的互帮互助也很感人。我们班组织同学建校劳动,把有限的一点报酬去资助这些大年龄同学,那些没下过乡的小年龄同学抬土抬得脚步蹒跚,想来肩膀一定已经红肿。寿丘山边的 5 幢新楼的地基都是历届学生挖土平整的,其中早几届学生做出的贡献最大。

　　如今的江苏大学,满目都是现代化的崭新校舍,梦溪校区已成为见证办学历史的"狭小"一隅,然而,寿丘山在原师专学生的心目中,仍然是一方净土圣地,不论那些学生已成为优秀教师、大学教授、企业家、政府官员、大学领导和中小学校长,但他们总还记得那座不是山的山——寿丘山。因为,那里留下了他们青春的足迹。

人文景观(六)古树

古树往事*

在江苏大学梦溪校区的校园里,有一棵郁郁葱葱的罗汉松。作为镇江市一级"古树名木",有着111年树龄的她,不张扬,不喧嚣,她安静、悠然地偎依在梦溪楼的身旁,见证着历史的变迁,与学校共成长。

1958年,我校前身之一的原镇江师范专科学校创建,1962年7月因国民经济暂时困难停办。1978年1月,江苏省革命委员会决定在镇江地区第一师范学校(现梦溪校区址)基础上筹建南京师范学院镇江分院。同年12月,经国务院批准,南京师范学院镇江分院正式定名为镇江师范专科学校。就这样,镇江师范专科学校迎来了新的建设和发展阶段。

建设初期,决定在寿邱山以南孔庙遗址处建设"体育场",原生长在孔庙遗址旁的罗汉松也就需要移栽。这棵罗汉松是市级保护"古树名木",级别高,树龄长,罗汉松移栽能顺利通过审批并成活吗?

答案是肯定的,罗汉松的记忆里也因此多了许多值得记忆的片段。

据当时总务处负责移栽罗汉松任务的曹泽民老师介绍,罗汉松的移栽真是动了不少脑筋。为了能顺利通过当时的镇江市绿化管理委员会审批,动土移栽前两年,学校就开始了一系列准备工作。为保证成活,罗汉松移栽前必须进行断根处理、根部环剥和挖掘,断根的时间和每一个程序都有讲究,挖掘坑穴直径、深度,都要计算准确,以保证古树对后期移栽定植有更好的适应能力,每个环节都很重要,

---

* 本文作者:李红艳。

稍有不慎,都会影响这棵宝贵树种的成活。学校部分领导、曹泽民、花工陈启生以及当年众多的工人师傅一同经历了这个精心准备的过程。

两年后,也就是1987年,体育场建设在即,绿委会的审批专家们进校考察移栽条件。在现场,他们看到的是包裹仔细的移栽土球,罗汉松根系旺盛、长势良好,专家们一致拍板通过。于是,罗汉松移栽起运工作正式开始。几十根钢筋从罗汉松的底部把罗汉松的根部包裹起来,形成一个钢筋"吊篮",树干、树根部位重新加固,等30吨的起重机和几部平板卡车一一到位,罗汉松便被顺利移栽到现在的梦溪楼西南角。

"要让罗汉松有家的感觉!"曹泽民老师集众师生之智慧,做出"两不改变"的决定。不改变罗汉松的树冠方位,原来大树树冠方位怎样,现在还怎样;不改变生长环境,尽可能把罗汉松原生长出的根系原土带过来。就这样,配合水肥和修枝整形管理,罗汉松在新的环境里开始不断地汲取养分……

1988年春,镇江师范专科学校新体育场建成并投入使用,学校进入一个相对稳定的发展时期。年迈的罗汉松也在这处新家吐出绿芽,"看到新芽的那一刻,我真是太开心了……"24年后的今天,作为当时移栽工作负责人的曹泽民提及此事,幸福之情仍溢于言表。

人们常说"树是有灵性的",树是大自然的恩赐,是活文物。罗汉松见证历史的同时,同样承载了往昔一代人对学校的热爱。2001年,三校合并,镇江师范专科学校所处梦溪校区已成为江苏大学重要的一部分,现承载京江学院一年级部分学生的教学与宿舍功能。2007年,江苏大学出版社也在此落成并发展,所有这一切,罗汉松都看在眼里,你看,她也变得愈加苍翠、愈加年轻……

第九篇 09

战略谋划篇

　　实施战略谋划是推进校园文化建设的重要环节与必要举措。江苏大学历来高度重视并科学规划校园文化建设规划，制订出台系列校园文化建设发展规划，有效指导校园文化建设。学校领导在宣传思想文化工作会议与思想政治工作会议等讲话中均对校园文化建设的有机传承、创新和发展、融合与提升做了详细的阐释与表述，明确以社会主义核心价值观为统领，大力弘扬"自强厚德、实干求真"江大精神，传承和创新具有强大辐射力和江大特色的校园文化。

江苏大学章程（校园文化）

一、学校历史

1902 年刘坤一、张之洞等在南京创办三江师范学堂,南京大学、南京工学院等校续其弦歌。1960 年以南京工学院农业机械、汽车拖拉机两专业的全部师资设备为基础成立南京农业机械学院,翌年迁址镇江并改名为镇江农业机械学院。1963年吉林工业大学排灌机械专业及研究室并入,1970 年南京农学院农业机械化分院并入。1978 年学校被国务院确定为全国 88 所重点大学之一,是全国首批具有博士、硕士、学士学位授予权的高校。1982 年及 1994 年先后更名为江苏工学院和江苏理工大学。1998 年由隶属国家机械工业部转制为"中央与地方共建,以地方管理为主"的高校。1999 年江苏冶金经济管理学校并入。2001 年江苏理工大学、镇江医学院、镇江师范专科学校合并组建江苏大学。2003 年镇江市江滨医院划归学校。

学校始终坚持育人为本,秉承"博学、求是、明德"的校训,服务国家和社会,致力于将学校建设成为高水平有特色国际化研究型大学。

二、学校标识

学校校标为正圆形,以绿色（C:100,Y:100,K:20）为主色调,外环上部为赵朴初题写体校名"江苏大学",下部为校名英文全称"JIANGSU UNIVERSITY"。中央主体呈"U"造型,内含三条渐变色带似远航帆船,意寓学校渊源及"三校合并"。主体上方"1902"表明学校办学历史可追溯到 1902 年的三江师范学堂。

学校校徽为题有校名的长方形证章,教职工佩戴的校徽底色为红色,研究生佩戴的校徽底色为黄色,本科生佩戴的校徽底色为白色,继续教育等非全日制学生的校徽底色为浅蓝色。

　　学校校旗为白底长方形旗帜,中央印有赵朴初题写体红色校名"江苏大学",左上角配以学校校标。

　　学校校歌是《百年辉煌向未来》。

　　学校网址是 http://www.ujs.edu.cn。

　　学校校庆日为 10 月 26 日。

江苏大学"十三五"事业发展规划（校园文化）

（2016—2020 年）

一、文化引领战略

大学文化是大学个性特征的重要标志,是办好大学最重要的精神资源和无形资产,尤其是国内外著名研究型大学,都把看似无形却又代代相传的文化传统作为学校的命脉。因此,要推动研究型大学建设,就必须以社会主义核心价值体系为统领,积极吸纳借鉴国内外一流大学文化建设的成功经验,大力加强江大精神的挖掘和凝练,不断传承和弘扬具有强大辐射力和江大特色的校园文化,努力用校园文化所蕴含的丰富教育资源引导和塑造师生,促进人的全面发展。文化引领战略是凝魂聚气、以文化人,推动研究型大学建设的精神力量。

二、校园文化提升计划

切实加强对中华优秀传统文化和社会主义核心价值观的研究、宣传,认真汲取中华优秀传统文化的思想精华,坚持把校园文化作为培育和践行社会主义核心价值观的有效载体,通过校园精神的挖掘和凝练,完善思想政治教育、学业与职业指导、心理健康教育、法纪安全教育、艺术教育"五位一体"的素质拓展课程体系,组织开展具有广泛参与性的文学、体育和学术活动等,充分发挥园文化对师生的引导和塑造作用。重点是聚焦"三提升一浓厚"。一是提升品牌内涵。在进一步做好"人文大讲堂""五棵松讲坛""江大之春"、高雅艺术进校园、名人讲座、读书节等品牌活动的同时,精心打造校园文化品牌,及时凝练校园文化精品,提升品牌内涵,不断拓展第一、第二课堂有机结合的校园文化提升渠道。同时,注重加强体育精神的培育和推广,以体育教学为主线,以群体活动和高水平运动队伍建设为抓手,以俱乐部活动和系列赛事为平台,大力营造人人有好、班班有队、周周有赛的校园体育氛围,切实让师生在参与体育活动中领悟博大的体育精神。二是提升网络能量。大力加强网络文化阵地建设,着力建好网络建设、网络监管、网络评论三支骨干队伍,通过搭建微博矩阵、巧用微信、"云端"、大数据以及手机 APP、建设网络文化工作室等,努力在众说纷纭中凝聚共识,在众声喧哗中唱响主旋律,不断增强网络正能量,牢牢掌握微时代思想政治教育的主动权。三是提升环境品位。大力推进文化活动设施建设和人文景点建设,进一步改善师生体育活动场所及设施,不断提升校园环境文化品位,充分发挥环境"润物无声"的育人功能。同时,大力加强校园管理和周边环境治理,努力创建"平安、和谐、稳定"的校园环境。四是浓厚学术氛围。以优良学风建设为抓手,加强学风建设整体规划,积极构建与研究型大学建设相适应的学风建设体系,促进优良学风的形成,并以优良学风推动校风建设,努力形成具有研究型大学精神气质、主动积极、健康向上的校园学术氛围。

江苏大学校园文化建设"十三五"发展规划

大学文化,是一所大学在长期建设发展过程中所形成的、体现学校特色的、师生一致认同的办学理念、思维模式、道德规范、行为习惯和价值观念的总和。它是大学赖以生存和发展的重要根基和血脉,是大学个性特征的重要标志,是办好大学最重要的精神资源和无形资产。大学文化的建设、发展、高扬,是高等学校自觉履行文化传承创新使命的必由之路,是建设人民满意大学的基本要求,是培养社会主义合格建设者和可靠接班人的重要保障。

为进一步继承和弘扬我校百年积淀形成的优良传统和深厚文化底蕴,加快校园文化建设,彰显百年江大精神,树立学校品牌形象,扩大学校社会影响力,在总结江苏大学校园文化建设"十二五"期间所取得的成绩和经验、分析当前校园文化建设所面临的新形势、新任务、新要求的基础上,结合我校"十三五"总体规划和事业发展的需要,特制订本规划。

一、发展现状及面临形势

(一)发展成就

"十二五"规划期间,在学校党委、行政的正确领导下,校园文化建设始终坚持围绕中心,服务大局,整体推进,顺利完成"十二五"规划主要奋斗目标,全校精神面貌发生深刻变化,文明程度显著提高,为学校各项工作的开展营造了良好的文化氛围。主要发展成就体现在以下几方面:

1. 意识形态建设不断加强

一是强化中国特色社会主义理论体系最新成果的学习、宣传和研究工作。系统谋划并推动党的十八大、十八届三中、四中、五中全会精神和习近平总书记系列重要讲话精神进课堂、进活动、进师生头脑,邀请省委宣讲团来校做《彰显中国核心优势,实现中华圆梦伟业》《依法治国的重要里程碑》《认真学习贯彻党的十八大精神,努力办好人民满意的教育》等重要报告,成立江苏大学十八大精神师生宣讲团,开展校内巡回宣讲,组织开展"社会主义核心价值观专项课题"研究工作,在省内高校率先出台《江苏大学关于培育和践行社会主义核心价值观的实施意见》。二是强化理论武装平台规范化建设。利用党委中心组、教职工政治理论学习、大学生形势与政策课、社会主义学院、党校团校等平台针对不同群体开展理论宣传与教育,修订出台《江苏大学党委中心组学习制度》,建立校院两级党委中心组学习选题与学习内容定期发布机制,加强理论学习专题网站建设,高质量编辑出版《大学生形势与政策》教材。三是加强意识形态阵地建设。规范校园内各种讲座、论坛、报告会的申报审批程序,加强横幅、板报、橱窗等的使用与管理,严格登记和准入制度,强化涉校网络舆论舆情监测、引导工作,掌握校园意识形态工作的管理权、领导权和话语权。《坚持以社会主义核心价值体系引领大学文化建设》入选全省教育系统宣传思想工作会议交流材料;校党委被省委组织部和省委宣传部联合表彰为"全省首届学习型领导班子建设工作先进集体"(全省仅三所高校获此殊荣),并被确定为"全省学习型党组织、学习型领导班子建设工作示范点"(全省高校唯一)。

2.师德师风建设逐步推进

一是强化师德制度规范建设。认真宣传贯彻《中华人民共和国教师法》《中华人民共和国高等教育法》《教育部关于进一步加强和改进师德建设的意见》以及《高等学校教师职业道德规范》等文件精神,全面理解与领悟师德建设基本内容,准确把握师德建设的倡导性要求和禁行性规定;结合学校实际,先后制定出台《江苏大学教职工职业道德规范》《江苏大学优秀教师、江苏大学先进工作者评选表彰办法》《关于进一步加强青年教师思想政治工作的意见》《江苏大学"三育人先进个人"和"师德标兵"评选表彰办法》等文件,树立正确导向,规范师德行为,建立学校、教师、学生三位一体的师德建设监督网络。二是丰富师德师风建设主题活动。以活动为载体扎实推进教师思想政治教育工作,先后组织"崇教厚德 建高水平大学""爱岗敬业强师能,立德树人育英才""立德立言,正己正人""家在江大,情暖校园"等主题教育活动,引导教职员工爱岗敬业,乐于奉献,为学校事业发展贡献智慧和力量;建立教职工思想动态调研分析制度,及时了解、掌握教职工思想动态,切实做好新形势下教职工队伍的思想教育工作。三是加强师德典型挖掘与宣传。以"典型引路"为抓手,推进优秀教师、先进工作者、最受学生欢迎的十佳教师、"三育人"先进个人、师德标兵、教学名师、"感动江大"人物评选等评审活动,选树典型,确立榜样。围绕"爱心老人"邵仲义、"天使老师"李爽等感人事件,深入挖掘,精心策划,广泛宣传,着力树立教师身边的典型,让广大教师学有榜样、赶有目标,有效发挥辐射教育功能,在全校形成了崇尚高尚师德,践行职业规范的良好氛围。学校荣获"江苏省高等学校思想政治教育工作先进集体"称号,应邀参加全省"加强师德师风建设"媒体集中主题采访新闻通气会(全省仅2所高校获邀参加),1人荣获全国道德模范提名奖,1人荣获江苏省道德模范奖,2人获得"全国高校辅导员年度人物"提名奖。

3.现代大学制度初步建成

一是加强基本制度实施。制定《江苏大学章程》,逐步实现学校教育的法治化、民主化和规范化,完善内部管理,推进"依法治教、依法治校"工作迈上新台阶。二是推进与实施制度建设。按照"继承、完善、创新、提高"的工作要求,先后两次开展各条线制度的修订与完善工作,为构建完善的制度体系奠定良好基础。三是推进试点教授委员会制度。真正将"教授治学"落到实处,发挥教授在教学、学术研究和学院管理中的重要作用,进一步完善学院治理结构,推进学术权力和行政权力适当分离,推动研究型大学健康发展。

4.文化育人环境不断优化

一是加强校园文化景观与基础设施建设。先后制订并实施《校园环境文化整体规划与景观艺术提升项目筹备方案》《校前区亮化工程草案》《五棵松灯光项目》《道路标识系统中英文改造方案》等规划,不断推进校园环境美化亮化工程以及人文景观建设;完成《人民日报》电子阅报栏布点及安装调试工作,成为全省宁外高校首家使用高校。二是加强环境宣传与阵地管理。围绕十八大、群众路线教育实践活动、校第三次党代会、抗战胜利70周年等重大活动,以及五一、七一、十一、开学典礼、毕业典礼、校友返校等重要节庆日,有序推出主题横幅、主题橱窗、宣传桁架、标语牌等,开展环境氛围营造,其中"喜迎十八大笑脸墙"活动被中央电视台新闻联播节目播出,中国教育电视台、《光明日报》《新华日报》等重要媒体都给予了关注和报道;设计《学位与研究生教育成果展》《篆刻艺术与文化》《江苏大学"十二五"学生工作巡礼》等专题画册,策划"江苏大学篆刻艺术成果展""新农村发展研究院建设与发展成果展"各1期。三是建好校史馆展陈教育平台。建成建筑总面积约1500平方米的江苏大学校史馆,通过图文、实物展陈、视频、情景还原等方式,全方位展示江苏大学百余年的发展历程;先后6次对布展内容进行更新制作,并逐步推进校史博物馆网络馆及虚拟校史馆的建设,创设网上捐赠平台,拓展校史馆服务功能;完成校史博物馆数字化资源管理系统建设,提出校史馆数字沙盘的初步方案。

5. 校园文化品位品质整体提升

一是打造系列校园文化品牌活动。以一系列重大活动为契机,先后开展全校《百年辉煌向未来》校歌传唱、"我的中国梦"、"抗日战争暨世界反法西斯战争胜利70周年"等主题教育活动,大力弘扬校园文化主旋律;全力打造"人文大讲堂""五棵松讲坛""江大之春"大学生文化艺术节、读书节等品牌活动,营造浓厚校园文化氛围。二是提升学生社团文化活动品位。严格社团管理架构,避免社团活动低水平重复,减少随意性和盲目性;以"大学生艺术团"为抓手,打造一流文化艺术社团,提升学生社团知名度与影响力;大力推进高雅艺术进校园,让学生感受优秀的文化艺术成果,提高审美能力,带动学校校园文化品位的提升。三是巩固校园文化品牌建设成果。积极参加各类校园文化成果奖申报,连续三年学校先后申报的《弘扬雷锋精神　营造大爱校园》《助人圆梦梦更圆——江苏大学开展"我的中国梦"主体教育特色活动》《十载传承磨铸育人精品　关爱文化提升大学精神——江苏大学坚持开展"给我一个家"活动》均荣获全国高校校园文化建设优秀成果奖;学校获评"江苏省高等学校和谐校园"。

6. 舆论宣传传播平台基本建成

一是加强各类传播媒体资源整合。充分挖掘不同校园媒体的优势和平台,整合传统媒体(校报、电视台、广播等)和新媒体(微博、微信、手机报等)的资源和队伍,完善校园文化传播载体建设;推进与社会高端媒体的合作,引进社会资源加强校内传媒建设。二是加强校园中英文网站建设。多次进行改版与升级,形成更加灵活、美观、易用的风格,第一时间、全方位、立体化地报道学校的中心工作、发展成就、先进典型和学院动态。三是做好涉校网络舆情监测工作。加强对新浪微博、My0511、百度贴吧等重点网站涉校舆情的搜集、研判和引导工作,引入舆情监测与服务平台,建立网络舆情日报、月报、专报机制,把握网络舆情走向,提升舆论宣传导向功能。四是对外宣传工作不断加强。大报大刊加大宣传力度,实现省级以上对外发稿2090余篇,深度报道550余篇,头版报道140余篇,头版头条20篇,央视新闻报道20余次。历年全国、全省好新闻评选中,我校获奖数量和层次均居全省高校前列;学校连续四年被表彰为"江苏省教育宣传工作先进单位",学校获评首期"全省教育系统新媒体宣传综合力十强"单位。

(二) 主要经验

认真总结校园文化"十二五"规划期间各项工作的开展历程,我们深刻体会到,有五条主要经验受益匪浅,必须始终坚持,常抓不懈。

1. 校园文化建设必须注重先进性

当今,社会思想观念深刻变化,社会思潮多样多变的特征日益明显,迫切需要我们不断加强主流思想文化的引导能力。坚持用社会主义核心价值体系引领大学校园文化建设,以科学的理论武装人,以正确的舆论引导人,以高尚的精神塑造人,以优秀的作品鼓舞人,注重优秀文化理念、高尚人文精神、正确人生观与价值观的培养,充分发挥社会主义先进文化的吸引力和感召力。

2. 校园文化建设必须传承办学传统

江苏大学有着独具特色的建校背景和发展历史,它不仅代表着学校的过去,也昭示着学校的未来,也为校园文化建设凸显特色奠定了良好的基础。在校园文化建设中,坚持与学校特色相结合,从学校传统文化中吸取营养,贴近校园、贴近学生、贴近生活,充分展示学校办学历史和特色,增进师生员工对学校传统文化的认同,激发广大师生的心理荣耀感、使命感和建校热情。

3. 校园文化建设必须坚持以人为本

在校园文化建设中,学校师生员工既是校园文化的创造者,又是校园文化的接受者,只有依靠师生员工才能推进校园文化建设。校园文化建设的根本目的是培养人、塑造人,学校必须坚持把"以人为本"作为校园文化建设的出发点和落脚点,把"以人为本"贯穿校园文化建设全过程,才能不断满足师生们日益增长的文化需求,充分调动师生员工的积极性和创造性。

4. 校园文化建设必须避免"形式化"

校园文化建设不是短时间内就可以完成的,它需要长年累月的积累,不能急于求成,陷入"形式化"误区。在校园文化建设过程中,应该避免将文化简化为绿化、建筑、标语、口号等外在文化,坚持从学校实际出发,回顾历史,展望未来,根据学校的个性特色,做好校园文化建设整体规划,并加以坚持,用时间积淀出学校的文化之魂。

5. 校园文化建设必须加强组织领导

校园文化建设需要切实加强组织领导工作,统一规划、部署和落实,各职能部门要各尽其责,通力协作,全员共建,形成合力。宣传部要加强校园文化建设的宏观指导,其他相关部门要为校园文化建设提供有效服务,学校要加强对校园文化建设的组织协调和督促检查,广泛动员、群策群力,使之健康有序发展。

（三）存在不足

"十二五"规划期间校园文化建设工作虽然取得了些成绩,但是我们必须清醒地认识到,我们与国内外一流大学相比还有较大差距。

1.大学精神需要进一步培育

凡著名大学都有自己独特的文化与精神,如"哈佛精神""耶鲁精神""北大精神""清华精神"等,高品位的校园文化和独特的大学精神是一流大学的重要标志。我校在长期的校园文化建设过程中,结合自身优势,经过不懈努力,正在不断向一流大学的目标进军,并且在办学规模、资金投入、基础设施、人才引进等方面取得了一定的成绩,但总体而言,学校主要精力仍旧放在各种硬指标的建设上,对文化、精神等软件环境重视不够,忽视了大学精神的培养和塑造,大学精神不够凝练与凸显,未能形成全校师生共同信仰、光大、传承的良好态势。

2.办学理念需要进一步明确

办学理念是大学发展的动力和源泉,一流的大学要有独特的办学理念。目前我校办学理念表述不明确,内涵不清晰,贯彻不到位,宣传不广泛,没有被广大师生所熟悉、理解和崇尚,因而缺乏被国内外广泛认知的独特的办学理念。

3.品牌特色需要进一步凸显

品牌建设是建设世界一流知名大学的核心战略之一。国内外高校在品牌建设上有许多成功的先例,比如美国马里兰大学的品牌"海龟",北京大学的"未名湖",清华大学的"清华园"等。学校在开展校园文化建设的过程中,虽然也在着力打造自身的文化体系,但对办学传统、自身优势等挖掘不深入,校园文化特色缺乏明确的定位与方向,文化品牌特色不鲜明。

(四)面临形势

1.全球化网络化冲击主流意识形态

校园文化建设必须培育与弘扬社会主义主流意识形态。而全球化、网络化的迅猛发展,导致西方道德价值观念不断渗透,各种文化思潮涌向思想尚未成熟的青年学生,无形中对我国高校马克思主义理论教育与社会主义核心价值观培育产生柔性挤压。在校园文化建设中,如何加强社会主义主流意识形态的吸引力和凝聚力,确保马克思主义思想和社会主义信念如何在多元意识形态形态中成为主流,是各个高校面临的严峻问题。

2.经济体制改革影响师生价值观念

随着社会主义市场经济体制深刻变革,人们的价值观念发生深刻变化,个人利益在这个过程中倍受重视和张扬,实用主义、拜金主义、享乐主义、利己主义等腐朽思想不断蔓延。大学校园里价值选择和价值实现上的实惠性、功利化和实用化的价值倾向日益明显,甚至已经渗透至学术领域。少数研究人员为了职称、金钱、权力而进行快餐式学术编撰活动,学术行为失范、投机取巧、弄虚作假现象层出不穷,政治信仰危机和道德滑坡日益暴露,无疑给校园文化建设增加了难度。

3.高校思想政治教育导向功能弱化

高校校园文化建设离不开思想政治教育的导向作用,牢牢把握高校思想政治教育这一阵地,才能使校园文化建设体现先进文化的前进方向。但当前高校普遍存在思想政治教育工作内容陈旧、形式单一、师资力量薄弱等问题,无法适应新时期学生的思想要求;而且思想政治教育总是"单独行动",不能与其他活动有机结合,效果不够理想。如何创新高效思想政治教育工作,推进思想政治教育与校园文化建设相融合,是确保校园文化建设先进性所亟待解决的问题。

二、指导思想和发展思路

(一)指导思想

高举中国特色社会主义伟大旗帜,以社会主义核心价值体系为统领,在弘扬中华优秀传统文化和继承学校百年优良办学传统基础上,积极吸收借鉴国内外著名高校文化建设成功经验,紧紧围绕学校发展目标和使命愿景,以坚守大学精神为基石,以凝聚价值认同为核心,以加强道德建设为根本,以塑造品牌形象为突破,以完善规章制度为保障,统筹规划、突出重点、分步实施、全员共建,努力构建底蕴深厚、健康向上、丰富多彩、开放和谐的江苏大学校园文化,着力培养师生高度的文化认同、文化自觉、文化自信,着力服务地方文化建设与发展,着力为建设"高水平、有特色、国际化研究型大学"提供强大的精神动力、思想保证和文化支撑。

(二)发展思路

我校在十三五规划期间校园文化建设总体思路为:以总结凝练和大力弘扬"江大精神"为核心,以打造具有江大特色的文化品牌活动为抓手,以建设优良校风、学风、教风为重点,以校园环境文化建设为保障,坚持"总体规划、分布实施、逐步完善"的原则,紧紧围绕学校中长期发展目标,通过全员参与,构建具有深厚历史文化底蕴、反映时代要求、海内外影响卓著、独具特色的江苏大学文化。

我校校园文化建设"十三五"规划的具体思路是:

1.坚持以人为本与以文化人相结合

既要坚持以人为本,尊重师生员工在校园文化建设中的主体地位和首创精神,尊重人、理解人、关心人,充分调动大家的积极性和创造性;又要坚持以文化人,善于挖掘运用文化所蕴含丰富教育资源去引导和塑造师生员工,感染人、熏陶人、教化人,促进每个人的全面发展。

2.坚持弘扬主旋律与丰富多样性相结合

既要坚持社会主义先进文化的前进方向,强化主流文化、彰显高雅文化、抵制低俗文化,使"真、善、美、爱"成为校园文化的主流和主调;又要结合实际,不断推出健康向上、丰富多彩、具有江苏大学特色的文化活动和产品,满足广大师生的精神文化生活需要。

3.坚持传承与创新相结合

既要传承中华优秀传统文化和江苏大学百年办学优良传统,引导广大师生正确的认识国情校情、历史传统、文化积淀,增强文化认同、文化自觉、文化自信;又要站在时代前沿,吸收借鉴其他大学文化的有益成果,解放思想、实事求是、为我所用,在创新发展中不断赋予校园文化时代特色。

4.坚持整体规划和分步实施相结合

既要对我校文化建设发展战略进行长远规划、整体布局,提出长期目标、总体要求;又要对近期目标、保障机制进行任务分解、责任落实,制订具体实施方案、项目建设工程和年度工作计划,确保文化建设分步实施、整体推进。

三、发展目标

学校文化建设的总体目标是:紧紧围绕学校事业转型发展,进一步强化办学理念,凝练江大精神,弘扬江大品格。到 2020 年左右,努力实现:

——办学理念特色更加鲜明。校训校风、学校精神的凝聚和引领作用明显,师生员工对学校的目标定位、发展战略、办学特色广泛认同,归属感、责任感和荣誉感显著增强。

——内部治理体系更加完善。坚持依法办学和依法治校,积极探索"党委领导、校长负责、教授治学、民主管理"的有效形式,努力建设和形成能够促进学校可持续发展、有效、完善的制度体系和运行机制。

——校园人文环境更加优美。进一步完善和加强与学校精神文化相匹配的文化景观、文化设施、文化阵地和品牌形象建设,全面提升学校环境文化的功能和品位,打造秉承学校传统、蕴含学校特色、自然环境与人文环境交相辉映的环境文化。

——品牌文化活动更加出彩。以加强优良校风、教风、学风建设为目标,大力弘扬学术文化、名师文化、创新创业文化、农机文化、和谐文化、大爱文化,丰富文化育人内涵,提升大学文化品位,推动对外文化交流,争取在全国高校校园文化建设优秀成果奖评比中获得大奖。

四、主要任务和措施

（一）精神文化培育工程

大学之强，在于精神之立。实施"精神文化培育工程"，就是要在社会主义核心价值观引领下，使江大精神成为全体江大人的价值取向和精神动力，凝铸兴校之魂和强校之魄，推动学校又好又快发展。

1.强化共同价值理想。坚持用核心价值观引领人才培养，从落细、落小、落实入手，构建课堂教学、校园文化和社会实践三位一体的育人模式，引导师生内化于心、外化于行。坚定中国特色社会主义共同理想，将不断提高教育质量，全面推动学校转型发展，将建设"高水平、有特色、国际化研究型大学"，作为全校师生的共同奋斗目标和理想追求。通过党委中心组、教职工政治理论学习、党校团校、社会主义学院、大学生形势与政策课等平台，开展丰富多彩的理想信念教育活动，进一步增强师生员工对学校的荣誉感、使命感和责任心，自觉关注学校发展，维护学校大局，珍爱学校声誉。实施"实践育人共同体建设计划"，建立一批社会主义核心价值观实践基地，推动学校阵地与社会基地、校内教师与校外导师、课程学分与实践学分之间的衔接互动。

2.凝练发展江大精神。在组织研究学校历史、优良传统、办学理念、办学特色的基础上，形成师生员工和广大校友高度认同、易记易传的江大精神、校风、教风、学风规范表述。根据国家和江苏省教育发展和文化建设总要求，借鉴吸收国内外一流大学精神，与时俱进，不断丰富。不断拓展江大精神的展现手段与宣传方式，定期开展"江大精神群英谱"评选，积极探索江大精神物化形式和系列产品，切实提升江大精神的引领与辐射作用，努力做到全校上下人人知晓、自觉践行江大精神，着力形成并不断强化江大人独有的精神特质和行为规范。丰富江大精神文化建设载体，大力开设"五棵松讲坛"，适时出版"江苏大学文化丛书"，彰显江大人的育人传统、学术精神和文化积淀。

3.加强校史校情教育。对学校历史进行充分挖掘整理，以"国内一流、特色鲜明、展示研究教育三位一体"要求，推进学校校史博物馆特藏陈列室、数字沙盘工程建设，充分发挥校史的育人功能。及时保护并深入挖掘校史文化资源，开展学校历史文献整理与研究、编写出版学校口述历史系列丛书、制作校史纪录片，在新生中开设校史系列讲座与报告会。珍惜学校百年办学成果，在学校基础建设中，注重文物史迹和老建筑的保护与利用。充分利用校友的文化信息资源，开展"走进校友·寻找江大记忆"活动，积极营造"校友情系母校，母校关怀校友，相互支持、共同发展"的校友文化氛围,传扬学校优秀传统文化。支持有条件的基层单位收集、整理、编写本单位的学科史、专业史、人物史,并结合本单位特点建立相关陈列室,开辟校史校情教育新场所。成立校史文化研究发展中心。

4.弘扬中华优秀传统文化。坚持把中华优秀传统文化教育融入课程和教材体系,统一开设中华优秀传统文化必修课,拓宽中华优秀传统文化选修课覆盖面,支持编写具有地方特色的中华优秀传统文化读本。大力倡导广大师生养成自主学习和探究国学经典的习惯,依托书法、篆刻、国画等文化艺术类社团开展情趣高雅、丰富多彩的活动,打造"礼敬中华优秀传统文化"品牌。抓住传统节假日等重要时间节点,组织开展丰富多彩的主题宣传教育活动,在广大师生中掀起主动学习和弘扬传统文化的热潮。积极鼓励师生走出校园,走向社会,走进自然,躬身实践传统文化,实现自身道德品质的磨炼和人生思想境界的升华。

(二)制度文化建设工程

制度规范,承载大学精神、昭示大学使命,对于回归大学本位,完善现代大学制度,保障和推进学校事业科学发展具有重要意义。实施"制度文化建设工程",就是要建设民主、科学、高效、和谐的制度体系和运行机制,全面推进现代大学制度建设,促进学校治理体系的现代化。

5.依法完善制度体系。遵照《高等教育法》的规定,制定符合时代要求、体现学校特色、凝聚办学共识、激发办学活力的《江苏大学章程》。以章程为遵循,进一步清理全校各类规章制度,健全以学校章程为核心、系统完备、科学规范、运行有效的江苏大学规章制度体系,使全校各项工作有法可依、有章可循、有据可查,以及各项事务治理的制度化、规范化、程序化。建立章程执行的监督机制和纠错机制,加强问责与督促。树立制度权威,不断提高学校各级干部依法办事的能力,依照学校章程和各项规章制度管理学校,确保制度实施的规范、公正、有效。创新教育和宣传手段,营造良好的社会和校园舆论氛围,进一步提高师生对制度文化的认同感和理解力,使得全校师生员工人人知晓并自觉履行法律法规和学校规章所赋予的权利和义务。

6.完善内部治理结构。坚持和完善党委领导下的校长负责制,健全党委常委(扩大)会、校长办公会议事规则和决策程序,努力建构党政权责明晰、分工协作、结构合理、运行顺畅的体制机制。加快推进二级单位管理模式的完善,坚持和完善学院党政共同负责制,科学推进管理重心下移。充分发挥学校学术委员会在学科建设、学术评价、学术发展中的重要作用。全面实施学院教授委员会制度,充分发挥学院教授委员会在教学、科研和学校管理中的作用。依据科学、高效的原则,科学合理设置机构,打破部门壁垒,强化服务职能,激发学校办学活力,充分调动全校师生员工的积极性和创造性。

7.加强学校民主管理。坚持"政从正出",强化领导干部的责任意识和服务意识,使之成为民主管理的表率。完善情况通报和重大决策征求意见制度,凡是涉及学校改革发展的重大问题和事关师生员工切身利益的重要决策都征求广大教职工意见。以"公开为原则,不公开为例外",完善信息公开制度,推行党务公开、校务公开,凡是涉及师生员工民主权利、切身利益的政策规定和办事程序都应公开。坚持和完善学校教职工代表大会、工会会员代表大会、团代会、学代会和研代会制度,充分发挥群众团体、民主党派以及各级人大代表、政协委员民主决策、民主管理和民主监督的积极作用。完善学校信访工作制度,建立健全校内申诉机制,扩大民主监督范围。

8.建立健全典仪制度。建立健全学校各类庆典活动、学术活动、文化活动等仪式规范。学校对各类学术、文化、表彰、节庆等重大重要活动,建立专门规范的典仪制度,营造庄重、简朴的活动氛围,既突出个性、富有特色,又品位高雅、富有内涵,延伸典仪活动的育人功能。将升旗仪式、开学典礼、毕业典礼、学位授予以及大型文体活动开(闭)幕式等重大典仪活动,办成学校的文化经典,激励师生珍视荣誉、加深对学校的感情。部分重大典仪活动向家长、校友和社会开放,展示学校形象,扩大学校影响。

(三)环境文化提升工程

校园环境文化是指校园内看得见、摸得着的物化了的文化形态,也是体现一所大学价值取向、审美情趣的校园精神文化的载体。实施"环境文化提升工程",就是要加强和完善文化景观、文化设施、文化氛围和文化形象建设,全面提升学校的环境文化功能和品位,让物化的江大精神对师生产生耳濡目染的作用。

9.推进文化景观建设。高质量地编制体现百年历史底蕴、契合校园山水特点、彰显文化艺术构思的《江苏大学校园文化环境与艺术景观提升方案》,做好校园文化景观的系统性、整体性、专业性顶层设计,一次规划,分步实施。选择适宜地点,建设若干与校园环境相融合、彰显大学精神与办学理念的主题雕塑、文化长廊、小品园地、休闲驿站等公共艺术作品,着力打造高层次、高品位、精致化的文化社区,进一步增强校园文化环境的人文底蕴和教育功能。尤其要保护好校园内戴家山新石器晚期居住遗址,以及体现学校办学悠久历史和文化风格的早期建筑、道路,挖掘和传播背后的人文历史信息,让"每一堵墙都能说话"。保护、利用好校园内特有的水系、山体资源,与地方政府合作,共同建设国家海绵示范校园,建设更加优美、绿色、文明、安定的和谐校园。

10. 加强文化设施建设。继续规划建设好学生科技、文艺、体育活动场所，为开展校园文化活动提供必要条件，不断满足师生日益增长的物质文化需求。在完善校史馆架构的基础上，建成多功能主题展馆，经常性地推出符合校园文化需求的教育主题展和服务项目，推动对外文化传播、交流与合作。建设功能齐全、设备完善的公共艺术教育中心和具有一定规模且环境优雅、设施齐全的综合演出礼堂、音乐厅。建设一流的大学电视演播室和覆盖全校的低音广播系统。做好图书馆、体育馆、档案馆、校史馆、教职工活动中心的基础性建设和管理工作。继续加强校园主干道、教学楼、教室、实验室和学生社区的文化氛围营造工作，建成覆盖全校的电子阅报栏。鼓励学院、部门建设好"职工之家""学生活动中心"等文化体育活动场所，进一步提高广大师生文体生活质量。

11. 完善学校形象宣传。推动校园传统媒体与新媒体的融合式发展，在加强校报、校园网、广播台、电视台建设的同时，进一步提升学校官方微博、微信影响力，使其成为展示学校风貌、开展宣传教育、活跃文化生活的重要载体。围绕学校重要成就、重大活动和身边典型，瞄准大报、大台、大刊、大网，策划组织对外宣传，外塑形象，内聚人心。定期制作发布学校画册、形象宣传片，规范学校对外宣传的口径、内容、数据，对外树立统一的学校整体形象。定期改版更新江苏大学门户网站、二级单位网站，加强互动性学生社区、移动性"两微一端"等校园网络平台建设，推动更好更多的网络文化产品上线传播。强化学校讲座、论坛、橱窗、横（条）幅、板报等思想文化阵地管理，启用智能化校园网络舆情监测平台，建立校标、校徽、校旗、校歌、校色等文化符号授权使用机制。出台《江苏大学形象识别系统管理办法》，重视学校形象识别系统建设成果的宣传、推广、规范使用，提高学校的知名度和美誉度，提升学校品牌的价值。

12. 重视文化事业发展。加快融入江苏和镇江文化产业发展格局，推进协同创新，依托学校办学特色和学科优势，鼓励并扶持师生创办各类文化企业，实现大学文化与地方文化的交流交融。以教育为主线，积极拓展国际化教育、教育咨询和教育培训等项目市场，通过多元化的市场合作办学，将江苏大学的优质教育资源转化为市场价值。以江苏大学出版社为龙头，依托数字出版与传统出版的有机结合，整合文化出版资源建成在业界有较大影响力的教育出版集团。进一步提升江苏大学杂志社办刊特色和行业影响力，将其打造成学术文化交流的靓丽名片。成立江苏大学文化创意产业发展中心，盘活校园文化、行业文化、产业文化、地域文化等资源，服务地方经济发展，扩大学校社会影响，争取社会效益和经济效益双提高。

（四）行为文化塑造工程

行为文化是推进大学文化建设的重要方面，是全体师生精神状态、思维方式、行为习惯和文化品位的综合反应，也是大学精神、办学理念和价值观念的具体体现。大力实施"行为文化塑造工程"，就是要丰富文化育人内涵、打造文化活动品牌、提升学校文化品位，推动形成富有个性、兼收四海、勇于创新、生动活泼的行为文化。

13. 营造浓郁学术氛围。优化科研组织模式，改进评价激励机制，加大创新教育力度，努力营造崇尚学术、探求真知、兼容并包、创新创业的学术氛围。加强基础研究、应用研究和跨学科研究，加强科研领军人才和科研创新团队建设，促进协同创新，产出一批重大科研成果。倡导学术自由和学术民主，在坚持主流价值的基础上，尊重师生的多元文化取向，鼓励丰富多彩的行为文化创新。鼓励具有学术影响力的教师在校内面向广大师生开展学术讲座，利用"大学生科技节"、科研立项等平台更好地指导学生开展科学研究，营造师生共研的学术氛围。加强学风建设和科学道德建设，不断增强全校师生科学道德和学术修养的自律意识，建立并实施学术评价和科学道德奖惩机制。强化知识产权保护，扶持科研团体和学术刊物。规范科研信息的发布和宣传，完善学术报告制度，开设"江苏大学科学大讲堂"，扩大学术交流的范围和影响力。

14. 加强师德师风建设。落实教育部《关于建立健全高校师德建设长效建设的意见》，出台我校教师行为规范和职业道德规范细则，细化违反师德行为惩处办法，大力弘扬廉洁从教文化，不断提高广大教师的职业道德水平和综合素质。创新师德教育，将优秀教师请进课堂，结合教学科研、社会服务活动开展师德教育，引导教师树立崇高理想，切实增强师德教育效果。将师德考核作为教师考核的重要内容，存入教师档案，并在岗位聘任、职级晋升、评优评先、出国研修等环节实行一票否决。继续开展师德标兵、"大学生最喜爱的教师"等评比活动，深度挖掘、广泛宣传教师中先进典型，让著名专家、名师、学者成为校内外知名人物，让精诚团结、善于合作、敢于创新的团队成为校内外知名团队，发挥典型的示范和带动作用，努力营造"学无止境，教无止境，教书育人无止境"的浓厚教学氛围。

15. 丰富校园文化生活。以大学生素质拓展和能力建设为主线，积极探索覆盖课堂教学、课外活动和社会实践的具有鲜明特色的大学生素质教育新举措，构建文艺体育活动、社团组织活动、社会实践活动、青年志愿者服务活动、创新创业活动五大校园文化阵地，丰富文化育人内涵。发挥学校体育学科优势，强化体育文化育人功能,开展积极健康、丰富多彩的体育活动,引导师生强身健体,养成"每天锻炼一小时"的良好习惯。大力开展"高雅艺术进校园"活动,邀请国家级艺术院团、艺术大师来校演出,推动音乐、舞蹈、戏剧、美术、书法(篆刻)等高雅艺术进校园常态化,使广大师生走近大师、感受经典、陶冶情操、提高修养,不断满足精神文化生活的需求。推动各学院、各部门结合自身实际和特点,组织开展各具特色的文化活动。

16.培育特色文化品牌。传承学校优秀传统文化,吸收借鉴各方文化建设成果,精心培育一批体现社会主义核心价值观要求、深受广大师生喜爱的优秀文化品牌。继续组织开展"人文大讲堂""江大之春文化艺术节""给我一个家"、教职工体育运动会、"校友毕业30周年集体返校"等主题鲜明、底蕴深厚、反响良好的优秀文化活动品牌,巩固成果,总结经验,扩大影响。开展"江苏大学校园文化优秀成果"评比活动,精心培育一批主题鲜明、特色明显、影响面广、有示范性、可持续发展的校园文化建设优秀活动项目,打造校院两级文化活动品牌体系。争取在"全国高校校园文化建设优秀成果评比"中获得大奖,进一步提升学校的知名度和美誉度。

17.推动国际文化交流。以服务经济社会发展为目标,在为社会培养高素质人才基础上,发挥学校学科优势,加强哲学社会科学研究,探索建立智库服务社会的机制,鼓励更多的优秀文化成果走出书斋、推广普及。在此基础上,建立和保持与国外著名大学、文化机构和教育机构的联系与合作,组织多种形式的国际文化交流活动,加强孔子学院内涵建设,支持代表学校水平的各类文化团体"走出去",不断扩大学校的国际文化影响力。

五、校园文化建设的保障机制

校园文化建设是一项系统工程,需要各级党组织和各工作部门的密切协同,共同努力。要坚持重在建设、齐抓共管、求真务实、坚持不懈的方针,形成党委统一领导、党政共同负责、全校一起努力的学校文化建设格局,不断开创学校文化建设新局面。

(一)加强工作机制的建设与完善

学校成立党委领导、党政齐抓,由各相关职能部门参加的大学文化建设工作委员会,负责学校文化建设各项工作的方案规划、决策部署和组织实施等;将文化建设纳入事业发展总体规划中,制订执行大学文化建设年度工作计划,分步骤、分阶段持续落实推进,实现大学文化建设与学校的各项工作一起部署、一起落实、一起检查;学校制订文化建设考核评估制度,将文化建设纳入部门工作绩效考核指标体系中,每年评选表彰文化建设工作先进单位。

（二）加强工作队伍的打造与培养

学校着力打造一支以专职人员为核心,兼职人员为主体,具有较高政治素质、良好文化素养的文化建设工作队伍,使文化建设工作任务到位,责任到人,落到实处。定期开展学习、培训、交流活动,不断提高文化建设队伍的工作能力和综合素质。建立健全评优表彰机制,每年评选表彰文化建设工作优秀个人。

（三）加强经费的投入与管理

学校将把校园文化建设经费纳入学校预算,在人、财、物等方面加大投入,确保校园文化建设各项工作顺利开展。要不断完善校园文化建设的政策和措施,切实解决校园文化建设过程中遇到的实际问题和困难。鼓励学院、部门多渠道筹措文化建设资金,形成全校上下齐抓共管和全员参与的良好局面。

在 2012 年宣传思想文化工作会议上的讲话*

2012 年 3 月 2 日

在刚刚过去的"十二五"开局之年,全校师生员工紧扣高水平大学建设目标,围绕学校"十二五"规划的贯彻实施,凝心聚力、开拓创新,高水平大学基础进一步夯实,学校办学特色进一步凸显,各项事业协调发展,顺利实现了强势开局。学校宣传思想工作同样亮点频出,精彩纷呈,成绩可圈可点,可喜可贺。刚才,益南部长已经对学校 2011 年度宣传思想工作进行了很好的总结,并在深入分析高校宣传思想工作面临形势的基础上,明确提出了 2012 年学校宣传思想工作的指导思想和"三个更加注重"的工作思路,对五方面的十五项工作做出了具体安排。可以说,认识到位、方向正确、思路清晰、举措务实。我完全同意。今天的会议还集中表彰了 2011 年度学校新闻宣传工作先进集体和先进个人。在此,我代表校党委和行政向受表彰的单位和个人表示热烈的祝贺!并通过大家向学校宣传思想工作战线的同志们致以亲切的问候!

关于 2012 年学校宣传思想工作,益南部长已经讲得较为清楚。不再重复。下面,我就如何做好 2012 年学校宣传思想工作再强调几点意见:

一、进一步认清形势,切实增强做好宣传思想工作的责任感、使命感

同志们知道,宣传思想工作在统一思想、提高认识、凝聚人心、激发活力、舆论导向、文化生成等方面发挥着不可替代的重要作用。今年是党的十八大召开的喜庆之年。为党的十八大营造良好的思想舆论和文化环境,是今年宣传思想工作战线的重大政治任务。历史经验表明,每逢党的重大会议召开,思想理论领域会更加活跃复杂,各种力量都会竞相发出声音,境内外敌对势力也会趁机干扰捣乱。

---

* 本文作者:范明,校党委书记。

在这种特殊的时候,我们尤其要提高警惕,做大做强主流舆论,坚持马克思主义在意识形态领域的指导地位,大力宣传党的十七大以来我国经济社会发展成就,大力加强形势政策教育和爱党爱国爱社会主义教育,筑牢共同思想基础,不允许"跑音走调",更不允许"杂音干扰",切实做到上下节拍合一。

从学校来讲,今年也是我们进一步落实"十二五"事业发展规划的关键之年。稳势头、抓落实、求突破,需要宣传思想工作更加积极地开拓创新,更加主动地履行职能、更加有效地发挥作用。学校事业发展实践也证明:扎实有效的宣传思想工作是加快高水平大学建设进程的司号员、助推器和润滑剂。当前,我国高等教育领域正面临深刻变革,教育教学、管理体制、人事分配等一系列改革的深入推进,必然涉及师生员工切身利益的变动,也必然会引发师生员工思想观念上的碰撞。能否做好宣传思想工作,事关全校上下思想共识的形成,事关学校人心的稳定,事关学校各项改革的顺利推进,事关高水平大学的建设进程。同时,我们还应该看到,国际化已经成为世界高等教育改革发展的重要趋势。一所高水平大学必定是国际化的大学、开放式的大学。学校党委和行政将推进国际化作为我校建设高水平大学的战略选择。在加快开放办学步伐,推进国际化进程中,无论是营造舆论声势,还是提升影响地位,或者是寻求合作支持,宣传工作都显得至关重要。

因此,可以说,2012年是我们党和国家发展进程中具有重要意义的一年,是我们学校发展过程中特殊关键的一年,也是学校宣传思想工作朝着更高目标迈进的重要一年。今年工作非同寻常,机遇多、挑战多,任务重、要求高,需要各级党组织尤其是宣传思想工作战线的同志们保持良好的精神状态,保持旺盛的进取之心,切实增强工作责任感和使命感,以坚定的政治立场、宽广的战略眼光和崇高的职业精神,创造性地开展工作,做到大事面前不糊涂、关键时刻不动摇、困难面前能冲锋,努力为建设高水平大学和构建和谐校园理顺情绪、统一思想,凝心聚力、保驾护航。

二、进一步围绕大局,努力为高水平大学建设提供精神动力和舆论支持

建设高水平大学,是我们当前和今后长期的一项奋斗目标和中心任务;稳势头、抓落实、求突破,是2012年学校工作的总体要求。我们讲宣传思想工作要围绕中心、服务大局,最重要的就是要围绕高水平大学建设这个中心和大局。"十二五"我们开了一个好头,但是,距离既定目标还有不小的差距,还有很长的路要走。怎样为实现稳中求进鼓劲造势、怎样为推动事业又好又快发展凝心聚力,宣传思想工作面临着繁重任务,但也大有可为、大有作为。

首先，要强化理论引领。今年下半年，党的十八大就要召开。能不能在全校上下营造热烈喜庆的氛围，引导激励广大师生员工以优异成绩迎接党的十八大的召开，以创新举措贯彻党的十八大精神，是对宣传思想工作的新考验。今年，中央还将制定颁布《社会主义核心价值体系建设实施纲要》，能不能抓住中央颁布《纲要》这个契机，深入推进社会主义核心价值体系建设，也是对我们工作的新考验。我们要以党的十八大精神和社会主义核心价值体系为学习主线，进一步加强"校、院两级理论中心组，教职工政治理论学习，思想政治理论课、形势与政策课"四类理论武装平台建设，坚持领导班子和领导干部带头垂范，引导各级干部更加重视、更加自觉地用党的最新理论成果武装头脑、指导实践、推动工作；努力把党的政策、学校的决策内化为师生爱国爱校兴校的思想共识和自觉行动，将广大师生员工的积极性、主动性和创造性吸引到学校事业改革发展上来。

其次，要强化主题宣传。要坚持团结稳定鼓劲、正面宣传为主，大力宣传学校改革发展新举措、新成就、新经验，大力宣传基层单位的新进展、新气象、新风貌，积极稳妥地回答师生员工最关心、最困惑、最期盼的问题。要围绕学校今年着力推进的"八大工作"，面向教学科研一线，大力宣传学校出台的政策措施，深度挖掘先进典型，总结提炼先进经验，推动"八大工作"落到实处、见到实效。大力营造"教师能够成名成家，学生能够成人成才"的校园舆论氛围，提振广大教师"能干事、干成事、干大事"的信心，引导广大学生自觉做到"愿学、勤学、真学、深学、善学"。

最后，要强化典型示范。以典型引路是宣传思想工作行之有效的重要方法之一。在学校发展历程中，我们已经推出了一批教学典型、科研典型、创业典型、学生典型，对推动全局工作发挥了很好的引领示范作用。我们要更加重视运用这一方法，在宣传、推广老典型的同时，善于挖掘树立新典型，使师生员工学有榜样，赶有目标。要将我们的奋斗目标宣传好、创新举措阐述好、发展成就展示好、工作经验总结好、努力以美好的前景感召人，以突出的成就鼓舞人，以创新的政策激励人、以典型的事迹感染人，以成功的经验说服人。

三、进一步创新发展，不断提高宣传思想工作的能力和水平

多年来，学校宣传思想工作形成了自己鲜明的特色和优良的传统，积累了很多宝贵的经验。面对学校事业发展的新任务、新要求、新目标，我们既要坚持过去行之有效的经验和办法，又要坚持与时俱进，不断探索创新。

在组织领导上要有新作为。宣传思想工作不仅仅是宣传部门的本职工作，也

是全校各单位应有的工作。学校党委和行政一直以来高度重视、大力支持宣传思想工作。各学院和各职能部门，要切实加强对本单位宣传思想工作的领导。主要领导要亲自过问亲自抓，特别是各位书记，作为宣传思想工作的"第一责任人"，要对做好本单位宣传思想工作下任务，出思路，做指导；要安排素质高、责任心强的同志负责本单位的宣传思想工作，努力形成全校一盘棋的大宣传格局。

在工作能力上要有新提升。学校涉及师生切身利益的改革举措及日常管理事务，容易引起师生关注，可能形成舆论焦点。这些舆论如果处理得好，能凝聚人心；反之，则会影响学校正常工作的开展。特别是随着现代信息技术的迅猛发展，微博客、移动互联网等新媒介广泛应用，各方面信息、各类意见迅速在网上汇集、传播、扩散，这使得我们的舆论引导工作难度不断加大。针对这种情况，我们要加强舆情的分析研判，针对突发事件应对、网络舆情监控等提出一系列有针对性的管理办法，有效提高舆论引导和驾驭新兴媒体的能力，牢牢把握校园舆论的主导权和话语权，切实为学校改革发展营造良好舆论氛围。

在工作作风上要有新转变。要把实现好、维护好、发展好师生的根本利益作为宣传思想工作的出发点和落脚点，把贴近师生思想实际、获得师生满意作为衡量宣传思想工作的根本标准，多做释疑解惑、启发引导、扶正祛邪工作，多做暖人心、得人心、聚人心的工作。从去年开始，全国宣传思想工作战线开展了"走基层、转作风、改文风"的"走转改"活动。事实证明，最美的风景在基层，鲜活的经验在基层。宣传思想工作者越是走进基层，越是贴近实际、贴近生活、贴近群众，越能增强宣传思想工作的吸引力、感染力。学校宣传思想工作战线的同志也要坚持重心下移，面向基层，面向教学科研一线，把聚焦的目光放到更广大的师生员工的身上，经常走进课堂、走进学生、走进实验室，挖掘更多的先进事迹和先进典型。

同志们、同学们，做好今年宣传思想工作责任重大，使命光荣，意义深远。希望同志们牢牢坚持胡锦涛总书记提出的"高举旗帜、围绕大局、服务人民、改革创新"这十六个字的总方针，准确把握新时期高校宣传思想工作的新形势、新任务和新要求，以更加开阔的视野、更加清晰的思路、更加饱满的热情、更加务实的举措，进一步提升宣传思想工作实效，为推动学校事业又快又好发展做出新的更大贡献！

在 2014 年宣传思想文化工作会议上的讲话 *

2014 年 7 月 9 日

　　刚才,党委常委、宣传部长金丽馥同志对去年及上半年的宣传思想工作进行了总结,并提出了下半年的工作思路,我完全同意。大家知道,近几年我校高水平大学建设取得了重要进展,一些体现办学综合实力的核心指标实现了持续攀升。在事业发展取得显著成就的同时,宣传思想工作同样亮点频出、精彩纷呈。在理论武装、思想政治教育、校园文化建设、舆论引导、对内对外宣传等方面都取得了很好的成绩,有力地服务了学校事业发展的大局。借此机会,我代表学校党委向宣传思想工作战线的同志们表示衷心的感谢! 向受到表彰的单位和个人表示热烈的祝贺!

　　2014 年是全面深化改革的开局之年,是贯彻落实中央《关于培育和践行社会主义核心价值观的意见》的重要之年,也是学习贯彻学校第三次党代会精神的关键之年。同时,学校也刚刚完成新一轮中层干部换届聘任工作。可以说,无论从当前的形势背景还是从未来的发展战略来看,对宣传思想工作都提出了新的更高的要求。特别是刚刚胜利闭幕的第三次党代会,明确提出"开启高水平、有特色、国际化研究型大学建设新征程"的发展战略,这是学校事业的战略转型和创新发展。对宣传思想工作来说,需要我们进一步改革创新、开拓进取,努力找准着力点和切入点,更加奋发有为地做好工作,为学校研究型大学建设提供强大的思想保证、精神动力、舆论支持和文化氛围。

　　下面,我就当前宣传思想工作再强调几点意见:

---

　　* 本文作者:范明,校党委书记。

一、提高认识，深入推进思想理论建设

思想理论建设是学校宣传思想工作的第一职责，其中最根本任务就是巩固马克思主义在意识形态领域的指导地位，巩固全体师生团结奋斗的共同思想基础。

一是要深入开展中国特色社会主义和中国梦宣传教育。中国特色社会主义和中国梦宣传教育，是我们坚定理想信念的重要举措。要把中国特色社会主义学习教育作为党员干部理论学习的基本任务，要坚持联系实际，把读文件、读经典与学好用好结合起来，要打造一批新媒体理论学习宣传平台，切实增强学习宣传的效果。要把青年学生作为思想政治教育的重点群体来抓，推动党的理论创新成果进教材、进课堂、进头脑。要大力开展主题教育和文化活动，利用校报、电视等开设专题专栏，组织报告会、座谈会等宣传教育活动，在师生员工中广泛宣传、深入阐释中国梦。

二是要深入学习宣传习近平总书记系列重要讲话精神。党的十八大以来，习近平总书记围绕坚持和发展中国特色社会主义、实现中华民族的伟大复兴，发表了一系列重要讲话。这些讲话是党的理论创新的最新成果，是我们统一思想、凝聚力量的强大武器。学习好、宣传好、贯彻好讲话精神，要重点抓好领导干部的学习教育，用好校院两级党委理论学习中心组这个载体，创新方式方法，推进各级干部用讲话精神武装头脑、指导实践、推动工作。同时，要面向全体师生员工开展宣传教育活动，充分利用网站、报纸、电视等媒体，宣传阐释讲话的深刻内涵和实践要求，切实推动讲话精神深入师生、深入人心。

三是要大力培育和践行社会主义核心价值观。中央《关于培育和践行社会主义核心价值观的意见》颁布后，受到了全党和全社会的高度关注，引起巨大反响。上周五，学校党委常委会研究并通过了我校培育和践行社会主义核心价值观的实施意见。我们要广泛开展宣传教育活动，充分运用理论普及、媒体传播、主题活动等载体，深入宣传社会主义核心价值观的基本内容。大力宣传学校先进典型、道德模范的先进事迹，推动师生实践公民道德，引导师生不断提升价值判断力和道德责任感。要坚持育人为本、德育为先，把青年学生价值观教育贯穿到学校教育的各个方面和各个环节。

二、开拓创新，切实增强舆论引导能力

现代社会，舆论的影响无处不在。提高舆论引导能力已经成为党的执政能力建设的一个重要内容。只有有效掌控舆论才能确保中心工作的顺利开展。

一是做大做强主流舆论。壮大主流思想舆论是提高舆论引导能力的关键,正面宣传是壮大主流舆论的基本途径。我们要坚持团结稳定鼓劲,更好地唱响主旋律、提振精气神、激发正能量。要进一步完善校园媒体和舆论阵地建设,加快实施校园微博微信全覆盖工程,积极抢占舆论引导新阵地,做舆论走向的引导者。主流媒体是壮大主流舆论的生力军,学校校报、电视台、网络、电台要切实发挥校园舆论宣传的主阵地作用,增强大局意识,强化责任担当,带好头,做榜样,创新传播形态,巩固主流地位。

二是创新工作方式方法。舆论引导工作,光是理直气壮、旗帜鲜明还远远不够。内容正确不等于实际效果就好。我们要注意讲求宣传方法、提高引导艺术,下大力气改进形势宣传和成就宣传,做活做好典型宣传和主题宣传,让宣传的说服力感染力亲和力更强。要遵循新闻的传播规律,加强信息服务工作,及时宣传解读学校的政策与决策,关注师生的心声与呼声,加强师生的交流与互动,从而形成广泛的共识。要善于做"看不见的宣传",做到潜移默化、润物无声,让正面宣传融入广大师生日常的学习、生活和工作之中。

三是掌握网上舆论主动权。规范学校网络信息传播的秩序并确保其安全可控,已成为当前的突出问题。我们要进一步完善网络管理体制和工作机制,强化网上正面声音,做好学校的相关网站,抢占互联网新阵地。要强化网上内容建设,组织开展积极健康的网络文化活动。要加强网情研判和预警,构建网络突发事件应急处理联动机制,健全网络突发事件应对工作体系。宣传部要发挥牵头作用,各单位要协同配合,使得不良信息没有传播空间,从而牢牢掌握校园舆论的主导权和话语权。

三、加强组织,不断提高宣传思想工作水平

多年来,我校宣传思想工作形成了自己鲜明的特色和优良的传统,积累了很多宝贵的经验。面对学校事业发展的新目标、新任务、新要求,宣传思想工作必须有新的更大作为。

一是进一步加强组织领导。学校的竞争力和知名度既靠实力,也靠宣传。学校党委和行政高度重视、大力支持宣传思想工作。宣传思想工作不仅是宣传部门的本职工作,也是全校各单位的重要工作。各单位要切实加强对宣传思想工作的领导,进一步提高工作的主动性和积极性,形成全校一盘棋的大宣传格局。我曾多次说过,不重视宣传思想工作的书记是不合格的书记。在座的有不少是新上岗的书记,这里我要再次重申:各二级党组织书记,是各单位宣传思想工作的"第一

责任人"，大家要亲自过问亲自主抓，要认真思考谋划，明确任务目标，加强组织指导。

二是进一步服务学校大局。建设研究型大学，是我们今后很长一段时期的奋斗目标和中心任务。宣传思想工作要围绕中心、服务大局，对学校来说，最重要的就是要围绕研究型大学建设这个中心和大局。大家知道，近几年学校事业发展的方方面面都取得了显著成绩，办学核心竞争力明显增强，学校综合实力跃升至全国第63位，为开启研究型大学建设奠定了坚实的基础。但是，我们离奋斗的目标还有不小的差距，还有很长的路要走。怎样为研究型大学建设鼓劲造势、怎样为推动事业又好又快发展凝心聚力，宣传思想工作既面临着繁重任务，也大有可为、大有作为。

三是进一步转变工作作风。宣传思想工作也要贯彻落实"群众路线"，要坚持重心下移，面向基层，面向教学科研一线，把"镜头"聚焦到广大师生员工。要突出师生员工的主体地位，把贴近师生思想实际、获得师生满意作为衡量宣传思想工作的根本标准。要多做释疑解惑、启发引导工作，多做暖人心、聚人心的工作。要经常走进课堂、走进学生、走进实验室，挖掘更多的新鲜经验和典型，越是贴近实际、贴近生活、贴近师生，越能增强宣传思想工作的吸引力感染力和针对性实效性。

同志们、同学们，做好宣传思想工作责任重大，使命光荣。希望大家准确把握新时期高校宣传思想工作的新形势、新要求，进一步解放思想、改革创新，锐意进取、扎实工作，努力为学校研究型大学建设做出新的更大的贡献。

在 2016 年宣传思想文化工作会议上的讲话 *

2016 年 4 月 21 日

今天,我们在这里召开会议,研究部署学校宣传思想文化工作。刚才,党委常委、宣传部长金丽馥同志做了一个很好的工作报告,对去年的工作进行了全面总结,并提出了今年的工作思路和工作任务。我完全赞成。大家知道,近几年学校高水平大学建设取得了重要进展,办学综合实力和核心竞争力显著增强。前不久,中国管理科学研究院《2016 中国大学评价》公布的排行榜中,学校列第 48 位,是前 50 名中唯一的非"211 工程"大学,也是最近 10 年来非"211 工程"学校取得的最好名次。这一排名引起了官方和媒体的广泛关注。"江苏教育发布"依据这一排名公布了我省进入全国百强的 14 所高校,我校名列江苏省第 7 位。在学校事业发展取得显著成绩的同时,我们的宣传思想文化工作也取得了可圈可点、可喜可贺的成绩。金部长已经从理论武装、思想政治教育、校园文化建设、对内对外宣传等七方面进行了总结。可以说,学校的宣传思想文化工作成果丰硕、亮点纷呈,有力地服务了学校事业发展大局,在全省全国都有一定的地位和影响。借此机会,我代表学校党委向宣传思想工作战线的同志们表示衷心的感谢! 向受到表彰的单位和个人表示热烈的祝贺!

同志们知道,我们党确定的"两个一百年"奋斗目标的第一个百年奋斗目标是:到 2020 年全面建成小康社会。党和国家把"十三五"时期定位为全面建成小康社会决胜阶段。同样,对于学校事业发展来讲,"十三五"时期是学校研究型大学建设极为关键的时期。前段时间,学校对包括宣传思想工作在内的条线"十三五"规划、学院和直属单位"十三五"规划进行了审核,进一步明确了各项工作的理念、思路、目标、举措。就宣传思想工作而言,我们要站在国内和国际两个大背景

---

　*　本文作者:范明,校党委书记。

下来思考谋划,要充分认识高校宣传思想文化工作面临的新形势新要求,始终坚持宣传思想文化工作的基本原则和正确方向,牢牢把握宣传思想文化工作的主要任务,着力为学校立德树人的根本任务和研究型大学的建设提供强有力的思想保证、精神动力、文化滋养和舆论支持。

下面,我就学校宣传思想文化工作再强调几点意见:

一是牢牢把握意识形态工作的领导权。对任何国家、任何社会来说,意识形态关乎旗帜、关乎道路、关乎国家安全。习总书记在全国宣传思想工作会议上强调:经济建设是党的中心工作,意识形态工作是党的一项极端重要的工作。经济工作搞不好要出大问题,意识形态工作搞不好也要出大问题。这一重要论述鲜明指出了意识形态工作对党和国家的全局性意义。去年,中办印发了《关于进一步加强和改进新形势下高校宣传思想工作的意见》,《意见》站在党和国家全局的战略高度,对高校宣传思想工作进行了全面部署,是指导新形势下高校宣传思想工作的纲领性文件。意见强调指出,高校作为意识形态工作前沿阵地,肩负着学习研究宣传马克思主义,培育弘扬社会主义核心价值观,为实现中华民族伟大复兴的中国梦提供人才保障和智力支持的重要任务。

同志们知道,立德树人是高校的根本任务,是中国特色社会主义教育的核心所在,是培养社会主义建设者和接班人的本质要求。青年大学生的政治思想、价值观念、综合素质,直接关系到国家长治久安、民族永续发展。高校作为知识分子和青年学生的聚集地,比社会其他领域更迅速、更直接地接触国内外的各种多元思潮。随着改革进入攻坚期和深水区,经济社会发展方面的问题必然会反映到思想领域。各种思想文化交流、交融、交锋更加频繁,新情况、新问题、新挑战层出不穷。同时,敌对势力对我国的干扰渗透呈现出加紧加剧态势,特别对高校的渗透愈演愈烈。可以说,高校作为思想文化的集散地,社会思潮的风向标,正处在意识形态工作的风口浪尖。意识形态工作做好了就是正能量,做不好就可能出现负效应,影响人才培养质量,影响学校事业发展,甚至影响社会的安全稳定,损害党和国家的形象。可以说,牢牢把握高校意识形态工作领导权、管理权、话语权,事关党对高校的领导,事关党的教育方针的全面贯彻落实,事关中国特色社会主义事业后继有人。我们要从全局和战略高度深刻认识牢牢把握高校意识形态工作领导权的极端重要性,切实增强做好意识形态工作的责任感、使命感。因此,意识形态工作是我们各级党委党建工作主体责任的重要内容,我们要把这个责任牢牢抓在手上、扛在肩上,增强政治定力、站稳政治立场、担负政治责任,做到敢抓敢管、敢于亮剑,守土有责、守土尽责。我曾多次说过,不重视教学工作的院长是不合格的院长,不重视宣传思想工作的书记是不合格的书记。这里我要再次强调,各二级党组织书记,是各单位意识形态工作的"第一责任人",大家要亲自过问,亲自主抓,确保意识形态工作落到实处,抓出成效。

二是加强理论武装扎实推进社会主义核心价值观建设。思想理论建设是党的根本建设,是党的宣传思想工作的重要职责。"宣传思想工作就是要巩固马克思主义在意识形态领域的指导地位,巩固全党全国人民团结奋斗的共同思想基础",这是我们党对宣传思想文化工作根本任务最集中最鲜明的概括。"两个巩固"是党中央在新形势下对宣传思想工作和文化建设提出的新要求和新任务,也是对当前高校宣传思想文化工作提出的新要求和新任务。因此,我们的思想理论建设要按照"两个巩固"唱好主旋律,打好主动仗。要认真学习贯彻党中央一系列新精神新要求,组织专家学者讲精神、讲理论,组织师生谈认识、谈感受,加深师生对新思想、新论断的理解,增强师生对中国特色社会主义的政治认同、理论认同、感情认同。要把中国特色社会主义理论的学习教育作为党员干部理论学习的基本任务,要坚持联系实际,把读文件、读经典与学好用好结合起来,真正达到武装头脑、指导实践、推动工作、促进发展的目的。要打造一批新媒体理论学习宣传平台,切实增强学习宣传的效果。要把大学生作为思想政治教育的重点群体来抓,推动党的理论创新成果进教材、进课堂、进头脑。要扎实推进思想政治课的综合改革创新,不断提高思政课的教育教学质量,真正使思政课成为大学生真心喜爱、终身受益的课程。要大力开展主题教育和文化活动,利用校报、电视等开设专题专栏,组织报告会、座谈会等宣传教育活动,在师生员工中广泛宣传、深入阐释中国特色社会主义理论。

我们要深入推进社会主义核心价值观教育,弘扬中华优秀传统文化,努力使师生具有高尚的道德情操和良好的审美情趣。既要充分运用好思想政治理论课"第一课堂",也要利用社会实践"第二课堂",还要把学校的其他宣传阵地和媒介作为重要途径,着力构建培育和弘扬社会主义核心价值观的长效机制和工作体系,不断加强宣传教育阵地的网络建设,实现社会主义核心价值观教育校园全媒介覆盖,让社会主义核心价值观成为育人之本、兴校之基、办学之魂。要紧跟时代发展变化,创新教育方法,丰富教育形式,推进广播报纸等传统媒体、两微一端等新兴媒体和讲座论坛等平台载体的融合发展,把社会主义核心价值观融入学校立德树人的全过程,切实增强社会主义核心价值观教育的针对性、实效性和吸引力、感染力。

三是着力为学校研究型大学建设营造良好舆论氛围。舆论历来是影响事业发展的重要力量。今年初,习总书记专门主持召开党的新闻舆论工作座谈会并发表重要讲话,充分体现了新闻舆论工作在国家建设和社会发展中的重要作用。同样,学校的新闻舆论工作也要为学校的改革发展提供强大的精神动力和强有力的舆论支持,要进一步发挥好新闻舆论工作内聚人心、外树形象的积极作用。可以说,舆论引导是高校宣传思想工作围绕中心、服务大局职责的重要组成和重要体现。

　　前面我提到学校最新排名的相关情况,学校上周出版的校报刊登了《在建设研究型大学的征程上阔步前进》的评论文章,里面的主要精神体现了学校党委工作的主要思路。学校名列第 48 位引起了广泛的关注和赞誉,这个时候我们的各级领导干部和广大师生要沉下心来认真思考两个问题,一是"为什么会取得这样的成就",二是"今后我们应该怎么办"。对于"为什么会取得这样的成就",评论从两个方面进行了论述。一是列举了近年来反映学校办学核心竞争力和综合实力的一系列数据,获国家级科技成果奖 9 项,国家级教学成果奖 5 项,现有 5 个学科进入 ESI 全球前 1%(并列全国高校第 34 位,江苏高校第 4 位),2 个国家重点学科,3 个国家级科技创新平台,博士学位授权点涵盖 13 个一级学科,省高校优势学科 6 个,省高校品牌专业 6 个。2015 年,获批国家自然科学基金 162 项(连续四年列全国高校 50 位左右),SCI 检索论文 1335 篇,授权发明专利 985 件(列全国高校第 6 位)。学校还集聚了一批以"千人""长江""杰青""国家万人计划领军人才"等为代表的高层次人才群体,现专任教师中 52.6% 具有博士学位,24% 具有海外学习研究的经历。学校与美国、英国、德国、澳大利亚等国家的 99 所高水平大学或科研机构建立了交流合作关系。这些成绩正是学校排名大步前移的关键所在。正如评论所说"不积跬步,无以至千里;不积小流,无以成江海"。二是这些成绩的取得既是历代江大人艰苦创业、无私奉献的结果,也是学校党政团结一心、上下步调一致的结果,更是全体江大人锐意改革、拼搏奋进的结果,得益于学校逐步形成的"风气正、关系顺、人心齐、思路清、工作实、发展快"良好氛围。对于"今后我们应该怎么办",评论指出,学校综合实力的提升说明学校事业进入了新的发展阶段,我们要坚定建设高水平有特色国际化研究型大学的必胜信念,但我们更要清醒地认识到事业发展如逆水行舟,不进则退,慢进亦退,不能沾沾自喜、故步自封,一定要乘势而上、迎难奋进。怎么样做到因势而谋、应势而动、顺势而为。我们要充分调动全校师生员工的主动性、积极性、创造性,进一步传递压力,增添动力,激发活力,在全校上下形成"人人有压力、个个争贡献"的生动局面。要做到"扭住关键、精准发力",坚持把"工中有农,以工支农"的办学特色发扬光大,把

"大农业工程"学科"做特做优做强"，确保在国家"双一流"战略中占有一席之地。要大力推进基础学科和人文社科的建设，为高水平大学建设奠定坚实基础。要整合资源，积极探索学部制改革，加强团队建设，确保建成大平台，获得大项目，产出大成果。要进一步完善鼓励高被引论文发表、专利成果转化等举措，要加强"四类人才"培养，要补好领军型高层次人才这块"短板"，要进一步提升办学国际化水平等等。正如评论所说，"道虽迩，不行不至；事虽小，不为不成。"只要我们心往一处想、劲往一处使，咬定青山不放松、一张蓝图绘到底，研究型大学的奋斗目标一定能实现，江苏大学的明天一定会更加美好。

这几年，学校的宣传思想文化工作在提升学校形象，凝聚人心，鼓舞斗志方面取得了很好的成效，实现了唱响主旋律、传播正能量，展示良好形象、服务发展大局的目的。最近，宣传条线正在推动"江大精神"的凝练工作，我认为这项工作很有意义。人无精神不立，校无精神不兴。世界一流大学不仅具有一流的人才培养和科学研究水平，更具有源远流长的校园精神。前些年学校事业取得的显著成就，除了外在显现的一系列成绩之外，还有一股无形的力量在推动着我们不断前进，这股力量就是软实力，就是江大精神。可以说，做好这项工作对学校的事业发展具有不可估量的意义。相关部门要切实凝聚全校师生员工和广大校友的智慧，把这项工作组织好。近期，还要广泛开展学校"十三五"规划的宣传，坚持舆论引导先行，积极主动做好对外宣传工作，讲述好江大故事，传播好江大声音，提升学校形象和声誉，当好改革"宣传员"和"发言人"，为学校"十三五"事业发展开好局营造良好的舆论氛围。

同志们、同学们，在建设研究型大学的征程中，宣传思想文化工作责任重大、使命光荣，大有可为、大有作为。希望大家准确把握新时期高校宣传思想文化工作的新形势、新要求，充分发挥宣传思想文化工作引领思潮、培塑价值、凝聚人心、汇聚力量、推动发展的强大作用，努力为学校研究型大学建设做出新的更大的贡献。

在第二次学生工作会议上的讲话（校园文化）*

2010 年 10 月 10 日

一、指导思想

今后一段时期我校学生工作的指导思想是：以邓小平理论和"三个代表"重要思想为指导，深入学习实践科学发展观，坚持党的教育方针，牢固树立"育人为本、德育为先"的理念，全面贯彻落实《中共中央国务院关于进一步加强和改进大学生思想政治教育的意见》精神，紧紧围绕"培养什么人、怎样培养人"这一主题，遵循大学生成长规律和思想政治教育规律，解放思想，与时俱进，不断创新人才培养模式和学生工作机制，按照"贴近实际、贴近学生、贴近生活"的要求，着力构建和完善学生成长成才服务新体系，努力培养造就德智体美全面发展的社会主义事业合格建设者和可靠接班人。

二、突出文明修身

"千教万教，教人求真；千学万学，学做真人。"要培养出学识渊深、才智清明、性情通达、胸怀宽广的国际化人才，必须大力实施文明修身工程。因此，我们首先要切实加强基础文明建设。要以道德规范为基础，以诚实守信为重点，以校园文明建设为龙头，以"课堂文明、举止文明、网络文明、宿舍文明、食堂文明"建设为抓手，以优良班风学风创建为载体，深入开展以社会公德、职业道德和生活美德为内容的道德教育，不断提升学生的文明素养以及学生的感恩意识、责任意识和奉献意识。其次要深入开展典型示范教育，通过开展"创先争优""讲党性、重品行、作表率""一名党员一面旗帜"等主题实践活动，大力弘扬先进典型，积极营造学习先

---

* 本文作者：袁寿其，校长。

进、赶超先进的浓厚氛围,引领、激励广大学生健康成长。

三、校园文化创新

文化育人,其人必新。文化熏陶对优秀人才的培养具有深刻的影响力。因此,我们首先要凝练弘扬江大精神。通过深入挖掘学校深厚的历史积淀和文化内涵,凝练形成全校师生广泛认同、独具特色的江大精神,并使之成为激励全校师生员工奋发进取的精神力量。其次要营造文化育人氛围。注重发挥文化素质教育课程、讲座、论坛的育人功能,精心打造"人文大讲堂""名人讲座""杰出校友论坛""江大之春"等体现学校特色、具有较大影响力的校园文化品牌,有效发挥专家学者在校园文化建设和思想教育中的引领作用。最后要加强创新文化载体建设。实施校园形象识别系统二期工程和校园景观建设,用优美的环境陶冶学生情操;进一步规范校园网络文化建设,着力建设一批融思想性、知识性、信息性、服务性为一体的校园网站;积极开展阳光体育运动,努力让每一位学生都拥有健康的理念,掌握体育锻炼的技能和方法;建好大学生文化艺术活动中心,使之成为能够满足大学生开展文化艺术活动需要、深受广大学生欢迎与喜爱的大学生文化艺术的聚集之地和展示场所;加强大学生艺术团建设,努力将其打造成全省乃至全国有较高知名度和影响力的高水平文化艺术社团。

在第三次学生工作会议上的讲话(校园文化)*

2015 年 11 月 7 日

一、指导思想

今后一段时期学校学生工作的指导思想是:以党的十八大以及习近平总书记系列重要讲话精神为指导,全面贯彻党的教育方针,全面落实学校第三次党代会精神,秉承"三个一切"的教育理念,认真贯彻落实《国务院办公厅关于深化高等学校创新创业教育改革的实施意见》,牢固确立"立德树人"根本宗旨,自觉遵循高等教育规律和人才成长规律,以促进学生全面发展为目标,以深化改革和机制创新为动力,不断健全与研究型大学建设相适应的学生工作新体系,努力培养既有健全人格和人文情怀,又有很强实践能力的创新创业人才、卓越人才、精英人才、国际化人才。

二、校园文化提升计划

切实把校园文化作为培育和践行社会主义核心价值观的有效载体,以文化建设为抓手,通过校园精神的挖掘和凝练,完善思想政治教育、学业与职业指导、心理健康教育、法纪安全教育、艺术教育"五位一体"的素质拓展课程体系,组织开展具有广泛参与性的文学、体育和学术活动等,充分运用校园文化所蕴含的丰富教育资源去引导和塑造师生,促进人的全面发展。重点要做到"三提升一促进"。一是提升品牌内涵。就是要在进一步做好"江大之春"、高雅艺术进校园、名人讲座等品牌活动的同时,精心打造校园文化品牌,及时凝练校园文化精品,提升品牌内涵,不断拓展第一、第二课堂有机结合的校园文化提升渠道。二是提升网络能量。

---

* 本文作者:袁寿其,校长。

要大力加强网络文化阵地建设,着力建好网络建设、网络监管、网络评论三支骨干队伍,在众说纷纭中凝聚共识,在众声喧哗中唱响主旋律,不断增强网络正能量。三是提升环境品位。要大力推进文化活动设施建设和人文景点建设,进一步改善学生体育活动场所及设施,不断提升校园环境的文化品位,充分发挥环境育人的功能。同时,要大力加强校园管理和周边环境治理,创建"平安、和谐、稳定"校园。四是促进优良学风建设。要以优良学风建设为抓手,加强学风建设整体规划,积极构建与研究型大学建设相适应的学风建设新体系,促进优良学风的形成,并以优良学风推动校风建设,努力形成具有研究型大学精神气质、主动积极、健康向上的校园学习氛围。

在思想政治工作会议上的工作报告(校园文化)*

2017 年 4 月 12 日

一、宣传思想文化阵地建设抓得紧抓得牢

校党委牢牢掌握意识形态工作的领导权主动权,加强校园广播、报纸、电视、海报宣传栏等传统媒体和校园新闻网、微博、微信、手机客户端等新兴媒体建设,开展"聚焦一线"宣传行动,宣讲最新理论热点,做好启发引导、释疑解惑工作。学校获评全国高校百佳网站、教育部校园文化建设优秀成果二等奖、全省教育系统新媒体宣传综合力十强单位,被教育部授予全国高校优秀网络栏目提名奖。出台校内各类讲座论坛、报告会、学术沙龙审批制度,完善督查监控机制,规范校内思想文化阵地的管理,严格登记和准入制度。建立网络舆情日报、月报、专报工作机制,引入舆情监测与服务平台,强化涉校网络舆情监测、研判和引导工作。不断加强对外宣传工作,五年来,实现省级以上对外发稿 2100 余篇,深度报道 550 余篇,头版报道 140 余篇,头版头条 20 篇,央视新闻报道 20 余次。历年全国、全省好新闻评选中,我校获奖数量和层次均居全省高校前列,连续六年被表彰为"江苏省教育宣传工作先进单位"。

二、深入开展校园文化建设,大力实施以文育人工程和阵地建设巩固工程

文化具有滋润心灵、涵养道德、引领风尚的重要作用。一要打造校园文化品牌。全校师生都要自觉践行"博学、求是、明德"校训,弘扬"自强厚德、实干求真"江大精神,强化校训校歌校史的育人功能。精心打造"人文大讲堂""五棵松讲坛"等品牌活动和"江大之春"文化艺术节、高雅艺术进校园等活动。推进大爱江

---

* 本文作者:袁寿其,校党委书记。

大校园、创新创业校园建设。二要关注师生弘扬正能量。要进一步抓好广播、报纸、电视、海报宣传栏等传统媒体，新闻网、微博、微信、手机客户端等新兴媒体建设，把"镜头"面向师生，关注"学生成人成才""教师成名成家"，走进课堂、走进学生、走进实验室，使其成为传播好声音、汇聚正能量的重要载体。三要加强文化阵地的引导与管理。要按照谁主管谁负责的原则，加强对报告会、研讨会、讲座论坛、学术沙龙等管理，落实"一会一报、一事一报"制度，防范和抵御意识形态渗透。坚持教育与宗教相分离原则，严禁在校园内传播宗教、组织宗教活动。加强民族团结教育，积极帮扶少数民族学生。加强对留学生、外籍教师的教育引导。加强网络舆情搜集研判，做好重大活动和热点问题、突发事件的网上舆论引导。四要强化环境育人。要构建以形象标识、人文景观等为代表的校园文化载体，不断提升校园环境的文化品位，充分发挥环境育人的功能。加快建成学生事务一站式服务中心。进一步加强对党政管理、教学教辅、后勤保障人员等的教育、培训，增强他们的育人意识和能力，努力为学生提供更优质的服务。

三、围绕服务引导师生，大力推进思想政治工作的改革创新

做好思想政治工作，要因事而化、因时而进、因势而新，要遵循思想政治工作规律，沿用好办法，改进老办法，探索新办法。一要把解决思想问题与解决实际问题相结合。进一步加强对学生的学业指导和生涯规划，鼓励学生参军入伍，积极参加"大学生村官""三支一扶""西部计划""苏北计划"等，引导他们到国家最需要的地方建功立业。健全"奖、贷、助、减、免"的资助体系，帮助学生顺利完成学业健康成长。要围绕教师教学科研工作实际和尽快成名成家的愿望，切实改进教师思想政治工作。要在教师出国进修、申报课题、人才称号、职称评审等各项涉及广大教师切身利益的事项上，真情关心，真心帮助，公道正派对待每位教职工。要把党组织的温暖体现到每位教职工身上，着力改善教职工的工作、生活条件，不断提高教职工的福利和收入水平，努力增强教职工的获得感，共享学校改革发展成果。积极帮助解决教职工在住房、子女教育、社会保障等方面的实际困难。制订青年教师发展规划、进一步完善青年教师助理教学制、建立青年教师职业导师培养责任制和融入教学科研团队等机制，加大对优秀青年教师的发现、培养、使用和帮扶力度，促进青年教师的快速成长。二要强化实践育人功能。建立健全大学生社会实践和志愿服务制度，把社会实践、志愿服务等第二课堂实践纳入学分。进一步完善"爱心一元捐、爱心宿舍、爱心社区、爱心剧场、爱心支教、爱心微行动"为主要内容的志愿服务体系，持续开展"大眼睛""格桑花""爱暖西吉""早安镇江"等公

益团队活动。推进创新创业学院建设,开展大学生创新创业实践,构建起大学生创业园、创业孵化园、众创空间等实践平台。建立健全青年教师、年轻干部实践锻炼制度,每年选拔一批优秀年轻博士、优秀年轻干部到企业、地方和部省国家机关挂职锻炼,切实增强青年教师、年轻干部的实践能力,处理复杂问题能力,使他们尽快提高成长。三要创新网络思想政治教育。树立"互联网＋"思维,加强"江帆网""江大青年""心灵驿站"等专题网站以及"两微一端"等建设,拓展网络教育和服务功能。制作传播贴近师生特点和需求的新媒体内容产品,加强网络思想文化建设和网络文明素养教育,使师生形成文明、健康、守法的网络行为习惯。加强对网络舆论的搜集、分析和引导,及时有效地回应师生关切。从专家学者、优秀思想政治工作人员和学生骨干中选拔组建网络评论员队伍,壮大网络舆论引导力量。四要发挥团学组织和学生社团作用。切实落实高校共青团改革实施方案,加强共青团组织建设。创新组织动员团员青年的载体和方式,将思想政治引领贯穿于工作和活动之中。加强学生会、研究生会自身建设和工作指导,增强工作活力,推进工作创新。加强对学生社团的管理、引导、服务,支持学生社团开展主题鲜明、健康有益、丰富多彩的课外活动。

后　记

为深入学习贯彻党的十八大和十八届三中、四中、五中、六中全会精神,深入学习贯彻习近平总书记系列重要讲话精神,落实立德树人根本任务,深化社会主义核心价值观宣传教育,推进高校校园文化建设创新发展,提升校园文化建设内涵与文化育人水平,凝练优秀校园文化成果,教育部思想政治工作司组织出版《高校校园文化建设成果文库》,汇集各地高校的文化建设成果和经验,搭建交流研究成果、展示工作经验,促进成果转化的有效平台,相信会对进一步促进高校校园文化建设工作的创新发展起到重要的推动作用。

本书是《高校校园文化建设成果文库》入选书目之一,本书的撰写经江苏大学党委书记袁寿其教授、副校长李洪波教授、副校长缪子梅教授、校党委常委、宣传部部长金丽馥教授指导,由杨志春、杨道建负责全书的策划、统稿及定稿工作。李宏刚参加了统稿及出版联络工作。本书总体框架由李洪波提出,杨志春、杨道建牵头组织研讨,并经过全体参编人员集体商议确定。参与本书编写的有叶涛、陈远东、李宏刚、孙月娟、沈阳阳、张芬、陆菁、王玉忠、吴奕、陈国强、陈立勇、陈琦、夏大庆、丁一娟、董晓言等。编者主要分工是:杨志春撰写前言,杨道建撰写绪论,李宏刚编写理论研究篇及人物榜样篇,孙月娟编写实践育人篇,吴奕编写校史校训篇和育人环境篇,陆菁编写经验成果篇,沈阳阳编写活动案例篇,张芬编写制度建设篇,王玉忠编写战略谋划篇。

教育部思想政治工作司对《高校校园文化建设成果文库》的编选给予了关心和指导。本书在编写过程中,参考和引用的相关文献在文中已标注,疏漏之处,敬请谅解。本书的编写和出版,得到了光明日报出版社的大力支持,在此表示衷心的感谢。

本书编写组

2017 年 8 月